Niklas Luhmann

Soziologie des Risikos

Walter de Gruyter · Berlin · New York
2003

Unveränderter Nachdruck der Ausgabe von 1991

♾ Gedruckt auf säurefreiem Papier,
das die US-ANSI-Norm über Haltbarkeit erfüllt.

ISBN 3-11-017804-4

Bibliografische Information Der Deutschen Bibliothek

Die Deutsche Bibliothek verzeichnet diese Publikation in der
Deutschen Nationalbibliografie; detaillierte bibliografische
Daten sind im Internet über http://dnb.ddb.de abrufbar.

Printed in Germany
Umschlaggestaltung: Hansbernd Lindemann, Berlin
Druck und buchbinderische Verarbeitung: WB-Druck, Rieden/Allgäu

Inhaltsverzeichnis

Einleitung

Es gehört zu den wesentlichen Merkmalen einer kritischen Soziologie, daß sie sich nicht mit einer bloßen Beschreibung der Regelmäßigkeiten begnügt, die sie in der Gesellschaft vorfindet. Gewiß ist die Ausweitung des Bereichs erkennbarer Regelmäßigkeiten, etwa mit Hilfe statistischer Verfahren und der Offenlegung von „latent structures" in den statistischen Daten, eine ihrer Aufgaben. Darüber gelangt man aber hinaus, wenn man fragt, wie die Gesellschaft selbst Abweichungen vom Normalen, Unglücksfälle, Überraschungen usw. erklärt und behandelt. Diese dunkle Seite des Lebens, diese Enttäuschungslast aller Erwartungen muß um so mehr auffallen, je mehr man genötigt ist, sich auf normale Verläufe zu verlassen. Gerade Bürokratien entwickeln zum Beispiel eine extreme Empfindlichkeit gegen Abweichungen vom Schema. Und auch für tribale Gesellschaften, die unter hoher Bedrohung durch die Umwelt ums Überleben kämpfen, ist ein erheblicher semantischer Aufwand für die Besänftigung der Götter, für das Ausfindigmachen von Sündenböcken, für das Opfern der Opfer von überraschenden Unglücken bezeichnend. Gerade an der Angestrengtheit, oft Überspanntheit solcher Versuche läßt sich erkennen, was zum Schutze der immer prekären Normalität unternommen wird; so wie gerade im Bereich des vermeintlich Irrationalen sichtbar wird, wie ein vielleicht ganz unzulänglicher Begriff von Rationalität verteidigt wird. Und gerade weil die Durchbrechung der Normalform als Zufall registriert werden muß, denn sie war nicht vorgesehen, kann ihre Erklärung nicht dem Zufall überlassen bleiben; sie muß eine eigene Ordnung, eine gleichsam sekundäre Normalität aufweisen.[1] In der Frage, wie Unheil erklärt und behandelt wird, steckt also ein bedeutendes kritisches Potential – kritisch nicht in dem Sinne eines Aufrufs zur Ablehnung der Gesellschaft, die sich solchem Unheil ausgesetzt findet, sondern

---

[1] Das war im übrigen das Thema einer heute klassischen sozialanthropologischen Untersuchung: E. E. Evans-Pritchard, Witchcraft, Oracles and Magic Among the Azande, Oxford 1937 (gekürzte deutsche Übersetzung Frankfurt 1978).

kritisch im Sinne eines verschärften, nichtselbstverständlichen Unterscheidungsvermögens. Es geht um die andere Seite der Normalform – und erst der Hinweis auf die andere Seite der Normalform macht diese Form als Form erkennbar.[2]

Daß in der gegenwärtigen Gesellschaft viel von Risiko die Rede ist, könnte, wenn man diesen Überlegungen folgt, Licht auf ihre Normalform werfen. Damit soll nicht gesagt sein (was auch zutrifft), daß Risiken zu den normalen Aspekten des täglichen Lebens gehören. Die Frage ist vielmehr, was wir über die normalen Abläufe in unserer Gesellschaft daraus entnehmen können, daß sie Unheil in der Form von Risiken zu erfassen sucht. Und zum Beispiel nicht mehr in der Form von Zauber und Hexerei und auch kaum noch in der Form von Religion, nachdem man einen Gott angenommen hat, der nur das Gute will, und der Teufel seine kosmologische Funktion, wenn nicht sogar seine Existenz verloren hat.

Es fällt auf, daß in der Wissenschaftssprache, auch abgesehen von „Risiko", Unheilsbegriffe auftauchen, etwa Unordnung, Katastrophe, Chaos. Das darf nicht als Verharmlosung abgetan werden, so als ob das Unheil in einer etwas komplizierteren Mathematik untergebracht und so normalisiert werden könnte. Aber offenbar geht es um eine Erklärung ohne Religion und um eine Erklärung, die das Normale im Funktionieren der Technik, in den Bedingungen der Möglichkeit von Rationalität und vor allem in der Entscheidungsabhängigkeit der Zukunft sieht. Man kann sich fragen, wie normal das Normale noch ist, und Ulrich Beck hat kürzlich die in Frankfurt versammelten Soziologen mit dieser Frage zu reizen versucht.[3] Aber bei allen Traditionen auflösenden Turbulenzen, die man beobachten kann, ist doch wohl kaum ernsthaft damit zu rechnen, daß die Normalität, das heißt: die Differenz von normal und abweichend, verschwindet oder daß wir es uns abgewöhnen müssen, die Gesellschaft mit dieser Unterscheidung zu beobachten, weil das nichts mehr bringt.

---

[2] Die Ausdrücke Normalform, Normalformanalyse findet man auch, aber in einem andersartigen Verständnis, bei Michael Giesecke, Die Untersuchung institutioneller Kommunikation: Perspektiven einer systemischen Methodik und Methodologie, Opladen 1988.

[3] Siehe den in der Frankfurter Allgemeinen Zeitung vom 19. 10. 1990 abgedruckten Vortrag „Die Industriegesellschaft schafft sich selber ab".

Eher wäre zu fragen, was man zu sehen bekommt, wenn man die Unterscheidung normal/abweichend (wie immer semantisch lackiert) als Instrument der Beobachtung der heutigen Gesellschaft beibehält. Und speziell auf unser Thema des Risikos zugeschnitten: Welches Verständnis von Rationalität, von Entscheidung, von Technik, von Zukunft oder von Zeit schlechthin ist vorausgesetzt, wenn man von Risiko spricht? Oder noch grundsätzlicher: Wie begreifen wir unsere Gesellschaft, wenn wir aus dem Risiko, das einst nur Seefahrer, Pilzsammler oder sonstige, sich selbst einem Wagnis aussetzende Gruppen betraf, ein universelles Problem machen, das weder zu vermeiden noch zu umgehen ist? Was ist jetzt notwendig (wohlfahrtsnotwendig?) und was ist entsprechend Zufall? Wie kommt die Gesellschaft im Normalvollzug ihrer Operationen mit einer Zukunft zurecht, über die sich nichts Gewisses, sondern nur noch mehr oder weniger Wahrscheinliches bzw. Unwahrscheinliches ausmachen läßt? Und weiter: Wie läßt sich sozialer Konsens (oder auch nur vorläufige kommunikative Verständigung) erreichen, wenn dies im Horizont einer Zukunft zu geschehen hat, von der, wie jeder weiß, auch der andere nur in der Form des Wahrscheinlichen/Unwahrscheinlichen sprechen kann?

Vor allem eines ist bemerkenswert: Während Individuen sich normalerweise nur um Wahrscheinlichkeiten mittlerer Häufigkeit kümmern und sehr Unwahrscheinliches außer Acht lassen und das sehr Wahrscheinliche (etwa: daß man mit dem Geld nicht auskommt) normalisiert ist[4], findet man im Bereich des Risikobewußtseins heute abweichende Sachverhalte, vor allem eine Faszination durch die Möglichkeit extrem unwahrscheinlicher, dann aber katastrophaler Ereignisse. Das läßt sich nicht allein dadurch erklären, daß die Technik solche Möglichkeiten bereithält; denn schließlich gilt dies in viel stärkerem (wahrscheinlicherem) Maße auch für Naturkatastrophen, Seuchen etc. in älteren Gesellschaften. Die Erklärung dürfte darin liegen, daß es im heutigen Falle Menschen bzw. Organisationen, also Entscheidungen sind, die man als auslösende Ursache identifizieren kann. Also macht es Sinn, dagegen zu sein. Oder genauer: zu kommunizieren, daß man dagegen ist. Man kann fordern, ohne Unsinn zu reden, solche Gefähr-

---

[4] Für einen Forschungsüberblick vgl. etwa Mary Douglas, Risk Acceptability According to the Social Sciences, New York 1985, insb. S. 29 ff.

dungen gefälligst zu unterlassen. Die psychologisch zunächst unwahrscheinliche Obsession mit extrem unwahrscheinlichen, dann aber schwerwiegenden Schäden läßt sich durch Kommunikation, also soziologisch erklären, und dies vor dem Hintergrund einer durchaus normalen, plausibel zu unterstellenden Realität: daß nämlich die Zukunft von Entscheidungen abhängt, die in der Gegenwart getroffen bzw., wenn es bereits getroffene Entscheidungen sind, nicht revidiert werden.[5]

Dies extravagante Thematisieren extremer Unwahrscheinlichkeiten, das selber unwahrscheinlich ist, hat natürlich Folgen. Wir sehen die Hauptfolge darin, daß in diesem Falle die Bedingungen unterstellbaren Konsenses und kommunikativer Verständigung gesprengt werden. Das Verhalten gegenüber solchen Sachverhalten und die Vertretbarkeit eines solchen Risikos bleiben kontrovers. Und das Bemühen, mit rationalen Rechnungen Entscheidungen zu fundieren, bleibt nicht nur ohne Erfolg, sondern ruiniert letztlich den Anspruch auf Rationalität der Methode und des Verfahrens.

Während die Risikoforschung selbst sich noch immer, wenn auch nur mit einem Teil ihrer Kräfte, um rationale Kalkulation von Risiken bemüht[6], zeigt die Realität längst andere Züge. Einerseits ist die Risikokommunikation selbst reflexiv und damit universell geworden. Die Übernahme von Risiken zu verweigern oder ihre Ablehnung zu

---

[5] Daß „Kommunikation" nur eine Pauschalerklärung ist, die weiter ausgearbeitet werden müßte, sei nur noch angemerkt. Vor allem dürfte die Selektivität der Massenmedien eine Rolle spielen, die bestimmte Unwahrscheinlichkeiten, wenn sie denn vorkommen, um so auffallender bringen, während andere, vor allem solche ohne Neuigkeitswert, nicht oder nur im Kontext täglicher Unfälle, also normalisierter Unwahrscheinlichkeiten, bekannt werden. Die Erklärung durch „Kommunikation" ist mithin zugleich der Schlüssel für stärker differenzierende Analysen. Siehe zum Beispiel die Untersuchungen von W. Kip Viscusi/Wesley A. Magat, Learning about Risk: Consumer and Worker Responses to Hazard Information, Cambridge Mass. 1987, die bei Konsumenten, nicht aber bei Arbeitern eine Überreaktion auf Informationen über ziemlich unwahrscheinliche Risiken festgestellt haben (S. 90 ff., 127 f.).
[6] Ihre Konzession liegt dann freilich darin, daß es nur um kontextabhängige „bounded rationality" gehen kann; oder darin, daß Modelle konstruiert werden, deren Realisation niemandem zugemutet wird, nachdem man darüber belehrt worden ist, daß die Menschen anders kalkulieren.

fordern, ist selbst ein riskantes Verhalten. Darauf reagiert man mit einer Verweigerung der Kalkulation, wo immer man meint, daß das riskante Verhalten auf eine Katastrophe hinauslaufen könnte. Wo die Katastrophenschwelle liegt, steht fast im Belieben dessen, der damit argumentiert. Jedenfalls ist dieser Punkt nicht konsensfähig. Trotzdem kann man die Kommunikation moralisieren, sofern man nur Opfer ausfindig machen kann.[7] Das hat die Gegner solcher Risiken dazu gebracht, den Topos „künftiger Generationen" ins Gespräch zu bringen. Auch wenn unklar bleiben muß, inwieweit diese Generationen noch Menschen im uns bekannten Sinne sein werden und auch wenn die streng ethische Argumentführung und Begründung umstritten bleibt[8], eignet sie sich jedenfalls rhetorisch dazu, den Bereich der zu berücksichtigenden Katastrophen, also dessen, was man auf keinen Fall wollen darf, auszudehnen und zugleich der Kalkulation zu entziehen. Die Ethik der Sorge für das Nichteintreten von Katastrophen ist so generalisiert, daß man sie jedem aufdrängen und moralisch zumuten kann. Und die Moral stärkt sich daran, daß man ja nicht nur an sich selbst denkt, sondern gerade an die anderen, ja sogar an die noch nicht Lebenden. Dem kann man zwar mit dem Argument entgegentreten, daß auch dieses Verhalten sich auf ungeahnte und vielleicht viel näherliegende Risiken einlasse. Aber das läuft, wenn man moralisch argumentiert, auf die Aufkündigung der Verständigungsbereitschaft hinaus.

Überspanntheiten in diesen Kontroversen sind nicht zu leugnen, aber ihre Darstellung im Schema rational/irrational wäre völlig unangemessen und selbst nur ein Moment der Kontroverse. Auch der Realitätsbezug der Unheilsbeobachtungen kann so wenig bestritten werden wie zu den Zeiten, als es noch Zauberer und Hexen gab. Die Argumente sind naturwissenschaftlich gedeckt. Daß bestimmte Abfälle aus der chemischen Industrie toxisch sind, ist ebensowenig zu bezweifeln wie Strahlungen, Halbwertzeiten, Schutzfunktionen der Ozonhülle etc. Genau das macht das Problem soziologisch interessant. Denn genau daran kann man ablesen, daß und wie die Gesellschaft mit ihrer jeweils

---

[7] „Ethically objectionable acts must have victims", liest man dazu bei Douglas a. a. O. S. 11.
[8] Siehe hierzu R. S. Sikora/Brian Barry (Hrsg.), Obligations to Future Generations, Philadelphia 1978, und die dadurch ausgelöste Diskussion.

überzeugenden Unheilssemantik ihre Normalität reflektiert. Es kann
in einer soziologischen Untersuchung deshalb auch nicht darum gehen,
Partei zu ergreifen oder gar den Streit zu entscheiden. Wenn man den
Ausgangspunkt akzeptiert, daß es sich um eine Normalformanalyse
handelt, (was niemand muß, da man die Untersuchung auch mit
anderen Unterscheidungen anfangen kann), kann die Aufgabe nur
darin bestehen, genauer herauszubekommen, was da vor sich geht.

Dies erfordert vor allem eine Präzisierung des Risikobegriffs und eine
Analyse der Gründe, aus denen der Begriff und der damit bezeichnete
Sachverhalt in der neueren Entwicklung des Gesellschaftssystems an
Bedeutung gewonnen hat. Diese Frage werden wir mit der These
beantworten, daß die Entscheidungsabhängigkeit der Zukunft der Gesellschaft zugenommen hat und heute die Vorstellungen über Zukunft
so stark dominiert, daß jede Vorstellung von „Wesensformen", die von
sich her als Natur einschränken, was geschehen kann, aufgegeben
worden ist. Die Technik und das mit ihr gegebene Könnensbewußtsein
hat das Terrain der Natur okkupiert, und Vermutung wie Erfahrung
weisen darauf hin, daß dies viel leichter destruktiv als konstruktiv
geschehen kann. Die Befürchtung, daß es schief gehen könnte, nimmt
daher rapide zu und mit ihr das Risiko, das auf Entscheidungen
zugerechnet wird.

In dieser Analyse spielen die Begriffe Entscheidung und Technik (in
einem noch genauer zu bestimmenden Sinne) eine wichtige Rolle. Um
so notwendiger ist es, vorab darauf hinzuweisen, daß damit keine
psychischen und keine materiellen (maschinenartigen) Sachverhalte
gemeint sind. Die Gesellschaftsanalyse befaßt sich ausschließlich mit
Kommunikationen. Kommunikation, und nichts anderes, ist die Operation, mit der die Gesellschaft sich als ein soziales System „autopoietisch" produziert und reproduziert.[9] Selbstverständlich wird damit
nicht bestritten, daß es in der Umwelt des Gesellschaftssystems Realitä-
ten gibt, die ein Beobachter als Bewußtsein oder als Maschine bezeichnen kann. Aber diese Sachverhalte kommen, wenn man von der Systemreferenz Gesellschaftssystem ausgeht, nur als Umwelt dieses Systems in Betracht. Bewußtsein ist eine unentbehrliche Voraussetzung

---

[9] Ausführlicher dazu Niklas Luhmann, Soziale Systeme: Grundriß einer allgemeinen Theorie, Frankfurt 1984.

von Kommunikation, aber nicht selber Kommunikation.[10] Und von
Technik kann (nur) in einem doppelten Sinne die Rede sein – als
Kommunikationstechnik (vor allem Schrift) und als Thema der Kommunikation. Also ist es allenfalls eine verkürzte (praktisch aber unentbehrliche) Ausdrucksweise, wenn man sagt, die moderne Technik „sei
riskant". Nur Kommunikation über Technik und vor allem: Kommunikation von Entscheidungen über Einsetzen oder Nichteinsetzen von
Technik ist riskant. Und bei Entscheidung sehen wir von den mitlaufen-
den Bewußtseinsvorgängen ganz ab, sondern stellen ebenfalls nur auf
Kommunikation, und zwar hier auf Kommunikation der Zurechnung
einer Wahl zwischen Alternativen ab.

Diese Aussage über die Referenz der folgenden Untersuchungen sei
hier vor die Klammer gezogen. Wir werden die Welt vom System
der Gesellschaft aus beobachten und als Realoperation, die diese
Beobachtung vollzieht, Kommunikation annehmen. Es ist dann nur
eine „autologische" Konsequenz dieses Ausgangspunktes, daß er, da er
kommuniziert wird, sich als Teil seines eigenen Gegenstandes begreifen
muß. Und das heißt nicht zuletzt, daß das Risiko einer theorietechni-
schen Entscheidung über einen bestimmten, als Vereinfachung funktionierenden Risikobegriff nicht zu vermeiden (und schon gar nicht: als
„Wahrheit" zu entschärfen), sondern zu übernehmen ist.

---

[10] An anderer Stelle habe ich das mit dem Begriff der strukturellen Kopplung
genauer bezeichnet. Siehe Niklas Luhmann, Wie ist Bewußtsein an Kommunikation beteiligt?, in: Hans Ulrich Gumbrecht/K. Ludwig Pfeiffer (Hrsg.),
Materialität der Kommunikation, Frankfurt 1988, S. 884–905; ders., Die
Wissenschaft der Gesellschaft, Frankfurt 1990, S. 11 ff.

Kapitel 1
Der Begriff Risiko

I.

Über das Risiko spricht man heute in sehr verschiedenen wissenschaftlichen Fächern, ja sogar in verschiedenen wissenschaftlichen Disziplinen. Zur traditionellen statistischen Behandlung von Risikokalkulationen ist die wirtschaftswissenschaftliche Forschung hinzugetreten. Sie verdankt wichtige Anregungen einem genialen Entwurf von Frank Knight.[1] Hier ging es ursprünglich um eine Begründung des Unternehmerprofits durch die Funktion der Unsicherheitsabsorption. Neu war dieser Gedanke zwar nicht; man findet ihn in Bezug auf Grundbesitz und ständische Differenzierung bereits bei Fichte. Im modernen wirtschaftswissenschaftlichen Kontext konnte er jedoch auf eine geschickte Weise makro- und mikroökonomische Theorien verknüpfen. Seitdem ist Knights Unterscheidung von Risiko und Unsicherheit jedoch zu einer Art Dogma erstarrt mit der Folge, daß eine begriffliche Innovation sich den Vorwurf einhandelt, den Begriff nicht richtig zu verwenden. Andere Disziplinen haben aber gar nicht das Problem einer Begründung von Unternehmensprofiten und haben es auch nicht mit Differenz und Zusammenhang von Markttheorien und Unternehmenstheorien zu tun. Warum also sollten sie den Begriff aus dieser Quelle schöpfen?

Zu den statistischen Theorien sind entscheidungstheoretische und spieltheoretische Anwendungen hinzugekommen, die mit eigenen Kontroversen – etwa über den Grad der sinnvollen Subjektivierung der Erwartungen und Präferenzen – beschäftigt sind. In einer Art Gegenbewegung dazu haben Psychologen und Sozialpsychologen festgestellt, daß die Menschen in Wirklichkeit gar nicht so kalkulieren, wie sie es tun müßten, wenn sie Wert darauf legen würden, von den Statistikern das Prädikat „rational" zu erhalten. Sie machen „Fehler", würden die

---

[1] Siehe Frank Knight, Risk, Uncertainty and Profit, Boston 1921.

einen sagen; sie handeln alltagstauglich, sagen die anderen. Jedenfalls
fällt auf, daß das Abweichen Struktur und Tendenz hat. Diese Kluft
reißt inzwischen immer weiter und tiefer auf. Wie in einem continental
drift treiben die Disziplinen auseinander. Man weiß inzwischen, daß
die Hausfrauen im Supermarkt und die Straßenkinder in Brasilien
höchst erfolgreich kalkulieren können – aber nicht so, wie sie es in
der Schule gelernt haben oder nicht gelernt haben.[2] Man weiß, daß
Werte quantifiziert werden können – mit dem Effekt, daß nicht mehr
wiederzuerkennen ist, was eigentlich gemeint war.[3] Und nicht nur
Private können es nicht oder geben sich nicht die Mühe. Auch dort,
wo Rationalität zum Pflichtenheft der Rolle gehört und besondere
Umsicht und Verantwortung im Umgang mit Risiken erwartet werden,
auch im Management von Organisationen werden Risiken nicht quan-
titativ kalkuliert; oder jedenfalls nicht so, wie die konventionelle Ent-
scheidungstheorie es vorsieht.[4] Wenn das aber so ist, welchen Sinn
haben dann Risikotheorien, die ihre Begrifflichkeit im Hinblick auf
quantitative Kalkulation festlegen? Geht es nur, wie in gewissen Moral-
theorien, darum, ein Ideal aufzurichten, auf daß jedermann feststellen
kann, daß er den Anforderungen nicht genügt – und zum Glück die
anderen auch nicht? Der Umgang mit Quantität und ihre praktische
Relevanz stehen auf dem Spiel – jedenfalls auf dem Spiel der Fächer
und Disziplinen.

Noch innerhalb dieser Modelle quantitativer Risikokalkulation, die
sich im allgemeinen an subjektiven Nutzenerwartungen orientiert,

---

[2] Vgl. Terezinha Nunes Carraher/David William Carraher/Analúcia Schlie-
mann, Mathematics in the Streets and in Schools, in: British Journal of
Developmental Psychology (1985), S. 21 – 29; Terezinha N. Carraher/Analú-
cia D. Schliemann/David W. Carraher, Mathematical Concepts in Everyday
Life, in: G. B. Saxe/M. Gearhart (Hrsg.), Children's Mathematics, San Francisco 1988, S. 71 – 87; Jean Lave, The Values of Quantification, in: John
Law (Hrsg.), Power, Action and Belief: A New Sociology of Knowledge?,
London 1986, S. 88 – 111; dies., Cognition in Practice: Mind, Mathematics
and Culture in Everyday Life, Cambridge England 1988.

[3] Siehe unter vielen Äußerungen zu diesem Thema etwa Eric Ashby, Reconciling Man with the Environment, London 1978.

[4] Siehe James G. March/Zur Shapira, Managerial Perspectives on Risk and
Risk Taking, Management Science 33 (1987), S. 1404 – 1413, und die dort
ausgewerteten empirischen Studien.

muß, wie man heute sieht, eine wichtige Korrektur angebracht werden. Wir wollen sie als die *Katastrophenschwelle* bezeichnen. Man akzeptiert die Ergebnisse einer solchen Kalkulation, wenn überhaupt, jedenfalls nur dann, wenn sie die Schwelle nicht berühren, jenseits derer ein (noch so unwahrscheinliches) Unglück als Katastrophe empfunden werden würde. Deshalb sind subsistenzwirtschaftlich arbeitende Landwirtschaften in hohem Maße risikoavers, weil ihnen ständig Hunger, Verlust des Saatgutes, Unmöglichkeit der Fortsetzung der Produktion drohen.[5] Unter geldwirtschaftlichen Bedingungen findet man entsprechende Resultate: Unternehmer, die mit Liquiditätsproblemen rechnen müssen, sind weniger risikobereit als solche, die bei einer gegebenen Größe des Risikos dieses Problem nicht plagt.[6] Vermutlich wird man auch zu berücksichtigen haben, daß die Katastrophenschwelle sehr verschieden gezogen wird je nach dem, ob man am Risiko als Entscheider oder als von riskanten Entscheidungen Betroffener beteiligt ist.[7] Das macht es schwer, solchen Kalkulationen selbst für spezifische Situationen Konsenschancen zuzutrauen.

Aber das ist nicht alles. Inzwischen haben auch die Sozialwissenschaften das Problem des Risikos entdeckt; aber sozusagen nicht im eigenen Garten, sondern deshalb, weil es im Garten der Nachbarn nicht zureichend gepflegt und begossen wird. Kulturanthropologen, Sozialanthropologen, Politologen weisen, und sie haben ohne Zweifel Recht, darauf hin, daß die Risikoeinschätzung und die Bereitschaft zur Risikoakzeptanz nicht nur ein psychisches, sondern vor allem ein

---

[5] Vgl. für einen breiteren Überblick jetzt Elisabeth Cashdan (Hrsg.), Risk and Uncertainty in Tribal Societies, Boulder 1990. Ferner etwa Allen Johnson, Security and Risk-Taking among Poor Peasants: A Brazilian Case, in: George Dalton (Hrsg.), Studies in Economic Anthropology, Washington 1971, S. 143 – 150; James Roumasset, Rice and Risk: Decision-Making among Low-Income Farmers, Amsterdam 1976; ders. et al. (Hrsg.), Risk, Uncertainty, and Agricultural Development, New York 1979; John L. Dillon/ Pasquale L. Scandizzo, Risk Attitudes of Subsistence Farmers in Northeast Brazil: A Sampling Approach, American Journal of Agricultural Economics 60 (1978), S. 425 – 435.

[6] Vgl. Peter Lorange/Victor D. Norman, Risk Preference in Scandinavian Shipping, Applied Economics 5 (1973), S. 49 – 59.

[7] Dazu Näheres im Kapitel 6.

soziales Problem ist. Man verhält sich hier so, wie es von den relevanten
Bezugsgruppen erwartet wird, oder so, wie man – sei es mit der, sei
es gegen die übliche Meinung – sozialisiert ist.[8] Hintergrund dieser
Position ist, obwohl zunächst nur theoriekontrovers angelegt, ein besseres Verständnis für den Umfang des Problems, inspiriert vor allem
durch die technologischen und ökologischen Probleme der modernen
Gesellschaft. Dadurch rückt die Frage in den Vordergrund, wer oder
was darüber entscheidet, ob (und in welchen sachlichen und zeitlichen
Horizonten) ein Risiko beachtet wird *oder nicht*. Zusätzlich zu den
bereits geläufigen Diskussionen über Risikokalkulation, Risikowahrnehmung, Risikoeinschätzung, Risikoakzeptanz kommt jetzt noch die
Frage der *Selektion* von Risiken für Beachtung oder Nichtbeachtung.
Und wieder kann die disziplinspezifische Forschung entdecken, daß
dies keine Frage des Zufalls ist, sondern das angebbare soziale Faktoren
den Selektionsprozeß steuern.

Diese Bemühungen setzen aber immer noch einen individualistischen
Ausgangspunkt voraus. Sie modifizieren die Ergebnisse der psychologi-
schen Forschung. Wenn als deren Resultat zum Beispiel vorliegt, daß
Individuen in Alltagskontexten Risiken typisch unterschätzen – etwa
weil es bisher immer gut gegangen ist und man für noch nicht durch-
lebte Situationen das eigene Kontrollvermögen überschätzt und das
Schadensausmaß unterschätzt –, dann kann man fragen, wie eine
Kommunikation beschaffen sein muß, die das Risikobewußtsein erhö-

---

[8] Hierzu provokativ: Mary Douglas/Aaron Wildavsky, Risk and Culture: An
Essay on Selection of Technological and Environmental Dangers, Berkeley
1982; Mary Douglas, Risk Acceptability According to the Social Sciences,
London 1985. Vgl. ferner Branden B. Johnson/Vincent T. Covello (Hrsg.),
The Social and Cultural Construction of Risk: Essays on Risk Selection
and Perception, Dordrecht 1987; Lee Clarke, Explaining Choices Among
Technological Risks, Social Problems 35 (1988), S. 22–35 (mit Betonung
intervenierender Organisationsinteressen); Christoph Lau, Risikodiskurse:
Gesellschaftliche Auseinandersetzungen um die Definition des Risikos, Soziale Welt 40 (1989), S. 418–436 (mit Betonung des Unterschieds der Perspektiven von Interessierten und Betroffenen); Aaron Wildavsky/Karl Drake,
Theories of Risk Perception: Who Fears What and Why, Daedalus 119/4
(1990), S. 41–60.

hen will.[9] Ohne Zweifel führt diese Einbeziehung sozialer Kontexte und Operationen zu einer notwendigen Ergänzung psychologischer Einsichten und sicher auch zu überzeugenden Erklärungen für die Fälle, in denen Individuen in verschiedenen sozialen Situationen verschieden reagieren. In dem Maße, als dies Wissen zunimmt, kommt man aber schließlich an den Punkt, an dem man fragen muß, ob die Zurechnung auf individuelles Entscheiden (sei es rational, sei es intuitiv, gewohnheitsmäßig usw.) überhaupt noch haltbar ist. Oder ob man nicht unabhängig davon einen strikt soziologischen Ansatz ausprobieren sollte, der das Phänomen Risiko nur am Sinn von Kommunikationen erfaßt – eingeschlossen natürlich: Kommunikation von individuell getroffenen Entscheidungen.

Ohne in dieser Radikalität Position zu beziehen, ist auch die Soziologie schließlich auf das Problem des Risikos aufmerksam geworden; oder zumindest hat sie das Wort Risiko für sich in Anspruch genommen. Sie findet hier nach dem Abflauen der antikapitalistischen Voreingenommenheiten eine neue Gelegenheit, ihre alte Rolle mit neuem Inhalt zu füllen, nämlich die Gesellschaft zu alarmieren.[10] Das geschieht im Moment allerdings noch eher unreflektiert; und wir meinen: unreflektiert in Bezug auf die eigene Rolle. Denn wenn die Soziologie schon weiß, daß Risiken seligiert werden: *warum und wie tut sie es dann selber?* Eine ausreichende theoretische Reflexion müßte zumindest die „autologische" Komponente erkennen, die immer dann auftritt, wenn Beobachter Beobachter beobachten. Was die Soziologie an sozialen

---

[9] Forschungen dazu gibt es zum Beispiel im Bereich von Risikowarnungen bei Produktwerbung (Siehe nur W. Kip Viscusi/Wesley A. Magat, Learning About Risk: Consumer and Worker Responses to Hazard Information, Cambridge Mass. 1987). Auch die vielseitigen Bemühungen, angesichts des AIDS-Risikos auf Sexualverhalten einzuwirken, gehören in diesen Zusammenhang. Generell darf man vermuten, daß eine Politik der Information hier bessere Chancen hat als eine erkennbar erzieherische Absicht. Vgl. Douglas a. a. O. (1985), S. 31 f. mit weiteren Hinweisen. Die bloße Information bestätigt dem Individuum gewissermaßen sein Selbstbild und überläßt ihm die Entscheidung, während alles, was darüber hinausgeht und trotzdem ans Individuum adressiert ist, „paternalistisch" wirkt und dem Individuum zumutet, Anregungen aufzugreifen, die den eigenen Neigungen zuwiderlaufen.

[10] Vgl. Ulrich Beck, Die Risikogesellschaft: Auf dem Weg in eine andere Moderne, Frankfurt 1986.

Bedingtheiten allen Erlebens und Handelns erkennt, gilt, mutatis mutandis, auch für sie selber. Sie kann die Gesellschaft nicht von außen beobachten, sie operiert in der Gesellschaft; *und gerade sie sollte das wissen*. Sie mag sich den Modethemen verschreiben, mag die Protestbewegungen unterstützen, mag die Dimensionen der Gefährlichkeit moderner Technologie beschreiben oder vor irreparablen Umweltschäden warnen. Aber das tun andere auch. Was hinzukommen müßte, ist eine Theorie der Selektivität aller gesellschaftlichen Operationen, eingeschlossen die Beobachtung dieser Operationen, ja eingeschlossen selbst die Strukturen, die diese Operationen determinieren. Für die Soziologie würde – aber das ist wiederum ein sehr disziplinspezifischer Standpunkt – das Thema Risiko daher in eine Theorie der modernen Gesellschaft gehören und durch deren Begriffsapparat geprägt sein. Aber eine solche Theorie gibt es nicht, und die klassischen Traditionen, an denen die Mehrzahl der Theoretiker der Soziologie sich immer noch orientieren, bieten wenig Anhaltspunkte für Themen wie Ökologie, Technologie, Risiko, ganz zu schweigen von Problemen der Selbstreferenz.

Wir können an dieser Stelle nicht die allgemeinen Schwierigkeiten interdisziplinärer Forschung erörtern. Es gibt Zusammenarbeit auf Projektebene, und es gibt Forschungsgebiete, die man als „transdisziplinäre" Fächer bezeichnen könnte, zum Beispiel Kybernetik und Systemtheorie. Risikoforschung könnte eine weitere Möglichkeit sein. Zunächst beeindrucken jedoch die negativen Konsequenzen der Beteiligung einer Vielzahl von Disziplinen und Fächern. Es gibt keinen Begriff des Risikos, der wissenschaftlichen Ansprüchen genügen könnte. Offenbar reicht für die beteiligten Fächer der jeweils eigene Theoriekontext aus, um genug Führung zu geben. Deshalb muß man schon für die einzelnen Fächer, erst recht aber in der interdisziplinären Zusammenarbeit, Zweifel haben, ob überhaupt bekannt ist, worüber gesprochen wird. Gewiß darf man schon aus erkenntnistheoretischen Gründen nicht davon ausgehen, daß es einen Sachverhalt Risiko gibt und es nur darauf ankäme, ihn zu entdecken und zu erforschen. Die Begrifflichkeit konstituiert das, worüber gesprochen wird.[11] Die

---

[11] Das sollte hier nicht als Bekenntnis zu einer „idealistischen" oder „subjektivistischen" Version von Erkenntnistheorie gelesen werden. Es soll nur sagen, daß die Wissenschaft (und entsprechend dann auch die Gesellschaft) ihre

Außenwelt selbst kennt keine Risiken, denn sie kennt weder Unterscheidungen, noch Erwartungen, noch Einschätzungen, noch Wahrscheinlichkeiten – *es sei denn als Eigenleistung beobachtender Systeme in der Umwelt anderer Systeme.*

Sucht man nach Bestimmungen des Risikobegriffs, gerät man sofort in dichten Nebel und gewinnt den Eindruck, daß die Sicht nicht weiter reicht als bis zur eigenen Stoßstange. Selbst in einschlägigen Beiträgen wird nicht einmal das Problem adäquat erfaßt.[12] Oft wird der Begriff des Risikos als ein „Maß" definiert[13]; aber wenn es nur um ein

---

eigenen Operationen an der Unterscheidung von Selbstreferenz und Fremdreferenz orientieren muß, um nicht ihre Gegenstände dauernd mit sich selbst zu verwechseln. Als Resultat einer solchen (wie immer intern konditionierten und evolutionär durchhaltbaren) Unterscheidungspraxis „gibt" es dann für den wissenschaftlichen Beobachter durchaus objektive Sachverhalte, die sich durch den Begriff des Risikos bezeichnen lassen. Nur liegt darin keinerlei Garantie für eine übereinstimmende Identifikation und Erfassung von Gegenständen durch eine Mehrheit von Beobachtern; und dies um so weniger, je weiter die Systemdifferenzierung in der Gesellschaft und ihren Teilsystemen entwickelt ist. Nur das ist das im Text erörterte Problem.

[12] Baruch Fischhoff/Stephan R. Watson/Chris Hope, Defining Risk, Policy Sciences 17 (1984), S. 123 – 139, oszillieren zum Beispiel zwischen zwei Ebenen: der der Bestimmung des Risikobegriffs und der der Messung konkreter Risiken. Lawrence B. Gratt, Risk Analysis or Risk Assessment: A Proposal for Consistent Definitions, in: Vincent T. Covello et al. (Hrsg.), Uncertainty in Risk Assessment, Risk Management, and Decision Making, New York 1987, S. 241 – 249, kommt nach Erörterung einiger Definitionsversuche zu der eigenen Definition: „The potential for realization of unwanted, adverse consequences to human life, health, property, or the environment" (244, 248). Aber: consequences von was? Und: kann man nicht auch anderes riskieren, z. B. Reputation?

[13] Zum Beispiel definieren Robert W. Kates/Jeanne X. Kasperson, Comparative Risk Analysis of Technological Hazards, Proceedings of the National Academy of Science 80 (1983), S. 7027 – 7038 (7029): „A hazard, in our parlance, is a threat to people and to what they value (property, environment, future generations, etc.) and risk is a measure of hazard". Diese meßtheoretische Version kann zu einer Vielzahl von Varianten entfaltet werden und zahlreiche wissenschaftliche Beiträge stimulieren. Siehe für einen Überblick Helmut Jungermann/Paul Slovic, Die Psychologie der Kognition und die Evaluation von Risiko, in: G. Bechmann (Hrsg.), Risiko und Gesellschaft, Opladen (im Druck), Ms. S. 3.

Meßproblem geht, sieht man nicht recht, weshalb davon so viel Aufhe-
bens gemacht wird. Meßprobleme sind Probleme der Konvention, und
jedenfalls sind die Risiken der Messung (also der Meßfehler) etwas
anderes als das, was als Risiko gemessen wird. Solche Beispiele könnten
beliebig vermehrt werden, paradoxerweise vor allem für die exakten
Wissenschaften; denn hier gilt offenbar die Annahme, daß Genauigkeit
in der Form eines Kalküls ausgedrückt werden müsse und der Gebrauch
der Alltagssprache entsprechend nachlässig gehandhabt werden könne.

Generell gilt zwar als ausgemacht, daß man Definitionsfragen nicht
allzu viel Aufmerksamkeit schenken sollte; denn sie dienen nur der
Abgrenzung, nicht der angemessenen Beschreibung (geschweige denn:
Erklärung) der Gegenstände. Immerhin: wenn nicht einmal klar ist,
welcher Gegenstand überhaupt behandelt werden soll, kann man gar
nicht anfangen zu forschen. Und der Soziologe wird, zu Recht oder
zu Unrecht, vermuten dürfen, daß diese Unklarheit die Möglichkeit
bietet, Themen je nach Mode und Meinung, je nach Auftraggeber und
nach gesellschaftsweiter Aufmerksamkeit zu wechseln. Wir haben also
allen Anlaß, uns zunächst einmal mit der Abgrenzung des Gegen-
standsbereichs von Risikoforschung zu beschäftigen.

II.

Ältere Hochkulturen hatten für analoge Probleme ganz andere Bearbei-
tungstechniken entwickelt und daher keinen Bedarf für ein Wort für
das, was wir heute unter Risiko verstehen. Selbstverständlich hatte
man es seit eh und je mit Zukunftsungewißheit zu tun. Überwiegend
vertraute man jedoch einer Praxis der Divination, die zwar keine
verläßliche Gewißheit schaffen konnte, aber jedenfalls garantierte, daß
die eigene Entscheidung nicht den Zorn der Götter oder anderer
numinoser Mächte erregte, sondern im Kontakt mit geheimnisvollen
Schicksalsbestimmungen abgesichert war.[14] In vielen Hinsichten bietet

---

[14] Etwas kurzschlüssig stellen Vincent T. Covello/Jeryl Mumpower, Risk Analysis and Risk Management: An Historical Perspective, Risk Analysis 5 (1985),
S. 103 – 120, auf Gewißheit durch religiöse Beratung und Autorität ab. Man
kann jedoch an der Evolution hochkomplexer Divinationssysteme (Weisheitslehren) in den beginnenden Schriftkulturen Mesopotamien und Chinas able-

denn auch der semantische Komplex der Sünde (des religiösen Weisungen zuwiderlaufenden Verhaltens) ein funktionales Äquivalent, sofern er dazu dienen kann, zu erklären, wie es zu Unheil kommt.[15] Schon im altorientalischen Seehandel gab es, der Sache nach, Risikobewußtsein mit entsprechenden Rechtseinrichtungen[16], die in ihren Anfängen von divinatorischen Programmen, Anrufung von Schutzgöttern etc. zwar kaum trennbar waren, aber im Rechtlichen, insbesondere in der Rollenteilung von Kapitalgebern und Seefahrern, doch deutlich Versicherungsfunktionen erfüllten und sich damit relativ kontinuierlich bis ins Mittelalter hinein auf das Recht des Seehandels und der Seeversicherungen auswirken sollten. Selbst in der nichtchristlichen Antike fehlt aber noch ein voll entwickeltes Entscheidungsbewußtsein. Von „Risiko" spricht man daher erst in der langen Übergangszeit vom Mittelalter zur Frühmoderne.

Die Quellen des Wortes sind unbekannt. Manche vermuten einen arabischen Ursprung. In Europa findet man das Wort schon in mittelalterlichen Urkunden, aber es breitet sich erst mit dem Buchdruck aus, zunächst anscheinend in Italien und Spanien.[17] Ausführlichere wort-

---

sen, daß die Ungewißheit keineswegs behoben war, sondern in evolutionäre Entwicklungen umgesetzt wurde, vor allem in komplexer werdendes Wissen, schriftliche Aufzeichnungen, interpretationsbedürftige Ambivalenzen oder Widersprüche und nicht zuletzt in Figuren der self-fulfilling prophecy (Typ Ödipus), die davor warnten, Unheilsprophezeiungen in die eigene Kalkulation einzubeziehen, um ihnen auszuweichen, weil man genau dadurch die Bedingungen ihres Eintritts auslösen würde. Viel Material dazu in Jean-Pierre Vernant et al., Divination et Rationalité, Paris 1974.

[15] Siehe zu diesem Vergleich Mary Douglas, Risk as a Forensic Resource, Daedalus 119/4 (1990), S. 1 – 16 (4 ff.).

[16] Vgl. A. L. Oppenheim, The Seafaring Merchants of Ur, Journal of the American Oriental Society 74 (1954), S. 6 – 17.

[17] Fürs Englische bringt The Oxford English Dictionary, 2. Aufl. Oxford 1989, Bd. XIII, S. 987, Belege erst aus der 2. Hälfte des 17. Jahrhunderts. Fürs Deutsche nennt das Deutsche Fremdwörterbuch (Hrsg. Hans Schulz, später Otto Basler), Berlin 1977 Bd. 3, S. 452 f. Belege aus der Mitte des 16. Jahrhunderts. Man muß aber beachten, daß das neulateinische risicum schon lange vorher benutzt worden ist, und dies auch in Deutschland, so daß solche Nachweise eher mit der Frage zu tun haben, ob und was deutschsprachig gedruckt wird.

und begriffsgeschichtliche Forschungen fehlen[18], und das ist verständlich, da das Wort zunächst relativ selten und in sehr verschiedenen Sachbereichen auftaucht. Wichtige Anwendungsfälle sind Seefahrt und Handel. Seeversicherungen sind ein früher Fall von planmäßiger Risikokontrolle[19], aber auch unabhängig davon findet man Formulierungen wie „ad risicum et fortunam …" oder „pro secŭritate et risico …" oder „ad omnem risicŭm, periculŭm et fortŭnam Dei" …" in Verträgen, die regeln, wer im Falle eines Schadens diesen zu tragen hat.[20] Das Wort Risiko bleibt jedoch nicht auf diesen Bereich beschränkt, sondern dehnt sich, wohl im Gefolge des Buchdrucks, seit etwa 1500 aus. Scipio Ammirato meint zum Beispiel, daß derjenige, der Gerüchte verbreite, das Risiko („rischio") laufe, nach seiner Quelle gefragt zu werden.[21] Giovanni Botero formuliert: „Chi non risica non guadagna" und grenzt diese Maxime mit einer alten Tradition ab gegen eitle, tollkühne Projekte.[22] Annibale Romei macht dem einen Vorwurf, der „non voler arrischiar la sua vita per la sua religione".[23] In einem Brief von Luca

---

[18] Eine Alternative dazu könnte in bild- und symbolgeschichtlichen Forschungen liegen. Vgl. Hartmut Kugler, Phaetons Sturz in die Neuzeit: Ein Versuch über das Risikobewußtsein, in: Thomas Cramer (Hrsg.), Wege in die Neuzeit, München 1988, S. 122 – 141.

[19] Bemerkenswert ist die juristische Typik dieser Verträge. Da im aktionenrechtlichen Kontext der zivilrechtlichen Tradition für eine Klage nomen et causa erforderlich waren, konnte man nicht einfach neue Vertragstypen schaffen. Man griff daher auf die wohl schon zu römischen Zeiten für diesen Zweck mißbrauchte Form der Wette zurück. Die Beliebigkeit eines unsicheren Ereignisses, auf dessen Eintritt bzw. Nichteintritt man Wetten abschließen konnte, ließ sich auch auf den Fall realer Befürchtungen übertragen. Vgl. Karin Nehlsen – von Stryk, Kalkül und Hazard in der spätmittelalterlichen Seeversicherungspraxis, Rechtshistorisches Journal 8 (1989), S. 195 – 208.

[20] Vgl. dazu Erich Maschke, Das Berufsbewußtsein des mittelalterlichen Fernkaufmanns, in: Carl Haase (Hrsg.), Die Stadt des Mittelalters Bd. 3, Darmstadt 1973, S. 177 – 216 (192 ff.); Adolf Schaube, Die wahre Beschaffenheit der Versicherung in der Entstehungszeit des Versicherungswesens, Jahrbücher für Nationalökonomie und Statistik 60 (1893), S. 40 – 58, 473 – 509 (42, 476).

[21] Della Segretezza, Vinezia 1598, S. 19.

[22] Della Ragion di Stato (1589), zit. nach der Ausgabe Bologna 1930, S. 73. Zum Abklingen der moralischen Kritik an Tollkühnheit, Übermut, superbia usw. vgl. auch Kugler a. a. O. (1988).

[23] Discorsi, Ferrara 1586, S. 61.

Contile an Claudio Tolomei vom 15. September 1545[24] findet man die Formulierung: „vivere in risico di mettersi in mano di gente forestiere e forse barbare". Da die vorhandene Sprache Worte für Gefahr, Wagnis, Zufall, Glück, Mut, Angst, Abenteuer (aventuyre)[25] etc. zur Verfügung hält, darf man annehmen, daß ein neues Wort in Gebrauch genommen wird, um eine Problemlage zu bezeichnen, die mit den vorhandenen Worten nicht präzise genug ausgedrückt wird. Andererseits drängt das Wort über den Ausgangskontext hinaus (etwa im Zitat „non voler arrischiar la sua vita per la sua religione"), so daß es nicht leicht ist, auf Grund einiger dieser Zufallsfunde den Grund für den neuen Begriff zu rekonstruieren.

Mit diesen Vorbehalten vermuten wir, daß das Problem in der Einsicht liegt, daß manche Vorteile nur zu erreichen sind, wenn man etwas aufs Spiel setzt. Dabei geht es nicht um das Problem der Kosten, die man vorher kalkulieren und gegen den Nutzen verrechnen kann. Es geht vielmehr um eine Entscheidung, die man, *wie man voraussehen kann*, nachträglich bereuen wird, wenn ein Schadensfall eintritt, den vermeiden zu können man gehofft hatte. Seit der Institutionalisierung der Beichte hatte die Religion versucht, den Sünder mit allen Mitteln zur Reue zu bringen. Bei der Risikokalkulation geht es offenbar um den säkularen Gegenfall eines Reueminimierungsprogramms. In jedem Falle um eine *im Zeitlauf inkonsistente Einstellung*: erst so, dann so. In jedem Falle also um ein Rechnen mit Zeit. Und in der Differenz der religiösen und der säkularen Perspektive liegt denn auch die Spannung des bekannten Glaubenskalküls, den Pascal vorgeschlagen hatte[26]: Das Risiko des Unglaubens ist in jedem Fall zu hoch, weil das Seelenheil auf dem Spiel steht. Das Risiko des Glaubens, daß man die Knie ganz unnötig beugt, erscheint demgegenüber als vernachlässigenswert.

---

[24] Zitiert bei Claudio Donati, L'idea di Nobiltà in Italia: Secoli XIV–XVIII, Roma 1988, S. 53.

[25] Zu den beiden letztgenannten, mit der heutigen Verwendung von „Risiko" fast sinngleichen Worten siehe Bruno Kuske, Die Begriffe Angst und Abenteuer in der deutschen Wirtschaft des Mittelalters, Zeitschrift für handelswissenschaftliche Forschung N. F. 1 (1949), S. 547–550.

[26] Pensées Nr. 451 nach der Zählung der Ausgabe der Bibliothèque de la Pléiade, Paris 1950, S. 953 ff. Pascal spricht von hazard, hazarder.

Diese knappen Hinweise vermitteln einen ersten Eindruck, daß ein komplexes Problem im Hintergrund steht, das die Begriffserfindung motiviert, durch sie aber nicht ausreichend bezeichnet wird. Es geht nicht um eine bloße Kostenkalkulation auf Grund sicherer Prognosen. Es geht aber auch nicht nur um die klassische ethische Supernorm des Maßhaltens (modestas, mediocritas) und der Gerechtigkeit (iustitia) bei allem Streben nach an sich erstrebenswerten Gütern. Es geht nicht um diese gleichsam zeitlosen Formen der Rationalität, mit denen eine stationäre Gesellschaft der Einsicht Rechnung trug, daß das Leben in einer Gemengelage von Vorteilen und Nachteilen, von Perfektionen und Korruptionen auszuhalten ist, und in der zuviel des Guten einem schlecht bekommen kann. Es geht nicht nur um den Versuch, Rationalität in einer Metaregel zum Ausdruck zu bringen, sei es einer Optimierungsregel, sei es einer Regel der maßvollen Mitte, die die Unterscheidung von gut und schlecht als Einheit zu fassen und diese Einheit dann wieder als gut (als empfehlenswert) zu formulieren versucht. Es geht nicht um diese Art der Auflösung einer Paradoxie, mit der man konfrontiert ist, wenn der Schematismus von gut und schlecht auf sich selbst angewandt wird. Und es geht auch nicht nur um die nebenherlaufenden rhetorischen Spielereien, die am Schlechten das Gute und am Guten das Schlechte entdecken.[27] Und folglich versagen auch die alten Prudentien, die gelehrt hatten, daß und wie man in Lebenssituationen zurechtkommt, in denen die varietas temporum und die Mischung von guten und schlechten Eigenschaften der Mitmenschen eine Rolle spielen. Während die Risiko-Terminologie schon benutzt wird, werden all diese alten Mittel zwar nochmals verstärkt eingesetzt – so in den Lehren von den Tugenden des Fürsten und seiner Ratgeber oder im Begriff der Staatsräson. Aber zugleich erkennt man an der Dramatisierung dieser semantischen Formen, daß die Problemlagen ihnen allmählich entgleiten. Woher nimmt Richelieu die Maxime: „Un mal qui ne peut arriver que rarement doit être présumé n'arriver point. Principalement, si, pour l'éviter, on s'expose à beau-

27 Für Beispiele siehe etwa Ortensio Lando, Paradossi, cioe sententie fuori del commun parere, Vinegia 1545; ders., Confutatione del libro de paradossi nuovamente composta, in tre orationi distinta, o. O., o. J.

coup d'autre qui sont inévitable et de plus grand consequence".[28] Der Grund dafür dürfte sein, daß es viel zu viele Gründe gibt, aus denen etwas auf unwahrscheinliche Weise schief gehen kann, als daß man sie in einer rationalen Kalkulation berücksichtigen könnte. Diese Maxime führt ins Zentrum der politischen Kontroversen der Gegenwart über Folgen der modernen Technologien und ökologische Probleme der modernen Gesellschaft. Das gibt dem Begriff des Risikos, den Richelieu gar nicht benutzen mußte, einen ganz anderen Stellenwert. Aber welchen?

Die Wortgeschichte allein gibt darüber keine sichere Auskunft. Sie gibt einige Anhaltspunkte, vor allem den, daß Rationalitätsansprüche in ein zunehmend prekäres Verhältnis zur Zeit geraten. Beides zusammen weist darauf hin, daß es um Entscheidungen geht, mit denen man Zeit bindet, *obwohl man die Zukunft nicht hinreichend kennen kann*; und zwar *nicht einmal die Zukunft, die man durch die eigenen Entscheidungen erzeugt*. Seit Bacon, Locke, Vico nimmt das Vertrauen in die Machbarkeit der Verhältnisse zu; und weitgehend nimmt man an, daß Wissen und Herstellbarkeit korrelieren. Diese Prätention korrigiert sich gewissermaßen mit dem Risikobegriff, so wie in anderer Weise auch mit der neu erfundenen Wahrscheinlichkeitskalkulation. Beide Konzepte scheinen garantieren zu können, daß man es auch dann, wenn es schief geht, richtig gemacht haben kann. Sie immunisieren das Entscheiden gegen Mißerfolge, sofern man nur lernt, Fehler zu vermeiden. Entsprechend wandelt sich der Sinn von „securitas". Während die lateinische Tradition damit eine subjektive Gestimmtheit der Sorgenfreiheit oder in negativer Bewertung der Sorglosigkeit speziell an Angelegenheiten des Seelenheils (= acedia) bezeichnet hatte, nimmt der Begriff im Französischen (sûreté, später wird das wieder subjektive sécurité nachgeschoben) eine objektive Bedeutung an[29] – so als ob im

---

[28] Zitiert nach der Ausgabe: Maximes de Cardinal de Richelieu, Paris 1944, S. 42. Für die fortdauernde Aktualität siehe etwa Howard Kunreuther, Limited Knowledge and Insurance Protection, Public Policy 24 (1976), S. 227 – 261.

[29] Siehe mit zahlreichen Nachweisen Emil Winkler, Sécurité, Berlin 1939. Vgl. auch die ebenfalls einen neuzeitlichen Sinnwandel belegende Untersuchung von Franz-Xaver Kaufmann, Sicherheit als soziologisches und sozialpolitisches Problem: Untersuchungen zu einer Wertidee hochdifferenzierter Gesellschaften, Stuttgart 1970.

Verhältnis zu einer immer unsicheren Zukunft nun sichere Entscheidungsgrundlagen gefunden werden müßten. Mit all dem wird der
Bereich und der Anspruch des Könnens gewaltig ausgedehnt, und
die alten kosmologischen Limitationen, die Wesenskonstanten und
Geheimnisse der Natur, werden durch neue Unterscheidungen ersetzt,
die in den Bereich der rationalen Kalkulation fallen. Und daran hält
sich das Verständnis von Risiko bis heute.

Fragt man nach dem Problemverständnis dieser rationalistischen
Tradition, erhält man eine einfache und einleuchtende Antwort: Schäden sollen nach Möglichkeit vermieden werden. Da diese Maxime
allein die Handlungsmöglichkeiten zu stark limitieren würde, muß
man auch Handlungen zulassen, und das eben heißt: „riskieren", die
einen im Prinzip vermeidbaren Schaden verursachen können, sofern
nur die Kalkulation der Schadenswahrscheinlichkeit und der etwaigen
Schadenshöhe dies als vertretbar erscheinen läßt. Noch heute ermittelt
man Risiken durch Multiplikation von Schadenshöhe und Schadenswahrscheinlichkeit.[30] Es geht, mit anderen Worten, um eine kontrollierte Extension des Bereichs rationalen Handelns, ganz ähnlich wie ja
auch in der Wirtschaft derjenige die Chancen rationalen Handelns
nicht ausschöpft, der nur mit Eigenkapital arbeitet und nicht mit
Krediten. Für diese Zwecke genügt es, im Hinblick auf die Folgen
unterschiedlicher Entscheidungen unterschiedliche Nutzenfunktionen
und Wahrscheinlichkeitsverteilungen anzunehmen und die Entscheidung selbst im Hinblick auf die Unterschiedlichkeit ihrer Ergebnisse
als riskant zu bezeichnen. Ein darüber hinausgehender Risiko*begriff*
ist entbehrlich und wäre im Konzept dieser Theorie auch gar nicht
unterzubringen.

Die rationalistische Tradition kann also gute Gründe vorweisen, und
es wäre unangebracht, ihr auf dieser Ebene zu widersprechen. Verzicht
auf Risiken hieße, speziell unter heutigen Bedingungen, Verzicht auf
Rationalität. Und trotzdem bleibt ein Unbehagen. Man hat der rationalistischen Tradition ganz generell vorgeworfen, daß sie nicht sieht, was
sie nicht sieht, „... failing to take account of the blindness inherent in

---

[30] Aber auch kritische Stimmen kann man finden, und nicht zuletzt von Seiten
der anwendungsbezogenen Mathematik. Siehe Sir Hermann Bondi, Risk in
Perspective, in: M. G. Cooper (Hrsg.), Risk: Man-made Hazards to Man,
Oxford 1985, S. 8 – 17.

the way problems are formulated".[31] Will man aber beobachten, wie
die rationalistische Tradition beobachtet, muß man sich von ihrem
Problemverständnis lösen. Man muß ihr ihr Problem lassen, aber
Verständnis dafür aufbringen, daß sie nicht sehen kann, was sie nicht
sehen kann. Man muß die Theorie auf die Ebene der Beobachtung
zweiter Ordnung verlagern. Das aber stellt Ansprüche an die Begriffsbildung, von denen weder der interdisziplinäre Diskussionskontext
noch die Wort- und Begriffsgeschichte eine zureichende Vorstellung
vermitteln.

III.

Auf der Ebene zweiter Ordnung, beim Beobachten des Beobachtens,
ist eine besondere Sorgfalt der Begriffsbildung angebracht. Wir gehen
davon aus, daß jeder Beobachter eine Unterscheidung benutzen muß,
weil er anders das, was er beobachten will, nicht bezeichnen kann.
Bezeichnungen sind nur auf Grund einer Unterscheidung des Bezeichneten möglich, und Unterscheidungen dienen dazu, die Möglichkeit zu
bieten, die eine oder die andere Seite der Unterscheidung zu bezeichnen.
Wir folgen mit diesen Grundsätzen dem Formenkalkül von George
Spencer Brown[32] und sprechen deshalb gelegentlich von „Form", wenn
wir eine Unterscheidung meinen, die zwei Seiten trennt und Operationen (und also Zeit) erfordert – sei es, um die Bezeichnung der einen
Seite zu wiederholen, um Identität zu kondensieren; sei es, um die
Grenze zu kreuzen und mit der nächstfolgenden Operation von der
anderen Seite auszugehen. Wir wählen diesen Ausgangspunkt anstelle
der üblichen, sei es kausaltheoretischen, sei es statistischen Methodologie, weil wir Beobachtungen untersuchen wollen und Beobachtungen
nichts anderes sind als unterscheidende Bezeichnungen.

Eine weitere Vorbemerkung betrifft die Unterscheidung des Beobachtens erster und zweiter Ordnung. Jeder Beobachter benutzt eine Unterscheidung, um die eine *oder* die andere Seite zu bezeichnen. Für den

---

[31] So Terry Winograd/Fernando Flores, Understanding Computers and Cognition: A New Foundation for Design, Reading Mass. 1987, S. 77. Vgl. auch
S. 97 ff.
[32] Siehe: Laws of Form, zitiert nach dem Neudruck New York 1979.

Übergang von der einen zur anderen Seite braucht er Zeit. Er kann deshalb nicht beide Seiten *zugleich* beobachten, obwohl jede Seite *gleichzeitig* die andere der anderen ist. Er kann auch die Einheit der Unterscheidung, während er sie gebraucht, nicht beobachten, denn dazu müßte er diese Unterscheidung unterscheiden, also eine andere Unterscheidung verwenden, für die dann dasselbe gilt. Kurz: das Beobachten kann sich nicht selber beobachten, obwohl ein Beobachter als System Zeit hat, Unterscheidungen zu wechseln und daher auch im Sinne der Beobachtung zweiter Ordnung sich selber beobachten kann.

Außerdem müssen wir zwei Arten des Unterscheidens unterscheiden. Die eine bezeichnet etwas im Unterschied zu allem anderen, ohne die andere Seite der Unterscheidung zu spezifizieren. Das, was mit dieser Art des Unterscheidens spezifiziert wird, wollen wir für die Zwecke unserer Untersuchungen *Objekte* nennen.[33] Bei der Beobachtung von Objekten fallen Bezeichnung und Unterscheidung des Objektes zusammen; sie können nur uno actu vollzogen werden. Die andere Art des Unterscheidens schränkt dagegen ein, was auf der anderen Seite der Unterscheidung in Betracht kommt, zum Beispiel Frauen/Männer, Recht/Unrecht, heiß/kalt, Tugend/Laster, Lob/Tadel. Die Kondensate einer solchen Unterscheidungspraxis wollen wir *Begriffe* nennen. Sowohl Objekte als auch Begriffe sind unterscheidungsabhängige Konstrukte eines Beobachters. Begriffe distanzieren den Beobachter aber stärker als Objekte, weil sie das Unterscheiden und Bezeichnen als Beobachtungsoperation stärker auseinanderziehen und ein Unterscheiden von Unterscheidungen erfordern.

Das geschichtlich späte Auftreten von Sachverhalten, die mit dem neuen Wort „Risiko" bezeichnet werden, hängt vermutlich damit zusammen, daß mit ihm eine Mehrheit von Unterscheidungen auf einen

---

[33] Es gibt natürlich viele andere Verwendungen des Objektbegriffs. Wichtig ist, daß wir *nicht* auf die Unterscheidung Objekt/Subjekt abstellen; denn die Wahl dieser Form (sagen wir: der Subjektform) hätte dann keinen Platz für das, was wir im Text als „Begriffe" bezeichnen wollen und sie müßte folglich Begriffe als Beobachtungsinstrumente von „Subjekten" unterbringen, liefe damit in die Falle des unlösbaren Problems der „Intersubjektivität", könnte das Beobachten der Beobachter nicht mehr angemessen beschreiben und würde sich voraussichtlich im Dickicht von Ideologieverdacht, Relativismus, Pragmatismus, Pluralismus, Diskurstheorie etc. verirren.

Begriff gebracht, also als Einheit bezeichnet wird. Es geht nicht einfach um eine Weltbeschreibung eines Beobachters erster Ordnung, der etwas Positives oder etwas Negatives sieht, etwas feststellt oder etwas vermißt. Vielmehr geht es um die Rekonstruktion eines Phänomens mehrfacher Kontingenz, das folglich verschiedenen Beobachtern verschiedene Perspektiven bietet.

Einerseits kann es zu einem künftigen Schaden kommen – oder auch nicht. Von der Gegenwart aus gesehen ist die Zukunft unsicher, während jetzt schon feststeht, daß die künftigen Gegenwarten in erwünschter oder in unerwünschter Hinsicht bestimmt sein werden. Nur kann man jetzt noch nicht wissen wie. Man kann aber wissen, daß man selbst oder andere Beobachter in der künftigen Gegenwart wissen werden, was der Fall ist, und dann den Fall anders als jetzt, aber möglicherweise untereinander verschieden beurteilen werden.

Andererseits, und zusätzlich, hängt das, was künftig geschehen kann, auch noch von der gegenwärtig zu treffenden Entscheidung ab. Denn von Risiko spricht man nur, wenn eine Entscheidung ausgemacht werden kann, ohne die es nicht zu dem Schaden kommen könnte. Für den Begriff soll es nicht entscheidend sein (aber das ist eine Definitionsfrage), ob der Entscheider selbst das Risiko als Folge seiner Entscheidung wahrnimmt, oder ob es andere sind, die es ihm zurechnen; und es soll auch nicht darauf ankommen, in welchem Zeitpunkt dies geschieht – ob zur Zeit der Entscheidung oder erst später, erst im Schadensfalle. Für den Begriff, wie wir ihn hier vorschlagen, ist nur ausschlaggebend, daß der kontingente Schaden selbst kontingent, also vermeidbar, verursacht wird. Und auch hier sind verschiedene Beobachterperspektiven denkbar mit je verschiedenen Meinungen darüber, ob unter Inkaufnahme eines Risikos entschieden werden soll oder nicht.

Der Begriff bezieht sich, mit anderen Worten, auf ein hochstufiges Kontingenzarrangement. In Anlehnung an den kantischen Begriff mit seinem Zeitbezug könnte man auch von Kontingenz*schema* sprechen. Oder mit Novalis von der „Alleseinheit des Schemas".[34] Dabei bringt

---

[34] So in den Philosophischen Studien 1795/96 nach der Zusammenstellung der Ausgabe von Hans-Joachim Mähl und Richard Samuel, Werke, Tagebücher und Briefe Friedrich von Hardenbergs, Bd. 2, Darmstadt 1978, S. 14. Dort

allein schon die Tatsache, daß zwei zeitliche Kontingenzlagen, Ereignis und Schaden, als Kontingenzen (nicht: als Tatsachen!) fest gekoppelt werden, obwohl es nicht sein muß, die Möglichkeit mit sich, daß Beobachter in ihrer Meinung divergieren. Die zeitlichen Kontingenzen provozieren soziale Kontingenzen, und auch diese Pluralität läßt sich nicht in einer Seinsformel aufheben. Man kann sich natürlich einigen darüber, ob entschieden werden soll oder nicht; aber das ist dann Sache einer Verständigung, nicht Sache des Wissens. Einmal aufgelöst in zeitliche und soziale Differenzierungen, gibt es keine Rückkehr zur Unschuld des Weltwissens. Die Tür zum Paradies bleibt versiegelt. Durch das Wort Risiko.

Das, was wir eben als Kontingenzschema bezeichnet haben, strapaziert das Medium Sinn, in dem alles Erleben und Kommunizieren Formen finden muß. Sinn kann man definieren als ein Medium, das durch einen Überschuß an Verweisungen auf andere Möglichkeiten erzeugt wird.[35] Letztlich beruht aller Sinn daher auf der Unterscheidung von Aktualität und Potentialität.[36] Dabei ist das Aktuelle immer so, wie es ist; und es ist in der Welt immer gleichzeitig mit anderen Aktualitäten gegeben.[37] Da alle Systeme ihre Operationen aktuell durchführen (oder eben: nicht durchführen) kann es nie zur Freigabe von Beliebigkeit kommen.[38] Aber im sinnkonstituierenden Bereich des Möglichen kann die Perspektivenvielfalt zunehmen und die Formfindung entsprechend schwieriger werden. Man kann dies schon daran

---

auch: „Das Schema steht mit sich selbst in Wechselwirkung. Jedes ist nur das auf seinem Platze, was es durch die andern ist."

[35] Ausführlicher Niklas Luhmann, Soziale Systeme: Grundriß einer allgemeinen Theorie, Frankfurt 1984, S. 92 ff.

[36] Auch dies im übrigen eine Unterscheidung, die in sich selbst wiedereintreten kann. Denn das Aktuelle ist im Modus des Möglichen seinerseits möglich (und nicht unmöglich), während im Möglichen andere mögliche Aktualisierungen angezeigt sind.

[37] Hierzu Niklas Luhmann, Gleichzeitigkeit und Synchronisation, in ders., Soziologische Aufklärung Bd. 5: Konstruktivistische Perspektiven, Opladen 1990, S. 95 – 130.

[38] Auch riskante Entscheidungen sind Entscheidungen, sind als aktuelle Vorkommnisse beobachtbar, finden unter der Bedingung der Gleichzeitigkeit mit anderem statt. Und das alles geschieht so, wie es geschieht.

erkennen, daß die Möglichkeiten, Risiko zu negieren, zunehmen – sei es in Richtung auf Sicherheit, wenn man die Unmöglichkeit eines künftigen Schadens behauptet; sei es in Richtung auf Gefahr, wenn man die Zurechenbarkeit des Schadens auf eine Entscheidung bestreitet; sei es mit Hilfe von Sekundärunterscheidungen wie bekannte/unbekannte Risiken oder kommunizierte/nichtkommunizierte Risiken. Wie in modallogischen Problemlagen muß also die Verwendung von Negationen spezifiziert werden.[39] Aber all das geschieht, und darin zeigt sich der praktische Effekt dieses Übergangs auf eine zweite oder dritte Ebene des Beobachtens, unter der Bedingung, daß auch die Negation eines Risikos – welcher Art auch immer – ihrerseits ein Risiko ist.

Mit all dem sind jedoch die Bedingungen der operativen Verwendung des Begriffs Risiko noch nicht ausreichend geklärt. Was bezeichnet dieses Wort? Welche Seite welcher Unterscheidung? Welche Negationsmöglichkeit (welche andere Seite welcher Unterscheidung) impliziert der Begriff, wenn man ihn für wissenschaftliche Verwendung präzisieren will? Will man wissen, was ein Beobachter (zweiter Ordnung) meint, wenn er eine Beobachtungsperspektive als Risiko bezeichnet, muß man angeben können, im Rahmen welcher Unterscheidung der Begriff des Risikos die eine (und nicht die andere) Seite bezeichnet. Wir fragen, anders gefragt, nach der Form, die einen Beobachter leitet, wenn er eine Beobachtung als Risiko bezeichnet, und verstehen unter „Form" immer eine Grenze, einen Einschnitt, der zwei Seiten trennt mit der Folge, daß man angeben muß, von welcher Seite man bei der nächsten Operation ausgeht.

Es ist klar, daß die oben skizzierte rationalistische Tradition zwar eine Form anbietet, aber keinen Begriff des Risikos. Sie übersetzt das Problem, wie trotz Ausnutzung von Rationalitätschancen Schaden möglichst vermieden werden könne, in Kalkulationsdirektiven. Als Form entsteht dann: optimal/nicht-optimal und damit die ganze Kaskade von Sekundärunterscheidungen unterschiedlicher Berechnungsweisen. Noch einmal: die Bedeutung des Problems und seine spezifische Modernität sollen nicht unterschätzt, sondern im Gegenteil hervorge-

---

[39] Zu entsprechenden Problemen und zur Notwendigkeit einer mehrwertigen Logik für ihre Behandlung vgl. Elena Esposito, Rischio e Osservazione, Ms. 1990.

hoben werden. Nur finden wir darin nicht die Form, die uns den Begriff des Risikos gibt.

Sehr verbreitet findet man die Vorstellung, daß der Begriff des Risikos als Gegenbegriff zu *Sicherheit* zu bestimmen sei.[40] Das hat in der politischen Rhetorik den Vorteil, daß man, wenn man sich gegen allzu riskante Unternehmungen ausspricht, zugleich als jemand erscheint, dem der allgemein geschätzte Wert der Sicherheit am Herzen liegt. Das leitet rasch (und zu rasch) über zu der Vorstellung, daß man eigentlich Sicherheit wünscht, sich aber bei den gegebenen Weltverhältnissen (früher hätte man gesagt: unterhalb des Mondes) auf Risiken einlassen müsse. Die Risikoform wird damit eine Variante der Unterscheidung unerfreulich/erfreulich. Eine etwas raffiniertere Fassung findet man unter Sicherheitsexperten. Ihre Berufserfahrung lehrt sie, daß absolute Sicherheit nicht zu erreichen ist. Irgendetwas kann immer passieren.[41] Deshalb benutzen sie den Begriff des Risikos, um ihr Sicherheitsstreben und das Ausmaß des vernünftigerweise Erreichbaren rechnerisch zu präzisieren.[42] Dem entspricht der Übergang von deterministischen zu probabilistischen Risikoanalysen. Ähnliches gilt für die Literatur über Konsumentenschutz.[43] Das bestätigt die verbreitete Neigung, Risiko als ein Maß für Rechenvorgänge zu definieren. Man kann dann, mit einem Seitenblick auf Soziologen, konzedieren, daß der Sicherheitsbegriff eine soziale Fiktion bezeichnet und daß man untersuchen kann, was in der sozialen Kommunikation unwidersprochen als sicher behandelt wird und wie stabil diese Fiktionen bei gegenteiligen Erfahrungen sind (zum Beispiel bei den angegebenen

---

[40] Vgl. etwa Lola L. Lopez, Between Hope and Fear: The Psychology of Risk, Advances in Experimental Social Psychology 20 (1987), S. 255 – 295 (275 ff.).

[41] Aus dieser Sicht sagt man dann gern: auf Grund menschlicher Unzulänglichkeiten.

[42] So z. B. E. N. Bjordal, Risk from a Safety Executive Viewpoint, in: W. T. Singleton/Jan Hoven (Hrsg.), Risk and Decisions, Chichester 1987, S. 41 – 45. Vgl. auch Sylvius Hartwig (Hrsg.), Große technische Gefahrenpotentiale: Risikoanalysen und Sicherheitsfragen, Berlin 1983.

[43] Vgl. Peter Asch, Consumer Safety Regulation: Putting a Price on Life and Limb, Oxford 1988, z. B. S. 43: „The prevention of all consumer accidents and injuries – „zero risk" – is neither a realistic nor a useful goal". Richtig! Aber was dann?

Anschlußzeiten in Flughäfen).[44] Der Risikogegenbegriff der Sicherheit
bleibt in dieser Konstellation ein Leerbegriff, ähnlich wie der Begriff
der Gesundheit in der Unterscheidung von krank/gesund. Er fungiert
also nur als Reflexionsbegriff. Oder auch als Ventilbegriff für soziale
Forderungen, die je nach variablen Anspruchsniveaus in die Risikokalkulation durchschlagen. Im Ergebnis hat man mit dem Risiko/Sicher-
heit-Paar also ein Beobachtungsschema, das es im Prinzip ermöglicht,
alle Entscheidungen unter dem Gesichtspunkt ihres Risikos zu kalkulieren. Diese Form hat somit das unbestreitbare Verdienst, das Risikobewußtsein zu universalisieren. So ist es denn auch kein Zufall, daß
seit dem 17. Jahrhundert Sicherheitsthematiken und Risikothematiken
aneinander reifen.

Diese Überlegungen führen vor die Frage, ob es Situationen geben
kann, in denen man zwischen Risiko und Sicherheit, zwischen riskanten und sicheren Alternativen wählen kann oder sogar: zu wählen hat.
Diese Frage zwingt zu einer schärferen Einstellung der Begrifflichkeit.
Oft wird eine solche Wahlmöglichkeit behauptet.[45] Die scheinbar „sichere" Alternative impliziert dann die doppelte Sicherheit, daß kein
Schaden entsteht und daß die Chance verloren geht, die man über die
riskante Variante eventuell realisieren könnte. Aber dies Argument
täuscht, denn die verlorene Opportunität war ja in sich selbst gar
keine sichere Sache. Es bleibt mithin unsicher, ob man durch den
Opportunitätsverzicht etwas einbüßt oder nicht; und somit bleibt es
auch eine offene Frage, ob man die Präferenz für die „sichere" Variante
zu bereuen haben wird oder nicht. Allerdings ist dies dann eine Frage,
die oft gar nicht zu beantworten sein wird, wenn die Chance gar nicht
gewagt und der riskante Kausalverlauf gar nicht in Gang gesetzt wird.

---

[44] Auch Anpassungen an die Empfindlichkeiten der öffentlichen Meinung spie-
len inzwischen eine Rolle. Siehe z.B. Chris Whipple, Opportunities for the
Social Sciences in Risk Analysis: An Engineer's Viewpoint, in: Vincent
T. Covello et al. (Hrsg.), Environmental Impact Assessment, Technology
Assessment, and Risk Analysis: Contributions from the Psychological and
Decision Sciences, Berlin 1985, S. 91 – 103.
[45] So zum Beispiel für Managerentscheidungen Kenneth R. MacCrimmon/
Donald A. Wehrung, Taking Risks: The Management of Uncertainty, New
York 1986, S. 11 und durchgehend. Und dies, obwohl der Begriff der Oppor-
tunitätsverluste den Verfassern geläufig ist (S. 10 u. ö.).

Das Risiko der einen Variante färbt jedoch die gesamte Entscheidungslage ein. Auf einen unsicheren Vorteil kann man gar nicht mit Sicherheit
verzichten, weil der Verzicht möglicherweise gar keiner ist (was man
aber gegenwärtig noch nicht wissen kann). Man kann zwar darauf
verzichten, sich überhaupt an risikobezogenen Unterscheidungen zu
orientieren – etwa im Kontext primär religiöser oder sonstwie „fanati-
scher" Unternehmungen. Aber wenn man Risiken in den Blick zieht,
ist jede Variante eines Entscheidungsrepertoires, also die gesamte
Alternative riskant, und sei es nur mit dem Risiko, erkennbare Chancen
nicht wahrzunehmen, die sich möglicherweise als vorteilhaft erweisen
werden.

Sicherheitsexperten, aber auch alle die, die ihnen vorwerfen, nicht
genug für die Sicherheit zu tun, sind Beobachter erster Ordnung. Sie
glauben an Fakten; und wenn gestritten oder verhandelt wird, dann
typisch auf Grund unterschiedlicher Interpretationen oder unterschiedlicher Ansprüche in Bezug auf dieselben Fakten (dieselbe „Nische",
würde Maturana sagen).[46] Man fordert mehr Information, bessere
Information, klagt über Vorenthaltung von Information durch die, die
andere daran hindern wollen, andere Interpretationen oder höhere
Ansprüche auf eine objektiv gegebene Faktenwelt zu projizieren[47] –
so als ob es „Informationen" *gäbe*, die man *haben* bzw. *nicht-haben*
könne. Und wie gesagt: für den Beobachter erster Ordnung ist dies die
reale Welt. Aber für den Beobachter zweiter Ordnung liegt das Problem
darin, daß etwas, was von verschiedenen Beobachtern für Dasselbe
gehalten wird, für sie ganz verschiedene Information erzeugt.

Um beiden Beobachtungsebenen gerecht werden zu können, wollen
wir dem Begriff des Risikos eine andere Form geben, und zwar mit
Hilfe der Unterscheidung von *Risiko* und *Gefahr*. Die Unterscheidung
setzt voraus (und unterscheidet sich dadurch von anderen Unterscheidungen), daß in Bezug auf künftige Schäden Unsicherheit besteht.
Dann gibt es zwei Möglichkeiten. Entweder wird der etwaige Schaden
als Folge der Entscheidung gesehen, also auf die Entscheidung zuge-

[46] Eindrucksvolles Material dazu bei Dorothy Nelkin (Hrsg.), The Language
of Risk: Conflicting Perspectives on Occupational Health, Beverly Hills Cal.
1985.
[47] Vgl. z.B. Michael S. Brown, Disputed Knowledge: Worker Access to Hazard
Information, in: Nelkin a. a. O., S. 67–95.

rechnet. Dann sprechen wir von Risiko, und zwar vom Risiko der Entscheidung. Oder der etwaige Schaden wird als extern veranlaßt gesehen, also auf die Umwelt zugerechnet. Dann sprechen wir von Gefahr.

In der reichhaltigen Literatur zur Risikoforschung spielt diese Unterscheidung Risiko/Gefahr keine nennenswerte Rolle.[48] Das mag verschiedene Gründe haben. Die Sorglosigkeit in Begriffsfragen hatten wir schon genannt. Auch sprachliche Gründe mögen mitspielen. In der weitgehend englisch geschriebenen Literatur stehen die Worte risk, hazard, danger zur Verfügung und werden zumeist nahezu gleichsinnig gebraucht.[49] Bekannt ist zwar, daß es für die Risikowahrnehmung und die Risikoakzeptanz eine wichtige Rolle spielt, ob man sich freiwillig oder unfreiwillig in gefahrenträchtige Situationen begibt[50]; oder auch: ob man meint, die Folgen des eigenen Verhaltens unter Kontrolle zu haben oder nicht. Aber damit werden nur Variable beschrieben, von denen man annimmt und eventuell nachweisen kann, daß sie auf die

---

[48] Oft werden die Worte Risiko und Gefahr identisch oder mit unklarer Überschneidung gebraucht. „Risky choices are choices that have an element of danger", heißt es zum Beispiel bei Lopez, a. a. O. (1987), S. 264. Nicholas Rescher, Risk: a Philosophical Introduction to the Theory of Risk Evaluation and Management, Washington 1983, unterscheidet zwar running a risk/ taking a risk (S. 6), macht von dieser Unterscheidung dann selbst aber kaum Gebrauch. Explizit ablehnend Anthony Giddens, The Consequences of Modernity, Stanford Cal. 1990, insb. S. 34 f., mit der Begründung, daß das Risiko eben die Gefahr sei, daß ein künftiger Schaden eintrete; es komme nicht auf das Bewußtsein des Entscheidenden an. Und in der Tat: auf das Bewußtsein als ein rein psychisches Phänomen sollte es nicht ankommen. Aber dennoch muß man einen Unterschied machen je nach dem, ob der Schaden auch ohne die Entscheidung eintreten würde oder nicht – wer immer diese Kausalzurechnung vollzieht.

[49] Bei Ortwin Renn, Risk Analysis: Scope and Limitations, in: Harry Otway/ Malcolm Peltu (Hrsg.), Regulating Industrial Risks: Science, Hazards and Public Protection, London 1985, S. 111 – 127 (113), liest man zum Beispiel an einer Stelle, wo man begriffliche Klärungen erwarten könnte: „Risk analysis is the identification of potential hazards to individuals and society ...".

[50] Diskutiert seit Chauncey Starr, Social Benefits versus Technological Risk, Science 165 (1969), S. 1232 – 1238.

Risikowahrnehmung bzw. Risikobereitschaft Einfluß haben. Es geht
hierbei nicht um die Formbestimmung des Risikobegriffs. Diese muß
nach der hier vorgeschlagenen Methodologie bei der Bestimmung des
Gegenbegriffs und damit beim Unterscheiden von Unterscheidungen
ansetzen.

Ebenso wie die Unterscheidung Risiko/Sicherheit ist auch die Unterscheidung Risiko/Gefahr asymmetrisch gebaut. In beiden Fällen bezeichnet der Risikobegriff einen komplexen Sachverhalt, mit dem man
es, zumindest in der modernen Gesellschaft, normalerweise zu tun hat.
Die Gegenseite fungiert nur als Reflexionsbegriff mit der Funktion,
die Kontingenz der Sachverhalte zu verdeutlichen, die unter den Begriff
des Risikos fallen. Das ist im Falle Risiko/Sicherheit an den Messungs-
problemen zu erkennen; im Falle Risiko/Gefahr daran, daß nur im
Falle des Risikos das Entscheiden (also Kontingenz) eine Rolle spielt.
Gefahren ist man ausgesetzt. Auch hier spielt natürlich eigenes Verhalten eine Rolle, aber nur in dem Sinne, daß es jemanden in eine Situation
führt, in der dann der Schaden eintritt. (Hätte man einen anderen Weg
genommen, wäre einem der Dachziegel nicht auf den Kopf gefallen.)
Ein anderer Grenzfall ist gegeben, wenn man zwischen sehr ähnlichen
Alternativen wählt – etwa zwischen zwei Fluggesellschaften, und
das gewählte Flugzeug stürzt ab. Auch hierin wird man kaum eine
Entscheidung für ein Risiko sehen, da man sich nicht um bestimmter
Vorteile willen auf ein Risiko einläßt, sondern nur zwischen zwei mehr
oder weniger gleichwertigen Problemlösungen wählen muß, weil man
nur eine von ihnen realisieren kann. Die Zurechnung auf Entscheidung
muß also spezifischen Bedingungen genügen, darunter der, daß die
Alternativen sich in Bezug auf die Möglichkeit von Schäden erkennbar
unterscheiden.

Im Falle des Risikos führt die Zurechnung auf Entscheidungen zu
einer Anzahl von Folgeunterscheidungen, zu einer Serie (oder einem
„Entscheidungsbaum") von Bifurkationen, die je für sich dann wieder
riskante Entscheidungsmöglichkeiten anbieten. Die erste Unterscheidung ist: ob der Schaden noch in den üblichen Kostenrahmen (also in
die „Gewinnzone") fällt und die in Kauf zu nehmenden Kosten nur
erhöht; oder ob er eine Situation herbeiführt, in der man im Rückblick
die Entscheidung bedauert.[51] Nur für diesen Fall der möglicherweise

---

[51] Neuerdings spricht man von „postdecision surprises" oder „postdecision
regret" und charakterisiert typisch bürokratisches Verhalten als Versuch,

zu bereuenden Entscheidungen ist der gesamte Apparat der Risikokalkulation entwickelt worden; und, wie leicht zu erkennen, dient diese
Form der Rationalität der Entfaltung einer Paradoxie, nämlich dem
Nachweis, daß eine falsche Entscheidung trotzdem richtig gewesen
ist.[52]

Beim Schema Risiko und Gefahr bleibt das Interesse an Sicherheit
(oder Risikoaversion, oder Gefahrvermeidung) vorausgesetzt, aber es
wird nicht „markiert", weil es sich von selbst versteht.[53] Die Unterscheidung Risiko und Gefahr ermöglicht eine Markierung auf beiden
Seiten, aber nicht auf beiden zugleich. Die Markierung von Risiken
läßt dann die Gefahren vergessen, die Markierung von Gefahren dagegen die Gewinne, die man mit riskantem Entscheiden erzielen könnte.

---

postdecision surprises zu antezipieren und unter allen Umständen zu vermei-
den (was, wie oben bereits notiert, auf eine Unterausnutzung von Rationalitätschancen hinführt). Siehe David E. Bell, Regret in Decision Making
Under Uncertainty, Operations Research 30 (1982), S. 961 – 981; ders., Risk
Premium for Decision Regret, Management Science 29 (1093), S. 1156 –
1166, für die mathematischen Verfahren und J. Richard Harrison/James G.
March, Decision Making and Postdecision Surprises, Administrative Science
Quarterly 29 (1984), S. 26 – 42 sowie die anschließende Diskussion. Wir
kommen darauf zurück.

[52] Man könnte einwenden, daß diese Formulierung den Zeitunterschied zwischen der Entscheidung und dem Schadenseintritt nicht berücksichtigt. Das
trifft zu, und es trifft auch zu, daß die Asymmetrie des Zeitlaufs ihrerseits
die Paradoxie auflöst. Für eine verfeinerte Entscheidungskalkulation, wie sie
für Organisationen typisch ist, reicht dies jedoch nicht aus, da verlangt
werden kann, daß die Zeitdifferenz ihrerseits reflektiert wird. Man möchte,
mit anderen Worten, *jetzt schon* sicher sein, daß man *im Zeitpunkt des
Schadenseintritts* wird sagen können, man habe richtig entschieden, obwohl
die Entscheidung vom Schaden her gesehen zu bereuen ist. Es geht, mit
anderen Worten, um einen Komplex von Metaregeln, die Konsistenz trotz
Inkonsistenz der Entscheidungsbewertungen garantieren. Ein funktional
äquivalenter Mechanismus ist natürlich die Anstellung auf Lebenszeit.

[53] Zur linguistischen Metaunterscheidung von marked/unmarked in Bezug auf
Seiten einer Unterscheidung vgl. John Lyons, Semantics Bd. 1, Cambridge
Engl. 1977, S. 305 – 311. In dieser Diskussion stellt man sich vor, daß diejenige
Seite unmarkiert bleibt, die vermutlich präferiert wird und deshalb nicht
eigens bezeichnet werden muß. Markierung ist dann ein Mittel, die Aufmerk-
samkeit dorthin zu lenken, wo das Problem liegt.

In älteren Gesellschaften wird daher eher die Gefahr markiert, in der
modernen Gesellschaft bis vor kurzem eher das Risiko, weil es hier
um immer bessere Ausnutzung von Chancen geht. Es ist jedoch die
Frage, ob es dabei bleibt; oder ob nicht die aktuelle Situation dadurch
charakterisiert werden muß, daß Entscheider und Betroffene jeweils
verschiedene Seiten ein- und derselben Unterscheidung markieren und
dadurch in Konflikt geraten, weil sie über ihre eigene Aufmerksamkeit
und die, die sie anderen zumuten, unterschiedlich disponieren.

   Diese wenigen Andeutungen machen schon einige der Vorteile deutlich, die man gewinnen kann, wenn man vom Risiko/Sicherheit-
Schema zum Risiko/Gefahr-Schema überwechselt. Der wichtigste Vorzug dieses Formwechsels liegt jedoch in der Verwendung des Zurech-
nungsbegriffs, denn dieser Begriff gehört auf die Ebene der Beobachtung zweiter Ordnung. Der Begriff hat eine lange Vorgeschichte, vor
allem in der Jurisprudenz und in der Nationalökonomie. Dort ging es
jedoch immer noch um das Problem der richtigen Zurechnung – zum
Beispiel der Tat auf einen Täter oder eines Wertzuwachses auf die
Produktionsfaktoren Land, Arbeit, Kapital oder Organisation.[54] Erst
die nach dem zweiten Weltkrieg einsetzende sozialpsychologische Attributionsforschung[55] erreicht die Ebene der Beobachtung zweiter Ordnung, ohne allerdings ihrerseits über diesen Begriff und dessen erkenntnistheoretische und methodologische Konsequenzen zu verfügen. Nun
kann man beobachten, *wie* ein anderer Beobachter zurechnet, zum
Beispiel internal oder external bei sich selbst und bei anderen und ob
auf konstante oder auf variable Faktoren, auf Strukturen oder auf
Ereignisse, auf Systeme oder auf Situationen. In dieser Forschungstradi-

[54] Für einen Überblick siehe Hans Mayer, Zurechnung, Handwörterbuch der
    Staatswissenschaften, Bd. VIII, 4. Aufl., Jena 1928, S. 1206–1228.
[55] Angeregt vor allem durch Fritz Heider und über Heider verknüpft sowohl
    mit den juristischen und nationalökonomischen Methodenproblemen (man
    denke hier auch an Max Weber) als auch mit gestaltpsychologischen For-
    schungen über Wahrnehmung kausaler Beziehungen. Siehe vor allem Fritz
    Heider, The Psychology of Interpersonal Relations, New York 1958, aber
    auch Felix Kaufmann, Methodenlehre der Sozialwissenschaften, Wien 1936,
    dessen wichtige Ausführungen über Zurechnung (S. 181 ff.) nicht in die
    englische Ausgabe (1944) eingegangen und deshalb ohne Wirkung geblieben
    sind. (Heider wird sie gekannt haben.)

tion wird also die Zurechnungsweise selbst als kontingent angesehen, und man versucht dann, die Faktoren ausfindig zu machen, mit denen Zurechnungsweisen korrelieren (Personmerkmale, Schichtung, Situationsmerkmale, Rollenkonstellationen wie Lehrer/Schüler usw.). Der letzte Schritt wäre die *autologische Konsequenz*, also die Einsicht, daß auch diese Korrelationen Zurechnungen sind, die mit Bedingungen korrelieren, die für den Beobachter zweiter Ordnung charakteristisch sind. Denn auch der Beobachter zweiter Ordnung ist ein Beobachter und fällt also selbst in den Bereich der Gegenstände, die er beobachtet.

Daß man die Unterscheidung von Risiko und Gefahr von Zurechnungen abhängig macht, bedeutet keineswegs, daß es dem Belieben des Beobachters überlassen bleibt, ob etwas als Risiko oder als Gefahr eingestuft wird. Einige Grenzfälle hatten wir schon genannt – vor allem den, daß in der Gegenwart gar keine Kriterien für differentielles Entscheiden erkennbar sind oder jedenfalls nicht solche, die es mit unterschiedlicher Wahrscheinlichkeit von Vorteil und etwaigem Schaden zu tun haben. Größere Bedeutung hat ein anderer Fall. Gerade bei ökologisch vermittelten Schäden ist das Überschreiten einer Schwelle, eine irreversible Veränderung ökologischer Gleichgewichte oder der Eintritt einer Katastrophe oft gar nicht auf Einzelentscheidungen zurechenbar. Beobachter mögen sich dann noch über „Anteile" streiten, etwa in der Frage, ob und wie weit Autoabgase für das Waldsterben verantwortlich sind; aber selbst dann würde man das Anlassen eines Automotors nicht als riskante Entscheidung einstufen können. Man müßte Entscheidungen, auf die man zurechnen kann, gleichsam erfinden – zum Beispiel eine Entscheidung, das Autofahren nicht zu verbieten. Es gibt, anders gesagt, in der Akkumulation von Entscheidungseffekten, in Langzeitauswirkungen nicht mehr identifizierbarer Entscheidungen, in überkomplexen und nicht mehr tracierbaren Kausalverhältnissen Bedingungen, die erhebliche Schäden auslösen können, ohne auf Entscheidung zurechenbar zu sein, obwohl klar ist, daß es ohne Entscheidungen nicht zu solchen Schäden hätte kommen können.[56] Denn auf Entscheidungen zurechnen kann man nur, wenn eine Wahl zwischen Alternativen vorstellbar ist und als zumutbar

---

[56] Wolfgang Bonß, Unsicherheit und Gesellschaft – Argumente für eine soziologische Risikoforschung, Ms. Nov. 1990, spricht in bezug darauf von Gefahren zweiter Ordnung.

erscheint, gleichgültig ob der Entscheider im Einzelfall das Risiko und die Alternative gesehen hat oder nicht.

Akzeptiert man im Rahmen dieser Beschränkungen diesen Risikobegriff, so bezeichnet der Begriff keine Tatsache, die unabhängig davon besteht, ob und durch wen sie beobachtet wird.[57] Es bleibt zunächst offen, ob etwas als Risiko oder als Gefahr angesehen wird, und wenn man wissen will, was hier der Fall ist, muß man den Beobachter beobachten und sich gegebenenfalls um Theorien über die Konditionierung seines Beobachtens bemühen. Beide Seiten der Unterscheidung lassen sich, wenngleich in gegebenen Gesellschaften mit unterschiedlichen Graden der Plausibilität, auf jeden noch ungewissen Schaden anwenden, zum Beispiel auf die Möglichkeit, daß ein Erdbeben Häuser zerstört und Menschen tötet, daß man von Autounfällen oder Krankheiten betroffen wird, daß eine Ehe disharmonisch verläuft oder daß man etwas lernt, was man später gar nicht verwenden kann. Für einen ökonomisch trainierten Blick kann der Schaden auch im Ausbleiben eines Vorteils bestehen, in dessen Erwartung man investiert hatte: Man kauft einen Wagen mit Dieselantrieb, und bald darauf wird die Steuer erhöht. Im Prinzip könnte man jeden Schaden durch Entscheidung vermeiden und ihn damit als Risiko zurechnen – zum Beispiel aus einem erdbebengefährdeten Gebiet wegziehen, nicht Auto fahren, nicht heiraten usw. Und wenn auch das Ausbleiben erwarteter Vorteile als Schaden zählt, fällt erst recht die gesamte Zukunft qua Zukunft unter die Dichotomie von Risiko und Gefahr. Wir können mithin diese Begriffe als *sachlich beliebig generalisierbar* behandeln. Es mag Grenzfälle geben. Die Gefahr eines Meteoriteneinschlags mit katastrophalen Folgen ist ein Beispiel, dessen Wahrscheinlichkeit nur deshalb unterschätzt wird, weil man ohnehin nichts dagegen tun kann. Das Beispiel lehrt im übrigen, daß die moderne Gesellschaft Gefahren von der Risikoseite her sieht und sie nur als Risiken ernst nimmt. Jedenfalls kann jedes Interesse in dieser Weise dichotomisiert werden, sofern es beobachtet wird. Das Problem, auf das uns das Thema Risiko hinführt, scheint deshalb nicht in der Sachdimension zu liegen. Es liegt vielmehr,

---

[57] Daß dies im Bereich der Erkenntnistheorie nicht zu idealistischen, sondern zu konstruktivistischen Positionen führt, sei an dieser Stelle nur angemerkt. Vgl. dazu Niklas Luhmann, Erkenntnis als Konstruktion, Bern 1988; ders., Die Wissenschaft der Gesellschaft, Frankfurt 1990.

wie wir ausführlich zeigen wollen, im Verhältnis von Zeitdimension und Sozialdimension.

Vergleicht man schließlich noch einmal die beiden Formen Risiko/ Sicherheit und Risiko/Gefahr, so läßt sich schon daraus eine wichtige Einsicht ableiten, deren Beachtung der öffentlichen Diskussion von Risikothemen viel unnötige Hitze entziehen und ihr zu gepflegteren Formen verhelfen könnte. Für beide Unterscheidungen gilt: *Es gibt kein risikofreies Verhalten.* Für die eine Form heißt dies: Es gibt keine absolute Sicherheit.[58] Für die andere heißt dies: man kann Risiken, wenn man überhaupt entscheidet, nicht vermeiden. Denn wer in einer unübersichtlichen Kurve, wie ihm empfohlen wird, nicht überholt, läuft das Risiko, nicht so schnell voranzukommen wie er es könnte, wenn kein Wagen entgegenkommt. Man mag kalkulieren, wie man will, und mag in vielen Fällen zu eindeutigen Ergebnissen kommen. Aber das sind nur Entscheidungshilfen. Sie bedeuten nicht, daß man, wenn man überhaupt entscheidet, Risiken vermeiden kann.[59] Und selbstverständlich ist in der modernen Welt auch das Nichtentscheiden eine Entscheidung.

Wenn es keine garantiert risikofreien Entscheidungen gibt, muß man die Hoffnung aufgeben (die ein Beobachter erster Ordnung weiterhin hegen mag), daß man durch mehr Forschung und mehr Wissen von Risiko zu Sicherheit übergehen könne. Praktische Erfahrung lehrt eher das Gegenteil: Je mehr man weiß, desto mehr weiß man, was man nicht weiß, und desto eher bildet sich ein Risikobewußtsein aus. Je rationaler man kalkuliert und je komplexer man die Kalkulation anlegt, desto mehr Facetten kommen in den Blick, in bezug auf die Zukunftsungewißheit und daher Risiko besteht.[60] So gesehen ist es kein Zufall, daß die Risikoperspektive sich im Parallellauf mit der Ausdifferenzierung von Wissenschaft entwickelt hat. Die moderne

---

[58] Ausnahmen mag man konzedieren. Der Tod ist eine solche Ausnahme. Deshalb gibt es streng genommen auch kein Todesrisiko, sondern nur das Risiko einer Verkürzung der Lebenszeit. Wer „Leben" für den höchsten Wert hält, wäre daher gut beraten, wenn er sagen würde: „langes Leben".

[59] Hierzu ausführlich Aaron Wildavsky, Searching for Safety, New Brunswick 1988.

[60] Zu dieser Gegenläufigkeit von Rationalität und Risiko Klaus P. Japp, Soziologische Risikoforschung, Ms. 1990.

Risikogesellschaft ist also nicht nur ein Resultat der Wahrnehmung von Folgen technischer Realisationen. Sie ist schon im Ausbau der Forschungsmöglichkeiten und des Wissens selbst angelegt.

IV.

Zum Abschluß dieses Kapitels muß noch ein Blick auf das Problem der *Prävention* geworfen werden, das in einer genauer zu bestimmenden Weise zwischen Entscheidung und Risiko vermittelt.

Unter Prävention soll hier ganz allgemein Vorbereitung auf unsichere künftige Schäden verstanden werden, sei es daß die Eintrittswahrscheinlichkeit, sei es daß die Höhe des Schadens verringert wird. Prävention mag also sowohl im Falle von Gefahr als auch im Falle von Risiko praktiziert werden. Auch für Gefahren, die man nicht auf eigenes Entscheiden zurechnen kann, mag man sich wappnen. Man übt sich im Waffengebrauch, legt gewisse Geldreserven für Notfälle zurück oder hält sich Freunde, die man gegebenenfalls um Hilfe bitten kann. Solche Sicherungsstrategien laufen aber gleichsam nebenher. Sie sind allgemein motiviert im Blick auf die Unsicherheiten der Lebensführung in dieser Welt.

Wenn es dagegen um Risiken geht, ist die Situation in wichtigen Hinsichten eine andere, denn hier beeinflußt die Prävention die Bereitschaft zum Risiko und damit eine der Bedingungen des Schadenseintritts. Man ist eher bereit, sich auf einen Prozeß mit unsicherem Ausgang einzulassen, wenn man eine Rechtsschutzversicherung hat. Wenn es seismisch einigermaßen sichere Bauweisen gibt, wird man sich eher entschließen, in einem erdbebengefährdetem Gebiet zu bauen. Eine Bank gibt bereitwilliger Kredit, wenn man Sicherheiten anbieten kann. Für die Standortwahl eines Kernkraftwerkes sind die Möglichkeiten einer raschen Evakuierung der Bevölkerung (daran scheiterte ein Projekt auf Long Island) ein nicht unwichtiger Gesichtspunkt. Aber der Zirkel von Verminderung und Erhöhung des Risikos, bedingt durch den Faktor des Vorbereitetseins, geht weit darüber hinaus. Wie man aus Untersuchungen über das Risikoverhalten von Managern weiß, tendieren diese nicht selten dazu, ihre Kontrolle über den Verlauf von eventuell schadensträchtigen Entwicklungen zu überschätzen; oder sogar, sich durch Rejektion vorhandener Daten und durch Beschaffung

anderer, günstigerer Einschätzungen Mut zu machen.[61] Man geht,
mit anderen Worten, aktiv auf die Suche nach Bestätigungen für die
Annahme, der Verlauf werde kontrollierbar bleiben.

Man kann solches Verhalten auch als Risikoverteilungsstrategie beschreiben. Das Erstrisiko der Entscheidung, um die es zunächst geht,
wird durch ein zweites Risiko aufgefangen, ergänzt, abgeschwächt
aber, da das zweite Risiko eben auch ein Risiko ist, unter Umständen
auch erhöht. Das Zusatz- und Entlastungsrisiko kann darin bestehen,
daß die Vorbeugung ganz unnötig sein kann: Man jagt sich Tag für
Tag durch den Wald, um gesund zu bleiben, und stürzt schließlich
mit dem Flugzeug ab. Oder die Prävention erweist sich als kausal
unwirksam. Oder es war nur eine nützliche Ermutigungsfiktion. Das
Risikovertreibungsrisiko bleibt immer noch ein Risiko.

Da Erstrisiken ebenso wie Präventionsrisiken Risiken sind, kommen
in beiden Fällen die Probleme der Risikoeinschätzung und -akzeptanz
zum Zuge. Aber die wechselseitige Abhängigkeit macht den Sachverhalt komplex und so gut wie unprognostizierbar. Es kann gut sein,
daß man das Präventionsrisiko anders sieht und bereitwilliger akzeptiert, weil es zur Absicherung gegen ein Primärrisiko dient. Man sucht,
und findet, ein Alibirisiko. Man kennt die Risiken, die mit technischen
Installationen verbunden sind, und verläßt sich deshalb um so bereitwilliger auf die Menschen, die zur Kontrolle dieser Risiken eingestellt
sind. Oder auf Redundanzen sonstiger Art.

Schließlich hat das hier diskutierte Problem auch eine politische
Seite.[62] Für die politische Einschätzung akzeptabler, erlaubbarer Risiken wird die Sicherheitstechnologie sowie alle sonstigen Einrichtungen
zur Minderung der Schadenswahrscheinlichkeit oder zur Schadensmin-
derung im Unglücksfalle eine erhebliche Rolle spielen, und der Ver-
handlungsspielraum wird vermutlich mehr in diesem Bereich liegen als
in Meinungsverschiedenheiten über das Primärrisiko. Aber eben damit

---

[61] Siehe hierzu den Forschungsüberblick von James G. March/Zur Shapira,
Managerial Perspectives on Risk and Risk Taking, Management Science 33
(1987), S. 1404 – 1418 (1410 f.).

[62] Siehe dazu David Okrent, Comment on Societal Risk, Science 208 (1980),
S. 372 – 375 – ein Text, dem ein Gutachten des Verfassers für das Subcom-
mitte on Science, Resarch, and Technology des Repräsentantenhauses des
US-Kongresses zu Grunde liegt.

begibt sich die Politik auf glattes Terrain. Sie ist nicht nur den üblichen Über- oder Unterschätzungen von Risiken ausgesetzt, die die Politisierung der Themen zunächst in Gang bringen, sondern auch noch den Verzerrungen, die dadurch gegeben sind, daß man das Primärrisiko für kontrollierbar oder für nichtkontrollierbar hält je nach dem, auf welches Ergebnis man hinauswill. Jede Risikoeinschätzung ist und bleibt kontextgebunden. Es gibt, weder psychologisch noch unter dominierenden sozialen Bedingungen eine abstrakte Risikopräferenz oder -dispräferenz. Aber was geschieht, wenn der Kontext, der die Risikoeinschätzung führt, ein anderes Risiko ist?

Schließlich muß in diesem Zusammenhang und speziell in politischer Perspektive nochmals die Unterscheidung von Risiko und Gefahr reflektiert werden. Auch wenn es nur Gefahren im Sinne von Naturkatastrophen sind, wird das Unterlassen von Prävention zum Risiko. Offenbar kann man sich politisch von Gefahren aber leichter distanzieren als von Risiken[63] – und dies auch dann, wenn Schadenswahrscheinlichkeit oder die Schadenshöhe im Falle der Gefahr größer sein sollte als im Falle des Risikos; und vermutlich sogar auch unabhängig von der Frage (aber das bedürfte einer sorgfältigen Untersuchung), wie zuverlässig eine Prävention im einen und im anderen Falle wirken und was sie kosten würde. Auch wenn es für beide Arten von Situationen Prävention gibt, mag dann doch wieder relevant sein, ob das Primärproblem als Gefahr eingeschätzt oder als Risiko zugerechnet wird. So war, um einen aus Schweden berichteten Fall zu erwähnen, es politisch opportun, eine größere Zahl von Lappländern mit Hubschraubern zu evakuieren, während in ihrem Gebiet Raketenexperimente durchgeführt wurden; und dies, obwohl die Wahrscheinlichkeit und der Schadensumfang eines Hubschrauberabsturzes sehr viel größer war als die Möglichkeit, daß in einem wenig bevölkerten Gebiet ein einzelner Mensch von einem herabfallenden Raketenteil getroffen wird. Aber das eine wurde politisch offenbar als Risiko eingeschätzt, das andere (sehr zu Unrecht im übrigen) nur als Gefahr.

---

[63] Okren, a. a. O. erörtert dieses Problem am Beispiel von Industrierisiken und Überschwemmungsrisiken in den amerikanischen Canons.

Kapitel 2
Zukunft als Risiko

I.

Vorstellungen über Zeit haben keinen beobachtungsunabhängigen Gegenstand. Sie sind als Beobachtungen und Beschreibungen zeitlicher Verhältnisse zeitliche Beobachtungen und Beschreibungen. Das läßt darauf schließen, daß sie abhängig sind von der Gesellschaft, die über Zeit kommuniziert und dafür geeignete Formen entwickelt. So viel können wir angesichts des Standes der kultur- und sprachvergleichenden Forschung voraussetzen. Vielleicht bedarf aber die Radikalität und die theoretische Relevanz dieser Einsicht einer Erläuterung. Denn es ist nicht damit getan, die Problematik mit der Abschlußformel „Relativismus" oder „Historismus" zu versiegeln. Vielmehr sollten wir, wenn schon nicht das Phänomen Zeit einheitlich beschrieben werden kann, wenigstens Klarheit zu gewinnen versuchen über die Genetik von Zeit.

Daß verschiedene Gesellschaften verschiedene Zeitmodelle bzw. verschiedene räumliche Metaphern für Zeit verwenden, ist vor allem am Unterschied von linearen und zyklischen Zeitvorstellungen diskutiert worden. Alle Versuche, ganze Kulturen dem einen bzw. dem anderen Modell zuzuordnen (vor allem: Ägypten und Israel linear, Griechenland zyklisch) sind jedoch empirisch gescheitert. Offenbar braucht eine Gesellschaft, um sich Zeit zu vergegenwärtigen, nicht einfach räumliche Metaphern[1], sondern Unterscheidungen und vermutlich von einem gewissen Entwicklungsstand ab mehrere Unterscheidungen, also eine Unterscheidung von Unterscheidungen. Fast unvermeidlich ist

---

[1] Deren Bedeutung scheint vor allem in der Darstellung größerer, vom Erlebniszeitpunkt entfernterer Raum/Zeit-Verhältnisse gelegen zu haben – so als ob es darum gegangen wäre, Fernzeiten raumanaloge Zugänglichkeit/Unzugänglichkeit zusprechen zu können. Vgl. aus vielen ethnologischen und sprachgeschichtlichen Untersuchungen zum Beispiel Werner Müller, Raum und Zeit in Sprachen und Kalendern Nordamerikas und Alteuropas, Anthropos 57 (1963), S. 568 – 590.

dabei an die Unterscheidung vorher/nachher zu denken, die noch in
den Wahrnehmungsbereich fällt. Aber das führt auf die Frage: was
ist die Zeit als Einheit der Differenz von vorher und nachher. Die
Beantwortung dieser Frage muß durch eine weitere Unterscheidung
vermittelt werden. In der alteuropäischen Tradition war dies durch
den Begriff der Bewegung geleistet worden, gesehen als die eine Seite
einer Unterscheidung, die dann als bewegt/unbewegt, als veränderlich/
unveränderlich, als tempus/aeternitas formuliert worden war. Und es
war *dieser* Rahmen, der es dann ermöglichte, das Vorher in eine
weiträumige Vergangenheit und das Nachher in eine weiträumige
Zukunft zu extrapolieren, die ihrerseits, wie Augustinus meinte, im
Dunkel (occultum) der ewigen Zeit zusammenfallen.

Man weiß heute, daß auch dies eine kulturabhängige Elaboration
ist. Im alten Ägypten findet man dafür keine Entsprechungen[2], und
auch dann, wenn die Zeit nach Dauer und Vergänglichkeit geordnet
ist, stehen sehr verschiedene Interpretationen zur Verfügung. So gibt
es also viele Gründe, zu fragen, ob die moderne Gesellschaft ihre
Zeitsemantik noch in dieser Form präsentieren kann; besonders nachdem dies Zeitschema in eine enge Verbindung, ja Kongruenz mit dem
Code der Religion, mit der Unterscheidung von Immanenz (tempus)
und Transzendenz (aeternitas) gebracht worden war.

Um bei diesem Grad der Auflösung aller vorfindbaren Zeitsemantiken einen Ausgangspunkt zu finden, halten wir daran fest, daß alles,
was geschieht, gleichzeitig geschieht.[3] Das heißt auch: alles, was geschieht, geschieht zum ersten und zum letzten Mal. Zwar kann ein
Beobachter Ähnlichkeiten feststellen, Wiederholungen erkennen, vorher und nachher unterscheiden (um zum Beispiel Zeitdistanzen zu
ermitteln oder Wirkungen auf Ursachen zuzurechnen), aber das nur
mit Hilfe der von ihm benutzten Unterscheidungen und ebenfalls
nur unter der strikten Bedingung der Gleichzeitigkeit seiner eigenen
(Beobachtungs-) Operationen mit allem, was sonst noch geschieht. In
systemtheoretische Terminologie übersetzt, heißt dies, daß die Umwelt

---

[2] Vgl. dazu Jan Assmann, Das Doppelgesicht der Zeit im altägyptischen
    Denken, in: Anton Peisl/Armin Mohler (Hrsg.), Die Zeit, München 1983,
    S. 189 – 223.
[3] Ausführlicher hierzu Niklas Luhmann, Gleichzeitigkeit und Synchronisation,
    in ders., Soziologische Aufklärung Bd. 5, Opladen 1990, S. 95 – 130.

eines Systems immer gleichzeitig mit dem System besteht – und nie vorher oder nachher. Es kann daher auch nie passieren, daß die Umwelt in der Vergangenheit gleichsam stecken bleibt und die Gegenwart des Systems zur Zukunft der Umwelt wird (oder umgekehrt). Auf der einfachen operativen Ebene spielt daher Zeit gar keine Rolle. Es geschieht, was geschieht, weil die Umwelt ohnehin wegen ihrer Gleichzeitigkeit unerreichbar ist. Alle Systeme bilden sich auf dieser Ebene daher als operativ geschlossene Systeme. Sie können nur ihre eigenen nächsten Operationen produzieren, die dann ihrerseits wieder gleichzeitig mit der dann gegebenen Umwelt ablaufen. Anders gesagt: Es gibt auf dieser Ebene des elementaren Operierens kein Problem der Synchronisation. Alle Systeme sind natural synchronisiert. Und das gilt für *alle* Systeme, weil kein System ohne elementare Operationen existieren kann. Wie schnell und wie hektisch immer, wie komplex und wie raffiniert ein System sich selber fördert: an diesem Gesetz der elementaren Gleichzeitigkeit führt kein Weg vorbei.[4]

Die strenge Beschränkung auf das, was operativ geschehen kann, führt noch auf einen weiteren Ausgangspunkt. Rekursiv operierende (operativ geschlossene) Systeme orientieren sich an dem jeweils erreichten eigenen Zustand. Sie richten damit ihre eigenen Operationen an ihrer (unmittelbaren) Vergangenheit aus. Sie können nicht auf ihre Zukunft zugreifen. Sie bewegen sich also rückwärts in die Zukunft. In dem Maße aber, als sie über Gedächtnis verfügen und damit über die Fähigkeit, konsistentes Verhalten zu errechnen, können störende Inkonsistenzen auftreten. Und so wie das binokulare Sehen Raumtiefe erzeugt, um die selbstproduzierten Inkonsistenzen auflösen zu können, so erzeugt das komplexer werdende Gedächtnis Zeittiefe in der Form der Dualhorizonte von Vergangenheit und Zukunft. Obwohl alles, was geschieht, gleichzeitig geschieht, kann ein gedächtnisgestütztes Operieren nicht alles, was es prüft, als gleichzeitig unterstellen, denn das würde zu unerträglichen Überlagerungen, Konfusionen, Inkonsistenzen, Desorientierungen führen. Durch Gedächtnis stattet das Sy-

---

[4] Wir lassen hier offen, ob es Einstein gelungen ist, diese Bedingungen aufzulösen. Wir merken nur an, daß dieses Problem nur diskutiert werden kann, wenn man einen Beobachter voraussetzt und klärt, in welchem Sinne *für ihn*, wenn er denn Gott heißt oder auf andere Weise real existiert, das Grundgesetz der Gleichzeitigkeit gilt.

stem sich daher mit Zeitunterscheidungen aus, um dieses selbsterzeugte Durcheinander ordnen zu können. Das Vorher und Nachher eines Geschehens trennen sich, und schließlich gewinnen hochkomplexe Systeme die Möglichkeit, im Spiegel der Vergangenheit Zukunft zu sehen und sich an der Differenz von Vergangenheit und Zukunft zu orientieren.

Das Gewinnen von Beobachtungskapazitäten dieser Art ändert jedoch nichts an der Faktenlage und an den Bedingungen des Operierens. Das ausnahmelose Gesetz der Gleichzeitigkeit gilt auch für die Operation des *Unterscheidens*, und dies in einem besonderen Sinne. Als Markieren einer Form, darüber hatten wir in Kapitel 1 gesprochen, setzt die Unterscheidung voraus, daß *beide* Seiten *gleichzeitig* gegeben sind. Das gilt auch für die Unterscheidung von Gleichzeitigkeit und Ungleichzeitigkeit, mit der wir implizit bereits operiert hatten. Systeme, die mit ihren Operationen nicht einfach nur Differenzen erzeugen können (so wie die Sonne die Erde wärmt), sondern die Möglichkeit haben zu unterscheiden, bringen sich damit aber in ein besonderes Verhältnis zur Zeit. Und das ist der Ausgangspunkt für die folgenden Überlegungen.

Zugleich mit der Gleichzeitigkeit beider Seiten der Unterscheidung erfordert das Unterscheiden, daß man angibt, welche Seite der Unterscheidung man bezeichnet, um von dort mit weiteren Operationen auszugehen. Man darf nicht sagen: beide; denn das würde den Sinn des Unterscheidens aufheben bzw. zurückführen zu der Frage, wovon man das unterscheidet, was man im Moment als „beide" bezeichnet. In der Terminologie von Spencer Brown sind deshalb distinction und indication nur eine einzige Operation. Aber eine Operation mit einer in sich komplexen und für einen Beobachter paradoxen Zeitstruktur. Denn um von der einen (der bezeichneten) Seite zur anderen zu gelangen, braucht man eine Operation, braucht man also Zeit. Man muß die Grenze, die die beiden Seiten trennt und die Form konstituiert, kreuzen. Insofern ist die jeweils andere Seite gleichzeitig und ungleichzeitig gegeben. Sie ist gleichzeitig als mitkonstituierendes Moment der Form. Sie ist ungleichzeitig insofern, als sie im operativen Gebrauch der Form (wir nennen das „Beobachten") nicht gleichzeitig benutzt werden kann. Die Kategorie der Andersheit ist eine Zeitform. Die Reflexionen des Nikolaus von Kues über das Non-aliud waren daher immer auch Reflexionen über die Zeitlosigkeit Gottes; und sie konnten

nur deshalb gesondert vorgetragen werden, weil die Form der Zeit über
die Unterscheidung von tempus und aeternitas sich bereits abgesondert
hatte.

Da alle Zeitvorstellungen Unterscheidungen erfordern – und sei es
nur die Primärunterscheidung von vorher und nachher –, ist allein
dadurch schon Zeit vorausgesetzt, wenn auch nur in der paradoxen
Form der Gleichzeitigkeit des Ungleichzeitigen. Alle Zeitsemantiken
setzen daher bei der Paradoxie der Zeit an und unterscheiden sich nur
durch die Form der Entfaltung dieser Paradoxie – sei es in der
unumkehrbaren Asymmetrie von vorher und nachher; sei es in einer
räumlichen Metaphorik wie Linie, Kreis und schließlich auch Bewegung; sei es in zeitspezifischen Unterscheidungen wie Dauer und Vergänglichkeit, Resultativität und Virtualität[5] oder schließlich: Vergangenheit und Zukunft. Die historische und kulturelle Relativität aller
Zeitsemantiken ist mithin zuzugestehen; aber sie ist nicht die letzte,
nicht weiter begründbare Auskunft einer Theorie der Zeit. Es geht
dabei nur um unterschiedliche Formen der Entfaltung einer Paradoxie,
die in letzter Instanz nichts anderes ist als die Paradoxie der Unterscheidung, der *Einheit* einer *Zwei-Seiten-Form*.[6]

II.

Die Formen, mit denen die Paradoxie der Zeit entfaltet wird, stehen
nicht beliebig zur Wahl. Die Mehrzahl von Unterscheidungen und ihre
logische Unableitbarkeit bieten vielmehr die Möglichkeit, Zeitsemantiken mit Gesellschaftsstrukturen zu koordinieren. Sie bieten die Chance,
sich auf diese Weise strukturellen Limitationen der Sinnbildung anzupassen und sich dadurch Plausibilität zu verdienen. Es ist dieser theoretische Hintergrund, der uns zu der These führte, daß die moderne
Gesellschaft Zukunft als Risiko vergegenwärtigt. Unterscheidungen,
die sich in der Form (oder an der Form) des Risikos fixieren lassen,

---

[5] So Assmann a. a. O. für Altägypten.
[6] Zum Thema der Substitution von anschlußfähigen Unterscheidungen für
eine zu Grunde liegende Paradoxie (Antinomie) siehe Nicholas Rescher, The
Strife of Systems: An Essay on the Grounds and Implications of Philosophical
Diversity, Pittsburgh 1985.

dienen dann der Entparadoxierung der Zeit. Sie lenken davon ab, daß
alle Ungleichzeitigkeit (einschließlich der von Gegenwart und Zukunft)
gleichzeitig und nur gleichzeitig gegeben ist.

Es gehört zu den gesicherten Einsichten der neueren historischen
Forschung, daß sich die Temporalstrukturen, in denen die Gesellschaft
sich selbst beschreibt, im Übergang zur Moderne und speziell in der
zweiten Hälfte des 18. Jahrhunderts tiefgreifend geändert haben.[7] Sehr
viel schwierier ist es, auszumachen, worin genau diese Änderung
besteht. Sicher ist es falsch, von einem Übergang von zyklischen zu
linearen Zeitvorstellungen zu sprechen. Ebenso fragwürdig ist es, die
Neuerung in einer „offenen" Zukunft zu sehen; denn es war ja doch
immer offen gewesen, ob man im Himmel oder in der Hölle endet.
Auch die Diskussion über endliche bzw. unendliche Zeithorizonte ist,
zumindest als Kontroverse, alt, und neu ist allenfalls, daß in der
Neuzeit niemand mehr glaubt, die Zeit gehe als Zeit einmal zu Ende.
Denn mit dem „Ende der Zeit" wird nur die Unterscheidung von Zeit
und Nichtzeit obsolet, so daß auch dies nicht eigentlich das spezifisch
neuzeitliche Zeitbewußtsein charakterisieren kann.

Wir wollen es mit der These versuchen, daß in der Neuzeit die
Differenz von Vergangenheit und Zukunft die Führung der Zeitsemantik und die Adaptierung dieser Semantik an die veränderten Gesellschaftsstrukturen übernimmt.

Selbstverständlich heißt dies nicht, daß die Unterscheidung von
Vergangenheit und Zukunft jetzt erst erfunden wird, und ebensowenig,
daß ein Begriff für Zukunft erst jetzt entsteht.[8] Aber unter allen in
Gebrauch befindlichen zeitbezogenen Unterscheidungen eignet sich die
von Vergangenheit und Zukunft offenbar am besten, Zeitvorstellungen
mit der gleichzeitig ablaufenden Transformation von Gesellschaftsstrukturen in Einklang zu bringen.

Daß die Anforderungen an die Zeitsemantik sich ändern, ist teils
auf den Buchdruck, teils auf die Ausdifferenzierung einer Mehrzahl von
Funktionssystemen zurückzuführen. Beide Veränderungen zusammen

---

[7] Vgl. nur Reinhart Koselleck, Vergangene Zukunft: Zur Semantik geschicht-
    licher Zeiten, Frankfurt 1979.

[8] Vielleicht kann man zugeben, daß sprachliche Singularisierungen sich durch-
    setzen. Man denkt bei Zukunft jetzt nicht mehr so sehr an die auf einen
    zukommenden Dinge; à venir wird avenir, usw.

setzen die Zeit unter komplexe Pressionen. Vor allem macht der
Buchdruck jetzt sichtbar, wieviel Wissen gleichzeitig schon vorhanden
ist, so daß neue Selektions- und Ordnungsnotwendigkeiten entstehen.
Der Konsistenzsicherungsapparat, das operativ zugängliche Gedächtnis
des Systems, wird so sehr überlastet, das kräftigere sachliche und
zeitliche Unterscheidungen gefunden werden müssen, um Ordnung
wiederzugewinnen. Hier beginnt um 1600 der Systembegriff seine
historische Karriere. Außerdem macht es nun Sinn, neues Wissen
explizit für den Druck zu produzieren, während es früher schon eine
Leistung war, Wissen nur zu reproduzieren, um es vor dem Vergessen-
werden zu bewahren. Es kommt hinzu, daß die einzelnen Funktionssysteme jetzt unterschiedliche Zeithorizonte projizieren. Die Zeit der
Kaufleute ist nicht die Zeit der Mönche; die Zeit, in der politische
Absichten geheimgehalten werden müssen, ist nicht die Zeit, die eine
neue Theorie braucht, um Anerkennung zu finden. Kalender und
Uhren messen jetzt Rückzugspositionen, in denen man noch über
dieselbe Zeit sprechen kann, während sie vorher vor allem dazu dien-
ten, zu bestimmen, was zu festgelegten Zeiten zu geschehen hatte.[9]
  Vom Wechsel der Kleidersitten hatte man schon in der Antike
gesprochen. Gegen Ende des 16. Jahrhunderts entsteht dafür ein neuer
Begriff („la mode", neben le mode), der sich als generalisierbar erweist — bis hin zu religiösen Einstellungen, Sprachgewohnheiten,
Arten der Zubereitung von Speisen, Bildungsreisen. Man expliziert als
„Mode" das Phänomen *zeitlich begrenzter* und trotzdem *während ihrer
Geltungszeit zwingender* Meinungen und Gewohnheiten — und zwar
über alle Felder thematischer Relevanzen. Dies wiederum konvergiert
mit der Notwendigkeit, auf die Rollendifferenzierungen in den Funktionssystemen Rücksicht zu nehmen.[10] Mehr und mehr wird anerkannt,
daß Komplexität successive aufgebaut werden muß (um die Mitte des
18. Jahrhunderts gilt das dann sogar für die Schöpfung selbst) und
daß Vorteile bei einer zeitlichen (nicht nur: sachlichen) Ordnung von

---

[9] Vgl. Eviatar Zerubavel, The Standardization of Time: A Sociohistorical
  Perspective, American Journal of Sociology 88 (1982), S. 1 – 23; ders., Hidden
  Rhythmus: Scheludes and Calendars in Social Life, Chicago 1981.
[10] Siehe speziell zu diesem Zusammenhang Ulrich Schulz-Buschhaus, La Bruy-
  ère und die Historizität der Moral: Bemerkungen zu De la Mode 16, Romani-
  stische Zeitschrift für Literaturgeschichte 13 (1989), S. 179 – 191.

Komplexität zu gewinnen sind.[11] Beispiele dieser Art ließen sich leicht
vermehren. Als Ergebnis nimmt die vorstellbare und erfahrbare Diskrepanz zwischen vergangenen und künftigen Welt- und Gesellschaftszu-
ständen zu. Der alteuropäische Essenzenkosmos löst sich auf, alles
gerät in Bewegung und nur die Naturgesetze, die diese Bewegung
ordnen, vor allem die Newtonschen Gesetze, gelten vorläufig noch als
invariant.[12]

Ebenfalls in der zweiten Hälfte des 18. Jahrhunderts wird, ausgelöst
durch ein neues Interesse an Geschichte, dann auch die Zeit selbst
reflexiv. Früher war es die Ewigkeit gewesen, von der aus die Gesamtzeit gleichzeitig beobachtet werden konnte, und der Beobachter hieß
Gott. Jetzt ist es jede Gegenwart, die die Gesamtzeit reflektiert, indem
sie sie auf die Vergangenheit und Zukunft eben dieser Gegenwart
aufteilt, und der Beobachter ist der Mensch. Das gilt dann für *jede*
Gegenwart, also wieder unabhängig vom Zeitlauf, aber so, daß die
Gesamtzeit in *jeder* Gegenwart *anders* erscheint, nämlich mit einer je
gegenwartspezifischen Verteilung von Vergangenheiten und Zukünften
(also: möglichkeitslosen und möglichkeitsreichen Zeiten). In jeder gegenwärtigen Vergangenheit sieht man dann vergangene Gegenwarten
mit ihren spezifischen Vergangenheiten bzw. Zukünften. In der gegenwärtigen Zukunft sieht man in entsprechender Perspektive künftige
Gegenwarten, also auch die jetzt gegenwärtige Gegenwart als dann
nicht mehr zu ändernde Vergangenheit.[13] So kann man in der Gegen-

---

[11] Vgl. Niklas Luhmann, Temporalisierung von Komplexität: Zur Semantik
neuzeitlicher Zeitbegriffe, in: ders., Gesellschaftsstruktur und Semantik,
Bd. 1, Frankfurt 1980, S. 235 – 300.

[12] Gegen das Ende des 19. Jahrhunderts wird Emile Boutroux auch dies in
Frage stellen. Siehe: De la contingence de lois de nature (1874), zit. nach der
8. Aufl., Paris 1915.

[13] Zeitformen dieser Struktur findet man rudimentär bereits vor der neuen
Historik, vor allem in der Seelsorgepraxis, die den Sünder darauf hinwies,
daß er nur in der Gegenwart für sein Seelenheil sorgen könne, also unaufhörlich sündenaversiv leben müsse, weil mit dem Tod die Ewigkeit beginne (!)
und dann nichts mehr zu ändern sei. Und auch die seelenheilswirksame
Möglichkeit der Reue wird auf diese Weise temporalisiert, weil ein Rückfall
in die Sünde als Indikator dafür dient, daß man gar nicht echt bereut *hatte*.
Diese Anspannung in der Zeitdimension legt dann freilich eine gewisse
Abschwächung der sachlichen Anforderung nahe, jedenfalls bei den Jesuiten.

wart auf die Zukunft voraus und aus der Zukunft in die dann vergangene jetzige Gegenwart zurückblicken; und man kann jetzt schon wissen, daß die erinnerte Gegenwart nicht der jetzt aktuellen Gegenwart gleichen wird. „Er setzte", heißt es von Albano in Jean Pauls Titan, „seine beleuchtete Gegenwart tief in eine künftige, schattige Vergangenheit hinein".[14] Um so mehr „stress", darf man in heutiger Terminologie vermuten. Jedenfalls reflektiert sich die Zeit in der Zeit, *und dies*, und das ist die uns interessierende Besonderheit, *auf Grund der Leitunterscheidung von Vergangenheit und Zukunft.*

Zur Verschärfung der Diskrepanz von Vergangenheit und Zukunft trägt sicher auch bei, daß die Vergangenheit zwar über spezifische Ereignisse erinnert, aber die Zukunft so nicht antizipiert werden kann. Jeder Versuch, Kausalitäten zu spezifizieren, führt in immer größere Schwierigkeiten. Nie hängt das, was geschehen wird, von einem Einzelereignis ab. Immer ist es eine Verkettung von Umständen, so daß die Unsicherheit sich mit der angestrebten Schärfe der Analyse multipliziert. Im Horizont der Vergangenheit weiß man wenigstens, was geschehen ist, auch wenn die Kausalverhältnisse unklärbar bleiben. Im Horizont der Zukunft fehlt genau diese Sicherheit, die, lebenspraktisch gesehen, eine Kausalanalyse entbehrlich macht. Und eben deshalb verschärft eine auf Kausalitäten achtende Beobachtungsweise die Diskrepanz von Vergangenheit und Zukunft – besonders seitdem die Überbrückungsvorstellung von „Kausalgesetzen" fragwürdig geworden ist.

Wenn aber die jetzt maßgebende *Unterscheidung* von Vergangenheit und Zukunft kompatibel ist mit jeder *Differenz* von Vergangenheit und Zukunft: was ist dann aus der Gegenwart geworden? Die übliche Dreiteilung von Vergangenheit, Gegenwart und Zukunft verschleiert das Problem. Sie ist noch am anschaulichen Begriff der Bewegung, am „Fluß der Zeit" oder bei Hegel dann an der Kategorie des Prozesses orientiert. Aber die Einheit der Zeit ist nicht die Einheit einer Bewegung; oder jedenfalls muß man sich von dieser Vorstellung lösen in

---

Vgl. für all dies etwa Jean Eusebe Nierembert, S. J., La balance du temps et de l'éternité, zit. nach der französischen Übersetzung aus dem Italienischen und dem Spanischen, Le Mans 1676.

[14] Zitiert nach Jean Paul, Werke (Hrsg. Norbert Miller), Bd. II, 4. Aufl. München 1986, S. 322.

dem Maße, als es nicht mehr gelingt, diese Bewegung als Selbstverwirk-
lichung des Geistes, als Fortschritt oder im Sinne von prädarwinisti-
schen Evolutionstheorien sonstwie *als Einheit* zu beschreiben. Man
muß also, das ist die Konsequenz, die Gegenwart aus der Zwei-Seiten-
Form der Zeit, aus der Unterscheidung von Vergangenheit und Zukunft
herausnehmen.[15] Das war, mehr oder weniger, schon den Romantikern
bewußt. „Nein", heißt es im Titan, „wir haben keine Gegenwart, die
Vergangenheit muß ohne sie die Zukunft gebären".[16] Und bei Novalis
liest man: „Daher ist alle Erinnerung wehmütig, alle Ahndung freudig",
was die Konsequenz hätte[17], daß die Gegenwart als wehmütige Freude,
also paradox erfahren werden müßte. Die Gegenwart ist dann zu
begreifen als der Standpunkt des Beobachters, der die Zeit mit Hilfe
der Unterscheidung von Vergangenheit und Zukunft beobachtet und
eben deshalb sein eigenes Beobachten als das ausgeschlossene Dritte
behandeln muß. Die Gegenwart selbst ist, wenn man Zeit so schemati-
siert, die Unsichtbarkeit der Zeit, die Unbeobachtbarkeit des Beobachtens. Man kann sie natürlich als Zeitstrecke fassen, aber dann bleibt
die Abgrenzung der Strecke arbiträr. Und man kann sie, soweit es
meßtechnisch möglich ist, verkleinern und erneut durch die Grenze
zwischen Vergangenheit und Zukunft markieren. Das alles ändert
nichts am Prinzip: Wenn man die Zeit mit Hilfe der Unterscheidung
von Vergangenheit und Zukunft beobachtet, ist die Gegenwart der
blinde Fleck dieses Beobachtens, das „überall und nirgends" dieses
Konzepts von Zeit. Oder, wie wir auch sagen können: die Repräsentation von Gleichzeitigkeit in der Zeit.

Damit wird auch die Einschätzung von Risiken gegenwartsabhängig.
Sie kann sich wie die Gegenwart in der Zeit verschieben, und sie kann

---

[15] Die Schwierigkeit dieses Entschlusses erklärt, daß man es weder im 19. noch
im 20. Jahrhundert zu einer überzeugenden Theorie der Gegenwart gebracht
hat, trotz aller darauf verwendeten Bemühungen. Vgl. hierzu Ingrid Oesterle,
Der „Führungswechsel der Zeithorizonte" in der deutschen Literatur, in:
Dirk Grathoff (Hrsg.), Studien zur Ästhetik und Literaturgeschichte der
Kunstperiode, Frankfurt 1985, S. 11−75.

[16] Jean Paul, Titan, zit. nach: Werke in drei Bänden (Hrsg. Norbert Miller),
4. Aufl. München 1986, S. 478.

[17] So Blüthenstaub, Nr. 109, zit. nach: Novalis: Werke, Tagebücher und Briefe
Friedrich von Hardenbergs, hrsg. von Joachim Mähl und Richard Samuel,
Darmstadt 1978, S. 227−285 (283).

sich wie die Gegenwart in den Zeithorizonten der Vergangenheit und der Zukunft spiegeln. Es gibt also für richtige Einschätzung keinen objektiven Standpunkt mehr. Je nach dem, ob ein Schaden eingetreten oder ob es gut gegangen ist, wird man das Risiko nachträglich anders einschätzen. Man versteht nachträglich nicht mehr, wieso man in einer vergangenen Gegenwart derart vorsichtig oder derart riskant entschieden hatte. Und aus der Zukunft starrt uns eine andere Gegenwart an, in der die heute gegenwärtige Risikolage nachträglich mit Sicherheit anders beurteilt werden wird, aber unsicher bleibt wie. Die Zeit selbst erzeugt diese Einschätzungsdifferenz, und dagegen kann keine stets gegenwärtige Kalkulation etwas ausrichten. Es gehört, anders gesagt, zur Riskanz des Risikos, daß die Einschätzung mit der Zeit variiert. Die Risikokalkulation ist Teil einer historischen Maschine, die jeweils von ihrem gegebenen Zustand ausgeht, also an beschlossenen oder abgelehnten Risiken zu lange festhält, Urteile post eventum revidiert oder auch durch Voraussicht der Möglichkeit, daß dies geschehen kann, sich zusätzlich verunsichert. Die in der modernen, doppelt modalisierten Zeitstruktur liegende Aufforderung, zwischen vergangenen, gegenwärtigen und künftigen Gegenwarten zu unterscheiden und die jeweils gegenwärtigen Vergangenheits- und Zukunftshorizonte dadurch zu diskontieren, begünstigt eine Reflexion, die sich keinem rationalen Kalkül mehr fügt. Sie muß mit zu vielen möglichen Systemzuständen rechnen.

III.

Diese noch sehr allgemeinen Überlegungen lassen weitere Vermutungen über Auseinandersetzung mit Risiken zu. Wir verändern dafür zunächst die Problemstellung. Durch den Entwurf einer Vergangenheit und einer Zukunft wird die Gegenwart als Zeitbestimmung konstituiert, und zwar als eine *Beschränkung*, die notwendig ist, um Vergangenheit und Zukunft zu verknüpfen.[18] Wieso aber wird Beschränkung nicht einfach als Gegebenheit der gleichzeitigen, also unbeeinflußbaren Welt aufge-

---

[18] „Die gewöhnliche Gegenwart", heißt es bei Novalis a. a. O. S. 283, „verknüpft Vergangenheit und Zukunft durch Beschränkung".

faßt, sondern als Notwendigkeit einer Entscheidung unter Mangel an Information? Also als Risiko!

Dies scheint mit der Schärfe des Bruchs zwischen Vergangenheit und Zukunft zusammenzuhängen.[19] Wenn die Zukunft mit hoher Wahrscheinlichkeit anders sein wird als die Vergangenheit (denn wozu sonst diese Unterscheidung so dramatisieren) und wenn in der Gegenwart keine Zeit ist, wie vollzieht sich dann der Umschlag von der Vergangenheit in die Zukunft? Blind? Wir werden sehen, daß und wie man versucht, wenigstens diese Konsequenz zu vermeiden, oder sie als „Dezisionismus" zu diffamieren. Aber was dann bei allen entgegenwirkenden Bemühungen um geordneten Vollzug als unbewältigter Rest bleibt, ist eben das, was wir Risiko nennen.

Man könnte die Rationalitätsgeschichte der letzten Jahrhunderte seit „auctoritas, non veritas facit legem" auf diesen Punkt konzentrieren. Es würde sich lohnen, würde aber von unserem Hauptthema wegführen. Jedenfalls nimmt die Hoffnung auf Rationalität genau in dem Maße ab, als man erkennt, daß man nicht die nötige Zeit hat, um sich die erforderlichen Informationen zu besorgen. Auch die Argumentationstheorie scheitert an diesem Punkt; zumindest trauen Habermas und andere Vertreter dieser Hoffnung sich nicht, die Schnelligkeit des Argumentierens zur kritischen Variable zu erklären.

Gleichviel, jedenfalls nimmt im Übergang zur Neuzeit die Entscheidungsabhängigkeit und damit der Aufmerksamkeitswert der Zukunft zu. Vieles, was früher im Laufe des Lebens sich mehr oder weniger von selbst ergab, wird jetzt als Entscheidung verlangt – und dies vor einem größeren Hintergrund von Auswahlmöglichkeiten und deshalb mit höheren Informationswerten. Es ist unvermeidbar, in diesem Zusammenhang zunächst an die technologischen Entwicklungen und damit an die Zunahme von Produktionsmöglichkeiten zu denken. Das trifft aber nur einen Teil des Geschehens, und im übrigen einen erst relativ spät sich auswirkenden. Anders, als man vermuten könnte, hängt die Entwicklung von Produktionstechnologien weniger von der wissenschaftlichen Entwicklung ab als von der Entwicklung entsprechender Märkte und Kapitalreserven (einschließlich Verschuldungsbe-

---

[19] Selbstverständlich ist dies ein zirkulärer Zusammenhang wechselseitiger Bedingtheit. Das Problem wird damit also letztlich in die Evolutionstheorie verschoben, die ohne unabhängige Ursachen auskommt.

reitschaften). Aber es gibt viele andere Fälle. Man denke etwa an das
Eindringen des staatlich geplanten Gesetzesrechts (oder entsprechend:
des richterlich zur Umgestaltung der Gesellschaft veränderten common
law) in die ungeschriebenen lokalen Gewohnheitsrechte – ein Prozeß,
der in Europa bereits im 16. Jahrhundert anläuft. Oder: In dem Maße,
als chemische und biologische Kenntnisse die Medizin (und man denke
an Krebs, um zu sehen: nicht unbedingt auch die Heiltechnologien)
entwickeln, wird Krankheit aus einer jederzeitigen Gefahr zu einem
mit der Lebensführung verbundenen Risiko.[20] In dem Maße, als die
Eheschließung und im weiteren dann das Sicheinlassen auf Intimbeziehungen sozial freigegeben wird, taucht das Scheitern in diesen Beziehungen als ein Risiko auf, das man vorweg bedenken sollte. Um dies
dann wieder zu verhindern, wird Liebe in die Form einer „Passion"
gebracht und als unwiderstehlich behandelt. Um so mehr wird das
Problem dann zur Sache der eigenen Entscheidung für einen bestimmten Partner, und jeder kann dann in die Lage kommen, sich sagen zu
müssen, daß das nicht gut war, was er selber gewollt hatte.[21] In der
älteren Literatur galt dies, soweit nicht Ehen überhaupt durch die
Eltern arrangiert wurden, als ein Problem der Männer.[22] Heute hat

---

[20] Medizingeschichtlich gesehen ist dies kein neues Problem. Schon immer
wurden Ernährungsgewohnheiten, Luxuskonsum, Sexualverhalten etc. als
Anlaß für Krankheiten diskutiert. Verändert hat sich das Ausmaß, in dem
statistisch gültige (auf den Einzelfall aber nicht unbedingt zutreffende) Kenntnisse diese Zusammenhänge sichern – oder auch Entwarnung geben. Das
löst einerseits die Risikowahrnehmung ab von religiösen oder sozialen Vorurteilen, bedeutet aber andererseits, daß die Ärzte sich mit Warnungen und
Vorbeugeratschlägen ins tägliche Leben einmischen (oder daß dies zumindest
in ihre Verantwortung fällt), ohne daß sie hier mit entsprechender Folgebe-
reitschaft rechnen können. Und das heißt: daß sich Risikowahrnehmung und
Entscheidungslast, was Gesundheit betrifft, ins tägliche Leben verlagern.

[21] Vgl. dazu Willard Waller, The Old Love and the New: Divorce and Readjust-
ment (1930), Neudruck Carbondale 1967.

[22] Angesichts der extremen Unwahrscheinlichkeit, überhaupt eine gute (sich
unterordnende, nicht zänkische, das Haus besorgende, nicht zum Ehebruch
neigende) Frau zu finden, handelt die Literatur ausgiebig darüber, wie
Männer überhaupt dazu gebracht werden können, den Willen Gottes (ver-
mehret Euch!) zu erfüllen und zu heiraten. Siehe z. B. Levinus Lemnius, De
miraculis occultis naturae libri III, Antwerpen 1574, IV. XIII, S. 410; Melchior

die Gleichheit der Geschlechter dazu geführt, daß das Risiko sich auf beide Geschlechter verteilt.

Weiter kann man auf die Bedingungen der Geldwirtschaft hinweisen, die angesichts variabler Preise alles wirtschaftliche Verhalten zum Risiko werden läßt: sowohl Investition als auch Spekulation; sowohl das Verkaufen als auch das Nichtverkaufen von Eigentum; sowohl die Wahl eines Berufs als auch die Wahl eines Arbeitgebers oder umgekehrt: die Einstellung von Personal; und schließlich sowohl das Geben als auch das Nehmen von Krediten.[23] Damit löst sich auch die Berufswahl aus der Familientradition und wird zu einer von Herkunft und Erbrecht unabhängigen Entscheidung. Und wenn dies so ist, liegt schließlich in allen Lernvorgängen eine Entscheidung mit dem Risiko, daß man das Gelernte später gar nicht oder, wie die Pädagogen zu sagen bevorzugen, nur als „Bildung" brauchen kann.

Diese hier nur auszugsweise angedeuteten Veränderungen zeigen die gesellschaftliche Reichweite eines neuartigen Sachverhaltes an. Das Neue liegt allerdings nicht in der Machbarkeit, in der planmäßigen Gestaltbarkeit gesellschaftlicher Verhältnisse. Man braucht sich nur an die Stadtgründungsgeschichten der Antike zu erinnern[24], um sich klar zu machen, daß wir in dieser Hinsicht nicht mehr, sondern angesichts höherer Komplexität und größerer Möglichkeitsräume weniger können als die Alten. Das Neue liegt einzig und allein in der Ausdehnung der Entscheidungspotentiale, in ihrer stärkeren Verzweigtheit, in ihrem größeren Alternativenreichtum. Das führt, in die hier vorgeschlagene Begrifflichkeit übersetzt, zu einer Transformation von Gefahren in Risiken. Mehr und mehr Zustände – sei es, daß man sie vorfindet, sei es, daß man sie erreichen will – werden als Folgen von Entscheidungen

Iunius Wittenbergensis, Politicarum Quaestionum centum ac tredecim, Frankfurt 1606, Pars II, S. 12 ff; Jacques Chaussé, Sieur de La Ferrière, Traité de l'excellence du marriage: de sa nécessité, et des moyens d'y vivre heureux, ou l'on fait l'apologie des femmes contre les calomnies des hommes, Paris 1685.

[23] Vgl. Dirk Baecker, Information und Risiko in der Marktwirtschaft, Frankfurt 1988.

[24] Siehe für einen Überblick John Nicholas Goldstream, The Formation of the Greek Polis: Aristotle and Archaeology. Vorträge der Rheinisch-Westfälischen Akademie der Wissenschaften G 272, Opladen 1984.

angesehen, also auf Entscheidungen zugerechnet. Viel liegt an dem
Doppelzugriff von stärkerer Technisierung und stärkerer Individualisierung von ehemals als Natur begriffenen Sachverhalten und Prozessen.
Man denke aber auch an die Institution der Versicherungen, die man
begreifen kann als Einrichtungen der Transformation von Gefahren
und Risiken – eben in das Risiko, sich nicht versichert zu haben.
Das korreliert keineswegs mit größerer Sicherheit in Bezug auf die
Erreichbarkeit von Zielen. Im Gegenteil: der Zweckbegriff selbst wird,
wenn man so formulieren darf, „entteleologisiert". Das Unterstellen
von Zwecken und Absichten (und in diesem Sinne: „Finalisierung")
ist nur eine Erleichterung des Beobachtens (auch von Tieren, ja selbst
von komplexen datenverarbeitenden Maschinen) für Fälle, in denen
das Verhalten des Systems nicht vorausgesagt werden kann.[25] Dabei
haben sozial allgemein garantierte Rationalitätsstandards – etwa im
Sinne dessen, was man früher „Ethos" genannt hatte – kaum noch
Chancen. Es mag nach wie vor professionelle Standards für vertretbare
Risiken geben, etwa solche für das Risiko von Ärzten bei Operationen
oder für die Haltbarkeit von Bauwerken bei erwartbaren Belastungen.
Im Börsenwesen oder in Banken kondensieren allgemeine Erfahrungen,
die Grenzen eines vertretbaren Risikos signalisieren oder für Kunden
abgestufte Typen von Risikogeschäften bereithalten. Es wäre also
verfehlt, das hier angesprochene Problem auf die Dimension rational/
irrational abzubilden. Aber das auf diese Weise Erreichbare ist an eine
gewisse Kleinformatigkeit der Problemstellung gebunden und muß
deshalb auf einen Titel wie „Ethik", der gesamtgesellschaftliche Verbindlichkeit andeutet, verzichten. Der heute überall wahrzunehmende
Ruf nach einer „ethischen" Lösung der Probleme bleibt in dieser
Situation ein kompensatorisches Postulat.

Wenn immer mehr auf Entscheidungen zugerechnet werden muß,
verstärkt das quasi automatisch die Differenz zwischen Vergangenheit
und Zukunft. Entscheidungen werden vom Beobachter erster Ordnung
(inklusive dem Entscheider selbst) ja so verstanden, daß sie es sind, die
diese Differenz produzieren. Deshalb wird ihnen zugemutet, rational zu
sein. Ein Beobachter zweiter Ordnung braucht diese Auffassung nicht

---

[25] Siehe Henri Atlan, A tort et à raison: Intercritique de la science et du mythe,
Paris 1986, S. 85 ff.

zu teilen; aber auch er sieht, daß die Zurechnung auf Entscheidungen die Differenz zwischen Vergangenheit und Zukunft *sichtbar macht*; oder anders gesagt: dazu verführt, weniger Kontinuität und mehr Diskontinuität zu sehen als früher. Ob die Französische Revolution an den gesellschaftlichen Verhältnissen etwas geändert hat und was, ist noch heute umstritten[26]; aber unbestritten ist, daß die Beobachtung dieser Entscheidung und ihrer Folgeentscheidung *als Beobachtung* gewaltige Effekte hatte und insbesondere die Diskrepanz der jetzt vergangenen und der künftigen („konstitutionellen") Gesellschaftsordnung in grelles Licht setzte. Und erst damit war dann unwiderruflich klargestellt, daß man in einer anderen Gesellschaftsformation lebte als die gesamte Menschheit jemals zuvor.

Aber die moderne Gesellschaft war in ihrer strukturellen Realität noch gar nicht sichtbar, von den Folgen dieser Realisation ganz zu schweigen. Man konnte sich nur an Hoffnungen orientieren, die mit den Folgen der Abschaffung ständisch-legaler Differenzierungen, also mit Wertbegriffen wie Freiheit und Gleichheit verbunden waren. Die Romantiker, die sich als erste diesem Zwiespalt aussetzen, subjektivieren das Problem, sie sehen, ich hatte Novalis bereits zitiert, die Vergangenheit mit Wehmut und die Zukunft mit freudiger Ahnung – aber die Gegenwart noch nicht als Entscheidung. So kam es aus Gründen eines letztlich unbeobachtbaren Wandels der Gesellschaftstrukturen zu einem Primat der Zukunft über die Vergangenheit und zugleich zu den bekannten ideologischen Kontroversen, die sich zunächst an der Revolution selbst, seit den 20er Jahren des 19. Jahrhunderts dann mehr und mehr auch an den Folgen der beginnenden Industrialisierung entzündeten und heute die Form der Präsentation der Einheit durch eine Kontroverse erhalten haben und folglich auf der Suche nach neuen Themen sind: Ökologie, Lage der Frauen, neue Ethnien, regionale Autonomien und dergleichen. Darin liegt dann immer deutlicher die Aufforderung, die Gegenwart als Entscheidung oder auch als Versäumnis von Entscheidungen aufzufassen. Wir kommen darauf zurück.

Im Augenblick interessiert nur ein abstrakter Gesichtspunkt: Da man die Zukunft nicht kennen kann (sonst wäre sie keine) und da

---

[26] Vgl. aus einer umfangreichen Literatur etwa Rolf Reichardt/Eberhard Schmitt, Die Französische Revolution – Umbruch oder Kontinuität, Zeitschrift für historische Forschung 7 (1980), S. 257 – 320.

man die Gesellschaft, in der man jetzt lebt, infolge ihrer strukturellen Neuartigkeit nicht beschreiben kann, kommt es zu einer eigentümlichen Symbiose von Zukunft und Gesellschaft, das heißt von bestimmten Unbestimmtheiten in der Zeitdimension und in der Sozialdimension. Im Ergebnis scheint dies dazu zu führen, daß die Zukunft nur noch im Medium der Wahrscheinlichkeit, also in all ihren Merkmalen als mehr oder weniger wahrscheinlich oder mehr oder weniger unwahrscheinlich, wahrgenommen werden kann.[27] Für die Gegenwart heißt dies: niemand kann Kenntnis der Zukunft oder die Möglichkeit, sie zu bestimmen, in Anspruch nehmen. Im sozialen Zusammenleben muß man auf Autorität dieses Typs verzichten. Im 19. und 20. Jahrhundert hatte man noch versucht, diese Symbiose von Zeitdimension und Sozialdimension in semantische Formeln zu bannen und auf diese Weise Ordnung mit Voraussicht zu garantieren – sei es kausalgesetzlich oder dialektisch, über Planung oder über Evolution, mit spezifiziertem Fortschrittsvertrauen oder mit ganz unbestimmten Richtungsvorstellungen, mit revolutionären (abrupten) oder reformistischen (kleinförmigen) Schwellenvorstellungen. Oft hat man die Wahrscheinlichkeitsrechnung bemüht, um für die Gegenwart konsensfähige Entscheidungsgrundlagen zu finden. Deren Kalkulationen versagen jedoch gerade in dieser Funktion, gerade in sozialer Hinsicht. Das zeigt sich am Abbilden der Wahrscheinlichkeiten auf zeitliche oder räumliche Dimensionen. Selbst wenn man wissen kann, daß nur alle zwölf Millionen Jahre ein Kernkraftwerk explodiert, so kann es doch morgen und morgen wieder morgen sein. Selbst wenn man wissen kann, daß man beim Autofahren auf Autobahnen nur alle zwölf Millionen Kilometer einen tödlichen Unfall erleidet, so kann es doch hinter der nächsten Kurve sein. In der sozialen Bewertung läßt der Kalkül für den Einzelfall alle Möglichkeiten der Dimension offen und selbstverständlich werden sich

---

[27] Eine bemerkenswerte Bestätigung erfährt diese These durch Veränderungen im Rechtssystem, die Haftung für erlaubtes, aber eventuell schädigendes Verhalten betreffen. George L. Priest, The New Legal Structure of Risk Control, Daedalus 119/4 (1990), S. 207–227, resümiert diese Tendenz dahingehend, daß die strikten Anforderungen an individuell zurechenbares Verschulden und an nachweisbare Kausalität aufgegeben worden sind und es für eventuelle Haftung bereits genügt, *die Wahrscheinlichkeit eines Verlustes erhöht zu haben.*

die Beurteilungen des Risikos unterscheiden je nach dem, ob man meint, das Unglück könne sehr bald oder wahrscheinlich erst am Ende der Gesamtstrecke eintreten.

Die Einheit der Welt des 19. und des 20. Jahrhunderts lag in einer Allianz von Zeitdimension und Sozialdimension, die von der Unterspezifiziertheit beider profitierte und zugleich auf Möglichkeiten rationaler Kopplung, sei es durch erkennbare Gesetzmäßigkeiten, sei es durch statistische Kalkulationen setzte. Am Ende unseres Jahrhunderts haben wir aber die Frage: ist das noch unsere Welt? Können wir so weitermachen?

Kapitel 3
Zeitbindung: sachliche und soziale Aspekte

I.

In diesem Kapitel greifen wir auf sehr allgemeine Annahmen über unterschiedliche Dimensionen sinnhaften Erlebens und Handelns zurück.[1] Der Grund dafür ist, daß mit dem Begriff des Risikos eine Form des Problematisierens von Zukunft bezeichnet ist, also eine Form des Umgangs mit Zeit; und wir können vermuten, daß sich diese Form nicht ohne Rücksicht auf Sachthemen und nicht ohne Rücksicht auf soziale Konsequenzen praktizieren läßt. Wir wollen deshalb zunächst drei Dimensionen sinnhaften Beobachtens und Beschreibens vorstellen, die ihrerseits durch jeweils für sie spezifische Unterscheidungen konstruiert sind. Die Zeitdimension, die Sachdimension und die Sozialdimension sinnhafter Informationsverarbeitung sind also auf der Ebene des Unterscheidens von Unterscheidungen gewonnen; und damit ist zugleich eine historische Problematik angedeutet. Das Ausmaß der Trennung dieser Dimensionen und die Behandlung der verbleibenden bzw. durch die Trennung erst erzeugten wechselseitigen Implikationen ist als ein Resultat gesellschaftlicher Evolution zu begreifen.

Diese Sinndimensionen kann man beschreiben als Formen der Beobachtung der Welt mit Hilfe bestimmter Unterscheidungen. Beobachtung von „Welt" soll dabei heißen, daß es nicht um die Beobachtung bestimmter Dinge oder Ereignisse geht, sondern daß die universale „weltliche" Verwendbarkeit garantiert ist (wie immer das dann dementiert werden mag, in der Zeitdimension zum Beispiel durch die Kategorie der Ewigkeit). Die Zeitdimension wird benutzt, wenn etwas mit Hilfe der Unterscheidung von vorher/nachher beobachtet wird. Die Sachdimension ermöglicht die Beobachtung mit Hilfe von „Formen",

---

[1] Nähere Ausführungen finden sich in: Niklas Luhmann, Soziale Systeme: Grundriß einer allgemeinen Theorie, Frankfurt 1984, S. 111 ff.

das heißt: Unterscheidungen, die in der Bezeichnung von etwas Bestimmtem vorausgesetzt sind. Der für uns wichtigste, weil die Praxis
des Unterscheidens selbst ermöglichende, Fall ist die Unterscheidung
von System und Umwelt. Die Sozialdimension entsteht als absonder-
bare Beobachtungsweise, wenn die Unterscheidung von Ego und Alter
benutzt wird. Es geht dabei nicht, wie man früher meinte, um Beziehungen zwischen Menschen, die ihrerseits sachlich als Dinge (res), Lebewe-
sen (animales) etc. beschrieben werden, sondern es geht um eine
primäre Duplikation für den Kommunikationsprozeß, an dem *jeder*
immer in *beiden* Stellungen, als Ego und als Alter, beteiligt ist.[2]

Für Zwecke der Risikoanalyse und für das Abtasten verwandter
(wir werden sagen: funktional äquivalenter) Sachverhalte wollen wir
vom Begriff der *Zeitbindung* ausgehen.[3] Der aus der Sprachtheorie
übernommene, hier generalisiert verwendete Begriff bezeichnet ein
Problem und damit einen Ausgangspunkt für einen Vergleich verschie-
dener, unter diesem Gesichtspunkt aber funktional äquivalenter Problemlösungen. Die Zeit selbst kann zwar nicht gebunden *werden*, aber
sie kann *binden*, indem sie Ereignissen Strukturwert gibt. Genauer
analysiert: Ereignisse vergehen, sobald sie entstehen. Sie haben keine
Dauer (sonst würden wir von wenn auch kurzen Zuständen sprechen).
Aber Anschlußoperationen können sie wiederholen. Dabei entsteht
ein Doppeleffekt: Einerseits muß ein Sinn des Ereignisses identifiziert
werden, damit man die Wiederholung als Wiederholung erkennen
kann. Andererseits geschieht dies in jeweils anderen Situationen, so
daß ein Hinzulerneffekt eintritt: Man kann nicht nur im Schlafzimmer,

---

[2] Ranulph Glanville, Objekte, Berlin 1988, geht im Anschluß an Analysen der
immanenten Zirkularität kybernetischer Kontrollprozesse so weit, dies für
eine notwendige Form beobachtbarer Objekte schlechthin zu halten. Andere
sprechen von einer notwendigen Dialogizität oder Mutualität sozialer Systeme. Entgegen allen Vermutungen engagierter Gegner der Systemtheorie
tritt ein begrifflich radikales Verständnis des Sozialen gerade in der Systemtheorie auf, während die Phänomenologie das Soziale nur als Phänomen
beschreiben kann und die Argumentationstheorie sich nur mit abgeleiteten
Problemen, vor allem mit der Sekundärunterscheidung von Konsens und
Dissens beschäftigt.

[3] Soweit wir wissen, stammt der Begriff von Alfred Korzybsky, Science and
Sanity: An Introduction to Non-aristotelian Systems and General Semantics
(1933), zit. nach dem Neudruck der 4. Aufl., Lakeville Conn. 1958.

sondern, seitdem es Fernsehen gibt, auch im Wohnzimmer einschlafen.[4] Der Begriff Zeitbindung soll in unserem Kontext das Generieren von Strukturen im autopoietischen Prozeß der laufenden Selbsterneuerung des Systems bezeichnen, also nicht einfach nur das Entstehen faktischer Zustände (Atome, Sonnen, Ozonlöcher usw.) von einiger Dauer. Das gesellschaftliche Problem solcher Zeitbindungen scheint nun darin zu bestehen, daß sie sachlichen und sozialen Sinn in Anspruch nehmen, also Formen ändern und soziale Verteilungen beeinflussen. Es wird leicht einleuchten, daß riskantes Handeln unter diese Kategorie fällt. Aber es gibt auch andere, sehr viel bekanntere, gesellschaftsgeschichtlich sehr viel ältere, also auch institutionell viel entwickeltere Fälle. Wir denken an Normen und an Regelungen des Zugriffs auf knappe Güter, also an Recht und an Wirtschaft. Es kommt uns in diesem Kapitel auf einen Vergleich dieser verschiedenen Formen von Zeitbindung an.

II.

Die Tradition der Jurisprudenz behandelt Rechtsfragen unter dem Gesichtspunkt der Geltung von Normen und gibt diesen Normen die Funktion, den Unterschied von Recht und Unrecht entscheidbar zu machen. Man muß, anders gesagt, zunächst einmal wissen, welche Normen gelten, um dann entscheiden zu können, welches Verhalten rechtmäßig und welches Verhalten unrechtmäßig ist. Diese Behandlung von Rechtsfragen ist nicht zu kritisieren. Sie reicht aus, um das Rechtssystem gegen andersartige Systeme (etwa Politik oder Religion) abzugrenzen und in Betrieb zu halten. Für einen Vergleich von Normperspektiven, Knappheitsperspektiven und Risikoperspektiven genügt sie jedoch nicht.

---

[4] Spencer Brown a. a. O. S. 10 unterscheidet entsprechend „condensation" und „confirmation" je nach dem, ob die Substitutionsregel ¬ ¬ ⇄ ¬ von links nach rechts oder von rechts nach links gelesen wird; je nach dem also, ob für mehrere gleiche Zeichen eines gesetzt (kondensiert) wird oder umgekehrt eines zu mehreren gleichen entfaltet (konfirmiert) wird. Im mathematischen Kontext dieses Kalküls bleibt der oben im Text erwähnte Anreicherungseffekt allerdings unberücksichtigt.

Es reicht auch nicht aus, im Sinne einer bald hundertjährigen Tradition die juristische und die soziologische Behandlung von Rechtsfragen
danach zu unterscheiden, ob sie Geltungsfrage oder Seinsfragen, Normen oder Fakten behandeln. Wir müssen andere Theoriegrundlagen
suchen.[5] Für unsere Zwecke genügen Ausschnitte, denn es geht hier
nur darum, die spezifische Form der Zeitbindung durch das Recht zu
erkennen.

Von der Anwendungsseite her gesehen sind Normen Entscheidungs-
regeln, die (wie alle Regeln!) nicht nur für einen Fall gelten. Von
der Geltung her gesehen, sind die Normen begründete Regeln, deren
Geltungsgrundlage je nach Zeitstimmung in der Natur, in der Moral,
in legitimierenden Werten oder schließlich im positiven Recht selbst,
gesucht, gefunden, kritisiert werden kann. Von der Funktion her gesehen handelt es sich um Formen der Zeitbindung. Durch eine Norm
werden Erwartungen stabilisiert, und zwar auch und gerade für den
Fall, daß anders als erwartet gehandelt wird. Bei Verstößen gegen die
Norm ist nicht falsch erwartet, sondern falsch gehandelt worden. Man
hat sich zwar in der faktischen, nicht aber in der normativen Seite des
Erwartens geirrt. Oder anders gesagt: der Verstoß ist kein Anlaß zur
Änderung der Norm, kein Anlaß zum Lernen; er kondensiert und
konfirmiert die Erwartung[6] als Anlaß, sie zu betätigen und zu bestätigen.

Die im vorigen Abschnitt eingeführte Begrifflichkeit ermöglicht
einige zusätzliche Erläuterungen. Normen sind Formen der Zeitbindung, und zwar bereits ziemlich komplexe Formen.[7] Sie projektieren
eine Erwartung in die Zukunft, und zwar eine nicht-selbstverständliche

---

[5] Siehe auch Niklas Luhmann, Die soziologische Beobachtung des Rechts,
   Frankfurt 1986.
[6] Die Formulierung folgt Spencer Brown. Siehe oben Anm. 4. In der soziologischen Literatur findet man ähnliche Auffassungen bei Durkheim.
[7] Deshalb kann man auch nicht voraussetzen, daß in allen primitiven Gesellschaften bereits Normen existieren. Es fehlt in Frühformen gesellschaftlicher
   Entwicklung die Möglichkeit, zwischen der Qualität von Handlungen und
   unabhängig davon geltenden Regeln zu unterscheiden. Das heißt nicht (wie
   zuweilen unterstellt wird), daß es kein Recht gibt. Aber das Recht kann
   nur an den Qualitäten des Handelns selbst erkannt und deshalb weder
   ausdifferenziert noch in seinen spezifischen Formen entwickelt werden.

(kontingente, enttäuschungsfähige) Erwartung. Im Bereich des Selbstverständlichen (etwa daß die Überwindung räumlicher Distanzen Zeit kostet) gibt es keine Normbildung. Auch Kontingenz ist unerläßlich. Necessitas non habet legem. Die Gefahr der Enttäuschung der Erwartung wird aufgelöst (entfaltet, konfirmiert) in die Form der Norm, nämlich in die Unterscheidung von konformem und abweichendem Verhalten. Der Sinn dieser Unterscheidung liegt darin, daß sie sich durch *beide* Seiten der Form, durch konformes *und* durch abweichendes Verhalten als Form bestätigt sehen kann. Und genau dies unterscheidet diese Unterscheidung von anderen Unterscheidungen, vor allem von solchen, in denen bei Enttäuschungsanlässen Lernen zugemutet wird.[8]

Wenn es nach dem geht, der im Normschema beobachtet, sollte das Risiko ausschließlich in der Abweichung von der Norm liegen. Um dies zu betonen, wird die Norm mit äußeren (rechtlichen) und inneren (moralischen) Sanktionen ausgestattet. Dabei wird die die Norm begleitete Risikoprojektion auch dem zugemutet, der abweichend handelt. Er wird, sobald er sein eigenes Handeln im Normschema beobachtet, sich als riskant handelnd erleben. Die Norm selbst wird als risikofreie Struktur vorausgesetzt. Selbst bei voller Positivierung des Rechts sieht man es noch so: Die Norm gilt, solange sie gilt. Wenn sich Nachteile herausstellen oder Präferenzen sich ändern, kann sie geändert werden. Aber solange sie gilt, ist es kein Risiko, sich an ihr zu orientieren.

Aber Strukturen entstehen aus Operationen. Operationen sind zeitpunktgebundene Ereignisse. Normen sind deshalb nicht das Resultat

---

[8] Daß es daraufhin kombinatorische Formen geben kann, soll nur noch angedeutet werden. Es kann zum Beispiel normativ erwartet werden, daß man bei bestimmten Situationen zu lernen hat und nicht auf einer Erfüllung der Erwartung bestehen kann. Oder: Normative Erwartungen müssen ihrerseits kognitiv gelernt werden bis hin zur vollen Professionalisierung des entsprechenden Wissens; und es kann auch normiert werden, daß man die Änderung von Normen (etwa durch Gesetzgebung) als kognitives Problem behandelt und entsprechend lernt. Diese Verschachtelung der Erwartungsmodi zeigt zugleich an, daß wir es bei der uns heute vertrauten Rechtskultur mit einer hochkomplexen Spätphase einer langen Evolution zu tun haben, und deshalb gerade nicht mit Strukturen, die mit Bezug auf „Werte" legitimiert werden können.

einer Selbstexplikation der Vernunft, sondern das Resultat von Formbildungen in bereits strukturdeterminierten autopoietischen Systemen.
Ereignisse suggerieren Erwartungen, die weitestgehend der Situation
zugerechnet und vergessen oder nur situationsbezogen erinnert werden.
Sie sind unter Umständen aber auch generalisierbar und müssen dann
gegen Enttäuschungsgefahr geschützt werden. Das uns beschäftigende
Problem ist nun: daß dies nicht ohne Festlegung auch in sachlicher
und sozialer Hinsicht geschehen kann. Die Erwartungen müssen eine
Form erhalten, so daß man sie wiedererkennen und, noch anspruchs-
voller, konformes und abweichendes Verhalten unterscheiden kann.
Außerdem hat man das soziale Problem, daß die Erwartungen von
Ego die Verhaltensweisen von Alter auf dieses Schema Recht/Unrecht
beziehen, obwohl Alter vielleicht ganz anderes im Sinne hatte als der
Norm zu folgen oder sie zu brechen; er wollte vielleicht nur das tun,
wozu er gerade Lust hatte, wollte ein Bedürfnis befriedigen, wollte
auffallen oder was immer. Der Zeitbindungseffekt der Normierung
hat also eine sachliche und eine soziale Seite; und nur wenn und nur
insoweit als diese mitberücksichtigt werden, kann man die sich daraus
ergebende Form als Recht bezeichnen.[9] Oder anders gesagt: wenn ein
System Zeit bindet, wirkt sich das selektiv aus auf die Inhalte und die
Sozialformen, mit denen das möglich ist. Das Recht ist eines der
Resultate einer solchen kombinatorischen Selektion.

Ist dieser Apparat von Unterscheidungen einmal verfügbar, kann
sich ein Rechtssystem ausdifferenzieren und eine eigene Rechtskultur
kondensieren. Eine unentbehrliche Voraussetzung dafür ist, daß der
binäre Code Recht/Unrecht konstant gehalten werden kann bei allem
Wechsel der Rechtsnormen und Verfahrensweisen des Systems; denn
daß es um die Frage „Recht oder Unrecht" geht, unterscheidet dieses
System von anderen Systemen. Ein solches System sammelt dann
Erfahrungen mit seinen eigenen Operationen, korrigiert sich, hyperkor-
rigiert sich, indem Verfeinerungen immer weiter verfeinert werden und
man Unterscheidungen (etwa die von Eigentum und Besitz, von Miete
und Pacht, von verschiedenen Formen der Ausgleichung von Irrtümern)
entwickelt, die nur noch professionellen Spezialisten in ihrem Sinn und

---

[9] In diesem Sinne kann man von zeitlich, sachlich und sozial kongruenter
Erwartungsgeneralisierung sprechen. Vgl. Niklas Luhmann, Rechtssoziolo-
gie, 2. Aufl. Opladen 1983, S. 94 ff.

in ihren praktischen Konsequenzen verständlich sind. Das wiederum zwingt zum Rechtsunterricht, dieser produziert das, was die Römer dann „Institutionen" nannten und setzt die zunächst als Kampfmittel entwickelten Klagerechte (actiones) in systematisch aufeinander abgestimmte Begriffe um. Das Rechtssystem wird autonom in dem Sinne, daß es von außen nur noch über den Gebrauch von rechtlich geeigneten Formen, also nur noch durch Selbständerung geändert werden kann. Das alles ändert jedoch nichts an den Ausgangsbedingungen, die eine solche Eigenevolution erst ermöglicht haben – eben an der auf das Enttäuschungsproblem fixierten Form der kontrafaktisch geltenden Norm und an der sozialen Brechung dieser Starrheit durch binäre Codierung, die bewirkt, daß im Streitfalle nur die eine Seite Recht haben kann und die andere folglich im Unrecht sein muß.[10]

Die Sozialdimension dieser rechtlichen Zeitbindung wird normalerweise (und besonders von Vernunftliebhabern unter den Rechtsphilosophen) falsch oder jedenfalls viel zu oberflächlich dargestellt. Es geht nicht um das Problem des Konsenses. Es geht auch nicht um die Ermittlung vernünftiger Kriterien, nach denen Beobachter feststellen können, ob jemand Konsens zu erteilen hätte oder nicht. Alle diese Vorstellungen halten einer Beobachtung zweiter Ordnung nicht stand. Aber auch der seit dem 18. Jahrhundert übliche Rekurs auf physischen Zwang und entsprechende Durchsetzungsfähigkeit teilt die gleiche Oberflächlichkeit eines Abschlußarguments, das eine Wirklichkeit beschreibt, in der es kein „richtiges Ende", sondern eben nur provisorische Zeitbindungen gibt. Eher überzeugt schon die Darstellung des Problems als eines Souveränitätsproblems, wie sie im 16. und 17. Jahrhundert üblich war. Ein viel diskutiertes Paradigma war die Situation von Romulus und Remus.[11] Die Stadt bekam eine Mauer. Damit

[10] Man vergleiche dies mit dem typischen Duktus der griechischen Tragödien, in denen gerade die Wahrnehmung des eigenen Rechts oder auch die Bestrafung von Unrecht ins Unrecht führt mit einer Sequenz von Taten, in denen Recht immer zugleich Unrecht ist, bis der Areopag eingesetzt wird, der Recht und Unrecht auf eine Weise trennt, die dann freilich auf politische (städtische) Weise garantiert werden muß und die politische Gesellschaft von der häuslichen unterscheidet.
[11] Vgl. z.B. Niccolò Machiavelli, Discorsi sopra la prima Deca di Tito Livio I, zit. nach Opere, Milano 1976, S. 148 ff.

entstand die Frage, ob man sie ohne weiteres überschreiten dürfe.
Romulus verbot es. Das zwang Remus dazu, zwischen Befolgung oder
Nichtbefolgung zu entscheiden. Das Resultat ist bekannt: die Stadt
heißt Rom und nicht Rem. Man kann keine Norm einsetzen, ohne
das Verhalten anderer einzuschränken. *Jede* Zeitbindung hat *soziale
Kosten*. Alle weiteren Fragen sind zweitrangig und lassen sich weder
formulieren noch beantworten, wenn man die historische Gegebenheit
des strukturdeterminierten Systems Gesellschaft außer Acht läßt.

Früher hatte die normative Regulierung der Zeitbindung eine größere Tragweite als heute. Man konnte sich auch Naturrecht vorstellen,
das heißt: einen normativen Naturbegriff zu Grunde legen.[12] Durch
die stärkere Ausdifferenzierung des Rechtssystems auf der einen Seite
und der Naturwissenschaften auf der anderen ist dieser Naturbegriff
gesprengt worden. Zunächst hat man daraufhin mit Konvention, mit
Erkennbarkeit des Vorteils der geregelten Lebensführung oder auch
mit der durch Jahrhunderte erprobten Juristenerfahrung (artificial
reason!) argumentiert. Dabei hatte man aber das unlösbare Problem,
daß es im Einzelfall rational sein kann, sich nicht an die Normen zu
halten, wenn nur die anderen sich daran halten.[13] Es erscheint, wenn
man von einem anthropologisch-individualistischen Rationalitätsver-
ständnis ausgeht, als nicht rational, sich ohne Erwägung eigener Vorteile und Nachteile auf Rechtsnormen einzulassen, sich also mit den
sozialen Kosten der Zeitbindung abzufinden. Heute erörtert man solche Probleme unter der Metapher des Trittbrettfahrers. Wenn man von
diesen Zuspitzungen absieht, bleibt das Problem des Zumutungsgehalts
von Normen, eben der Festlegung eines unter Umständen begehrens-
werten und vorteilhaften Verhaltens als rechtswidrig.

Zum Teil sind die Funktionen des Naturbegriffs oder der generalisierten Konvention durch die Statistik übernommen worden, die sich

---

[12] Daß Juristen und besonders Rechtsphilosophen noch heute von „Naturrecht"
sprechen, muß als eine Besonderheit notiert werden. Es handelt sich um
einen nicht mit dem üblichen Naturbegriff abgestimmten Sprachgebrauch,
mit dem die Juristen das Restrisiko ihrer Profession abdecken.

[13] Siehe die (nicht sehr überzeugende) Behandlung dieses Themas bei David
Hume, A Treatise of Human Nature Book III, Part II, Section I und II, zit.
nach der Ausgabe der Everyman's Library, London 1956, Bd. 2, S. 184 ff.
Vgl. dazu Gerald J. Postema, Bentham and the Common Law Tradition,
Oxford 1986, S. 134 ff.

um den Nachweis bemüht, daß das, was im Einzelfall nicht zutrifft, im großen und ganzen doch richtig sein kann. Zum Teil werden sie durch die Änderungsträgheit des positiven Rechts und durch die Robustheit seiner Geltung trotz laufender Verstöße erfüllt. Damit verzichtet man jedoch auf eine Geltungsbegründung und begnügt sich mit der Feststellung, daß Verhaltenseinschränkungen verlangt und in ausreichendem Umfange durchgesetzt werden.

Solche Beschränkungen können als Bedingungen des Aufbaus von Eigenkomplexität und eigener Dynamik eines besonderen Funktionssystems gesehen werden. Wie immer aber komplex, schwerfällig, diversifiziert und wie immer beschreibbar als eine Rationalität, die in Irrationalität umschlägt oder auch in beiden Richtungen zugleich Extremwerte erreichen kann: das Recht kondensiert als eine spezifische Form der Zeitbindung, die ihr Sonderproblem löst (wie immer man die einzelnen Gesetze und Entscheidungen beurteilen mag), und andere Probleme der Zeitbindung außer Betracht läßt. Wir werden deshalb gar nicht erwarten können, daß Risikoprobleme, wenn es denn Probleme der Zeitbindung sind, in geeigneten Rechtsformen gelöst werden können. *Denn im Falle von Risiken handelt es sich ja gerade nicht um eine Zukunft, bei der man gegenwärtig schon festlegen kann, wie andere sich in künftigen Situationen verhalten sollen.* Gegen Risiken kann man nicht verstoßen.

Wenn dem Recht zugemutet wird, Risiken auf sich zu nehmen, kann dies also nur in der Weise geschehen, daß das Urteil über richtig oder falsch detemporalisiert wird. Oder anders gesagt: Symbole wie Rechtskraft oder Rechtsgeltung müssen „verbindlich" eingesetzt werden ohne Rücksicht darauf, ob die Zukunft eine Entscheidung als richtig oder als falsch erweisen wird. Das gerade ist das typische Anliegen normativer Orientierung, jetzt schon wissen zu können, welche Erwartungen man auch in Zukunft durchhalten kann.

Dieses Indifferenzgebot wird jedoch verletzt, wenn die Entscheidung selbst an ihren voraussichtlichen Folgen gerechtfertigt wird. Formal kann sie zwar auch dann noch Geltung in Anspruch nehmen, aber in ihre Begründung schleicht sich damit der Parasit der Paradoxie ein. Einerseits gilt die Entscheidung deshalb, weil bestimmte künftige Folgen vorausgesehen werden, oder so jedenfalls wird sie begründet – auf der Ebene der Gesetzgebung ebenso wie auf der Ebene der Rechtsprechung. Andererseits signalisiert das Symbol der Geltung, daß es

darauf gar nicht ankommt und daß die Entscheidung auch dann gelten
wird, wenn es zu ganz unerwarteten, die Entscheidung als falsch
erweisenden Entwicklungen kommt. Das Recht kann hier zwar durch
Verfahren der Neuentscheidung helfen; aber das ändert nichts daran,
daß rückblickend gesehen die zu ändernde Entscheidung auf falschen
Erwartungen beruhte und ihre Rechtsfolgen als jetzt geronnene Vergangenheit nicht mehr gebilligt werden können.

Folgenorientierung ist das heute am meisten, ja fast ausschließlich
vertretene Prinzip der Begründung von Entscheidungen.[14] Jede Kritik
daran wird abgewiesen. Niemand wird heute noch auf Kant setzen
und sich trauen zu sagen: „Die Folgen der Handlung in der Erfahrung
können nur das *Angenehme* oder *Unangenehme* derselben für das
Gefühl lehren und dadurch *Vorschriften* der *Klugheit* darbieten. Aber
der Begriff eines *Rechts* und einer *Verbindlichkeit* läßt sich nicht aus
ihnen einsehen".[15] Das Faktum einer folgenorientierten Rechtspraxis
und ihrer, kantisch gesprochen, pragmatischen Klugheit läßt sich nicht

[14] Vgl. nur Thomas W. Wälde, Juristische Folgenorientierung: „Policy Analysis"
und Sozialkybernetik: Methodische und organisatorische Überlegungen zur
Bewältigung der Folgenorientierung im Rechtssystem, Frankfurt 1979; Ger-
trude Lübbe-Wolff, Rechtsfolgen und Realfolgen: Welche Rollen können
Folgenerwägungen in der juristischen Regel- und Begriffsbildung spielen?,
Freiburg 1981. Auch die stärker an der Einzelentscheidung orientierte Diskussion in den Rechtslehren des Common Law hat die Problematik deutlich
erfaßt und zum Teil mit dem Gebot der Beschränkung auf rechtsimmanente
Folgen reagiert, ergänzend dann aber eine ebenfalls nicht unproblematische
„institutional morality" herangezogen. Vgl. z. B. Neil MacCormick, Legal
Reasoning and Legal Theory, Oxford 1978; Bernard Rudden, Consequences,
Juridical Review 24 (1979), S. 193 – 201; Neil MacCormick, Legal Decisions
and Their Consequences: From Dewey to Dworkin, New York University
Law Review 58 (1983), S. 239 – 258. Gerade auf dem Boden des US-amerika-
nischen common law gedeiht jetzt aber die Theorie einer wirtschaftlichen
Analyse des Rechts, einen bisher theoretisch eher unterversorgten Bereich mit
dem Gebot des Folgenkalküls bedienend und den Streit auf die methodischen
Fragen dieses Kalküls verlagernd. Damit wird in extrem radikaler Weise dort
nach Rationalität gesucht, wo es eigentlich um Risiken geht.

[15] So Johann Gottlieb Buhle, Lehrbuch des Naturrechts, Göttingen 1798, Nachdruck Brüssel 1969, S. 51.

übersehen. Aber es läuft, logisch gesehen, auf eine paradoxe Begründung des Rechts hinaus, und es ist soziologisch gesehen ein Symptom dafür, daß dem Recht die Übernahme und Verarbeitung von Risiken zugemutet wird, die die Form der Normativität sprengen.

Die Umstellung auf Folgenorientierung mit ihrem problematischen Zwang zur Vergegenwärtigung von Zukunft trifft mehr oder weniger das gesamte Recht.[16] Daneben gibt es aber auch Spezialprobleme, an denen man das Eindringen von Risikoorientierungen in das Recht besonders deutlich beobachten kann. Zum Beispiel das Haftungsrecht und in dessen Rahmen die Gefährdungshaftung. Das Problem ist hier, daß ein Handeln erlaubt wird, also *rechtmäßig* ist, aber im Falle eines Schadens *trotzdem* zum Schadenersatz verpflichtet.[17] Der rechtspolitische Grund ist natürlich, daß man anderenfalls unter modernen Verhältnissen mehr und mehr Handeln verbieten, also rechtswidrig *machen* müßte, auch wenn im typischen Verlauf kein Schaden zu erwarten steht. Es geht, mit anderen Worten, darum, einen etwaigen Schädiger die Kalkulation seines Risikos freizustellen, aber auch aufzugeben. Damit wird jedoch der klargeschnittene Code von Recht/Unrecht berührt und in seinem Orientierungswert eingeschränkt. Während in der alten Dogmatik harte Regeln galten wie: „casum sentit dominus" oder: „qui suo iure utitur neminem laedit", hat man es jetzt mit der Kollision rechtmäßiger Interessen zu tun, die nicht über eine generelle Zuordnung zu Recht und Unrecht geregelt werden kann, sondern vom Zufall des Eintretens oder Nichteintretens eines Schadens abhängig wird. Und während früher Sonderprobleme der Kollision rechtmäßiger Interessen und Schadensausgleichsprobleme zwischen ihnen seltene

---

[16] Vorbehalte gibt es verständlicherweise im Strafrecht. Siehe etwa Winfried Hassemer, Über die Berücksichtigung von Folgen bei der Auslegung der Strafgesetze, Festschrift Helmut Coing, München 1982, S. 493–524.

[17] Siehe als klassische Monographie Josef Esser, Grundlagen und Entwicklung der Gefährdungshaftung: Beiträge zur Reform des Haftpflichtrechts und zu seiner Wiedereinordnung in die Gedanken des allgemeinen Privatrechts, München 1941, und für die neuere umweltpolitische Diskussion etwa Michael Klöpfer, Umweltrisiken und Haftungsregeln – Rechtspolitische Aspekte, in: Zeitschrift für Umweltpolitik und Umweltrecht 11 (1988), S. 243–258.

Ausnahmefälle waren[18], gibt das Eindringen der Risikoproblematik ins
Recht diesen ehemaligen Grenzfällen eine viel allgemeinere Bedeutung.
Ebenso wie im Falle der Folgenorientierung hat man auch hier den
Eindruck, daß das Recht durch die rechtsförmige Vergegenwärtigung
von Zukunft überfordert wird und sich auf die Suche nach Formen
begibt, die trotzdem noch einigermaßen justiziabel sind. Wir kommen
aus Anlaß der Frage, ob und wie die Politik ihr eigenes Risiko durch
Umgießen in Rechtsformen loswerden oder doch bis zum Zeitpunkt
der Reproblematisierung der rechtlichen Regelung aufschieben kann,
auf diese Fragen zurück.[19]

III.

Im Falle von *Knappheit* geht es um ein ganz anderes Zukunftsproblem
und folglich um eine ganz andere Art der Zeitbindung. Soweit Mittel
zur Befriedigung von Bedürfnissen knapp sind, möchte man sich den
Zugang nicht nur für heute, sondern auch für morgen und übermorgen
sichern. Knappheit heißt aber, daß der Zugriff (klassisch: occupatio)
des einen auf Kosten anderer geht. Dies mag erträglich sein, wenn
morgen ein neuer Tag beginnt und damit ein anderer zum Zuge
kommt. Je mehr aber jeder versucht, sich selbst auf lange Zeit von
Knappheit zu befreien, um so größer wird bei gegebener Mengenkon-
stanz die Knappheit für andere. Insofern gehört Knappheit zu den
Problemen, die zur Paradoxie werden, wenn man sie als soziale Pro-

---

[18] Ein bekannter Ausnahmefall war das Enteignungsrecht. Ein anderer, zivil-
rechtlich bedeutsamer das Notstandsrecht. Siehe zu letzterem (Möglichkeiten
analoger Anwendung ins Auge fassend) Rudolf Merkel, Die Kollision rechtmäßiger Interessen und die Schadensersatzpflicht bei rechtmäßigen Handlungen, Straßburg 1895. Bemerkenswert ist, daß bereits dieser Fall Anlaß gegeben hatte für eine ausführliche Erörterung der Notwendigkeit einer „Interes-
senabwägung" (a. a. O. S. 49 ff.), so als ob die juristisch kaum präzisierbare
Abwägungsformel immer dann (und heute im Übermaß) zum Zuge kommt,
wenn das Recht seine Entscheidung nicht in die strenge Form der Unterscheidung von rechtmäßigem und rechtswidrigem Handeln zu bringen vermag.
[19] Siehe unten Kap. 8, V.

bleme auffaßt: je weniger Knappheit (für den einen), desto mehr
Knappheit (für alle anderen).[20]

Auch damit ist die Zirkularität und die Steigerungsfähigkeit des
Problems noch nicht erschöpft. Wenn man Fernhandel entwickelt und
für Absatzmärkte sorgt (zum Beispiel im Pelzhandel), werden lokale
Güter, die vorher zur Selbstversorgung reichlich vorhanden waren,
knapp, weil man damit jetzt Geld verdienen, also Knappheit beseitigen
kann. Wenn man zu organisierter industrieller Produktion übergeht,
müssen Kapitalien konzentriert, das heißt dem Konsum entzogen werden. So entstehen laufend neue Knappheiten, bis hin zur paradoxen
Knappheit von Gelegenheiten, etwas zu tun, was man gar nicht tun
möchte, nämlich zu arbeiten. Die Evolution von Wirtschaft und vor
allem von Geldwirtschaft kann unter diesem Gesichtspunkt beschrieben werden als Vermehrung von Überfluß und Knappheit.

Denn Knappheit ist in der Gesellschaft ein *soziales* Problem. Man
erlebt es zwar an der Sachdimension als Begrenzung der Gütermenge.
Aber darüber könnte man sich noch verständigen, wenn nicht die
Möglichkeit der Ungleichverteilung bestünde und wenn es (wie Eigen-
tumstheorien seit der Antike feststellen) nicht rational wäre, die Ungleichheit zu steigern, weil dies bessere Möglichkeiten zur Entdeckung
und Ausnutzung des Wirtschaftspotentials einer Gesellschaft bietet.
Noch viel stärker als im Falle des Rechts wird Zeitbindung im Falle
von Knappheit mit sozialen Spannungen bezahlt; und zwar Zeitbindung, die im Dienste des Aufbaus einer komplexen leistungsfähigen,
nach eigenen Kriterien rationalen Gesellschaftsordnung steht.

Die Institution, die bezogen auf Knappheitsprobleme entwickelt
worden ist, heißt *Eigentum*. Dabei denkt man zunächst an einen
Rechtsbegriff und zwar in der kontinentaleuropäischen Rechtstradition
sogar an einen sehr engen, gegen bloßen Besitz, gegen Nutzungsrechte,
Forderungen usw. abgegrenzten und in diesen Grenzen dann als Kom-
petenzbegriff erweiterten Begriff. Das verschleiert für unser Denken
die fundamentale Differenz von normativen und knappheitsbezogenen
Zeitbindungen. Seit dem Spätmittelalter wird die Verfügungsmöglich-
keit (dispositio) und nicht mehr nur das Recht, andere vom Gebrauch

---

[20] Hierzu auch Niklas Luhmann, Die Wirtschaft der Gesellschaft, Frankfurt
1988, S. 177 ff.

und Genuß der Sache auszuschließen, zum Kernbestand des Eigentums-
begriffs. Die Knappheitsparadoxie wird gewissermaßen in den Eigen-
tumsbegriff eingebaut, so daß es zum Hauptsinn des Eigentums wird,
es erwerben und abgeben, es übertragen zu können. Damit paßt sich
die Institution der Geldwirtschaft an, und es entsteht eine spezifisch
wirtschaftliche Rationalität, die sich auf die Form Haben/Nichthaben
von Eigentum an Geld oder Gütern bezieht und sich an dieser Disjunk-
tion ständig selber kontrolliert. Dafür waren Umstrukturierungen des
Rechts unerläßlich, aber das Ergebnis ist nicht juridische Rationalität
im überlegten Umgang mit rechtlichen Konstruktionen, sondern wirtschaftliche Rationalität im Sinne einer immensen Verbesserung der
Zukunftsvorsorge im Kontext der Paradoxie von Überfluß und Knappheit.

Speziell die frühmoderne Gesellschaft hat sich auf zwei verschiedenen Gleisen – dominium und imperium – als Rechtsinstitution begriffen und damit der Lehre des 19. Jahrhunderts von der Trennung von
Gesellschaft und Staat vorgearbeitet.[21] Im weltweiten Vergleich gesehen
kam darin eine eher ungewöhnliche Dichte der rechtlichen Regulierung
im Verhältnis zu ökonomischen und politischen Fragen zum Ausdruck.
Für den Normalfall wird man davon ausgehen müssen, daß es die
Familie (und nicht so sehr das Recht) ist, die das Eigentum garantiert.
Das gilt besonders eindrucksvoll für China. Aber auch die Antike hatte
sehr pointiert zwischen oîkos und pólis unterschieden, ohne diesen
Unterschied selbst auf eine Rechtsnorm zurückzuführen. Ohne auf
diese Fragen im Detail eingehen zu können, halten wir nur die Verschiedenartigkeit dieser beiden Formen der Zeitbindung fest, und dies im
Hinblick auf die Unterschiedlichkeit der sozialen Folgeprobleme. Denn
es macht einen Unterschied, ob man sich durch Normsetzungen anderer präjudiziert fühlt und den Traum von Legitimation durch Partizipation träumt, oder ob man jetzt schon hungert, während andere täglich
mit Milliarden spekulieren.

Soziologen tendieren noch heute dazu, das Resultat dieser gesellschaftlichen Entwicklung mit Namen zu bezeichnen, die die europä-

---

[21] Zur Eigentumsrationalität als gesellschaftlichem Legitimationsmythos siehe
für das 17. und 18. Jahrhundert Niklas Luhmann, Am Anfang war kein
Unrecht, in ders., Gesellschaftsstruktur und Semantik Bd. 3, Frankfurt 1989,
S. 11–64.

ische Gesellschaft des 18. und 19. Jahrhunderts sich selbst gegeben hat – sei es „bürgerliche Gesellschaft", sei es „kapitalistische Gesellschaft". Damit wird teils am überholten Modell der stratifizierten Gesellschaft Maß genommen, teils ein Einzelmoment, nämlich die Notwendigkeit von Kapitalbildung, überbetont. Theoretisch sind diese Begriffe als geschichtliche Begriffe nicht sehr hilfreich. In unserem Zusammenhang kommt es aber nur darauf an, die evolutionäre Errungenschaften zutreffend zu begreifen, die die für uns relevanten strukturellen Festlegungen der modernen Gesellschaft ausmachen, nämlich die gewaltige Erweiterung des Regelungspotentials durch die Verstaatlichung des Rechts und die ebenfalls immense Erweiterung wirtschaftlicher Möglichkeiten durch die Monetarisierung des Eigentums. In beiden Fällen wird eine technisch überlegene Zweitcodierung eingesetzt. Die politische Macht (Code: Regierung/Regierte und auf Regierungsseite später noch: Regierung/Opposition) wird als Rechtsstaat reformuliert mit der Folge, daß das Recht zum technischen Instrument der Umsetzung des politischen Willens, aber auch zur Bindung dieses Willens wird und umgekehrt jeder Einzelne dann auch auf staatliche Macht zur Durchsetzung seiner Rechtsansprüche zugreifen kann, *sofern er im Recht ist*. Parallel dazu wird das Eigentum monetarisiert, so daß es nicht mehr nur auf den Code Haben/Nichthaben ankommt, sondern darauf, ob man sich entscheidet, im Kontext wirtschaftlicher Transaktionen einen bestimmten Preis zu zahlen oder nicht zu zahlen. Diese Zweitcodierung bringt alles Eigentum in liquide Form, und sie ermöglicht es vor allem, Konsum oder Investition sowohl über Eigentum, das man schon hat, als auch über Kredit zu tätigen. Die Verschuldungsbereitschaft gerade der Reichen (reichen Leute, reichen Länder) nimmt immens zu und bringt wirtschaftliche Möglichkeiten in den Bereich rationaler Kalkulation, die vorher unzugänglich waren.[22]

Diese Erweiterung von Möglichkeiten der Regulierung und Finanzierung ohne unmittelbare Sichtbarkeit der Folgeprobleme verführt heute dazu, auch Risikopolitik auf den Gebrauch rechtlicher und finanzieller

---

[22] Da wir häufiger von rationaler Kalkulation gesprochen haben, sei hier noch angemerkt, daß damit nicht gesagt sein soll, daß keine Fehler gemacht werden. Im Gegenteil! Aber auch die Robustheit (resilience) in Bezug auf Fehler kann zunehmen, vor allem in sehr großen Organisationen und nicht zuletzt in den „Staat" genannten Organisationen.

Mittel zu beziehen, also das Recht zu Steuerung oder Verhinderung
von allzu riskantem Verhalten einzusetzen oder auch Geldmittel für
weniger riskante, aber vielleicht kostspieligere Technologien, für entsprechende Forschungen, für Versicherungen und Entschädigungen
aufzuwenden. Das mag, gerade wegen der Leistungsfähigkeit dieser
Mittel, in beträchtlichem Umfange geschehen. Unsere These ist jedoch,
daß es sich bei Risiken um Zeitbindungsformen ganz anderen Typs
handelt und daß man sich deshalb erstmal mit der Neuartigkeit des
Problems vertraut machen sollte.

IV.

Der ethische Utilitarismus des 18. Jahrhunderts hatte sich mit Hilfe
bestimmter Annahmen über Handlungsmöglichkeiten sowohl von der
Religion als auch von den psychologischen Komplikationen der science
de moeurs des 17. Jahrhunderts unabhängig gemacht. Die wichtigste
Annahme war, daß es einen großen Bereich von Handlungsmöglichkeiten gebe, in dem man sich selber nützen könne, ohne irgendeinem
anderen zu schaden. In diesem Bereich konnte man moralisch einwandfrei handeln. Der Bereich konnte mit Hilfe der Institution der Vertragsfreiheit erweitert werden; denn der Schaden dessen, der zugestimmt
hatte, zählt nicht. Der Vertrag galt als Mechanismus der Kompensation
etwaiger Nachteile (zum Beispiel durch Geldzahlung) und zugleich
als Form der Konsensmaximierung in Tätigkeitsfeldern, in denen die
Vorteile und Nachteile von Handlungen sozial ungleich verteilt sind.
Dies Gesamtarrangement setzt natürlich Voraussehbarkeit künftiger
Vorteile und Nachteile voraus, ergänzt durch die üblichen juristischen
Techniken der Abwicklung von Irrtümern (Vertragsanfechtung, Rück-
tritt, Unmöglichkeit der Leistung, Wegfall der Geschäftsgrundlage,
Interpretation des Willens der Vertragsschließenden etc.). Es gab also
Formen, in denen dem Umstande Rechnung getragen wurde, daß die
Zukunft anders ausfallen konnte, als man gedacht hatte. Aber diese
Zusatzeinrichtungen stützten wie Ausnahmen die Regel, daß es einen
großen Bereich von Handlungsmöglichkeiten gebe, in dem man, wie
wir heute sagen würden, pareto-optimal handeln könne. Die gesamten
Freiheitsgarantien des modernen Verfassungsrechts beruhen auf dersel-
ben Prämisse. Der Rationalitätsschwerpunkt der Gesellschaft wurde

damit ins individuelle Handeln und in paktierte Kooperation verlagert. Er wurde nicht länger als Natur des Menschen vorausgesetzt. Und die Revolutionierung bzw. Reformierung der alten Gesellschaftsordnung hatte genau den Sinn, die sozialen Einrichtungen diesem Prinzip anzupassen, statt sie wie früher als Artikulationen der Natur des Menschen zu begründen und als solche invariant zu halten.

Aber könnte es sein, daß diese Voraussetzung, die den Namen „liberal, Liberalismus" erhalten hat, gar nicht zutrifft? Daß es den Fall gar nicht gibt, in dem jemand seinen eigenen Nutzen fördern kann, ohne einem anderen zu schaden?

Eine ähnliche Diskussion findet man – mit einer bezeichnenden Verschiebung von der Moraltheorie (Ethik) in die Politik – unter dem Stichwort „Paternalismus".[23] Hier ist die Frage, ob es Aufgabe der Politik sei, den Einzelnen gegen sich selbst zu schützen, wenn niemand sonst betroffen sei. Denn hieße das nicht, ihn als unmündig zu behandeln?[24] Da aber heute alle versichert sind und darüber hinaus jeder Anspruch auf Unterstützung im Notfalle hat, scheint es auch diesen Fall einer reinen Selbstschädigung gar nicht mehr zu geben. Und außerdem fällt es zumindest der Soziologie nicht schwer, gesellschaftliche Ursachen ausfindig zu machen, wo immer ein Handeln als problematisch, als pathologisch, als unvernünftig befunden wird oder auch nur anderen auf die Nerven geht.

Wir erinnern uns: Handlungen und Handlungsfolgen sind ein Zurechnungsproblem, werden durch Zurechnungen sichtbar gemacht. Was aber geschieht, wenn die gesellschaftsstrukturelle Entwicklung dazu führt, daß Zurechnungsgewohnheiten und Zurechnungsempfindlichkeiten sich ändern? Wenn im Beobachtungshorizont der Gesellschaft Entscheidungen auftauchen, wo es vorher gar keine gab? Wenn Selbstverständlichkeiten sich auflösen und durch Entscheidungen ersetzt werden müssen?

---

[23] Vgl. Rolf Sartorius (Hrsg.), Paternalism, Minneapolis 1983; Donald Van De Veer, Paternalistic Intervention: The Moral Bounds of Benevolence, Princeton 1986.

[24] Nicht zufällig findet sich denn auch dort, wo eine paternalistische Politik vertreten wird, sehr oft die Auffassung, der Mensch sei erst noch zu emanzipieren.

Bis in die jüngste Zeit ist die Diskussion des hier angedeuteten Problems unter einer anderen Perspektive geführt worden. Es ging in erster Linie um ein Herstellenkönnen, um die Machbarkeit der gesellschaftlichen Verhältnisse, um Planbarkeit und um die Grenzen dieser Möglichkeit.[25] In den drei Jahrhunderten Erfahrungen mit moderner Gesellschaft hat das Vertrauen in Machbarkeit paradoxerweise zugleich zugenommen (vor allem dank technologischer Entwicklungen) und abgenommen (vor allem auf Grund politischer Erfahrungen). Es ist gleichwohl noch so stark, daß ganze Wissenschaften, vor allem die Nationalökonomie, von Prognosen lebten, die, weil sie nicht zutreffen, durch neue Prognosen korrigiert werden müssen, die, weil sie nicht zutreffen … Auch die politische Wissenschaft läßt nicht davon ab, Politik als zielorientiertes Handeln zu begreifen, obwohl sie mehr und mehr die eigentliche Problematik in den unbeabsichtigten und unvorhergesehenen Nebenfolgen sieht.[26] Wir können diese Betrachtungsweise als Beobachtung erster Ordnung charakterisieren und ihr damit das Recht einer eigenen Objektivität zugestehen. So kann man es sehen. In der Perspektive der Beobachtung zweiter Ordnung erscheint das Herstellen, Planen, Handeln jedoch als Artefakt einer Zurechnung, als Ergebnis des Beobachtetwerdens; und in dieser Sichtweise kann man Problemstellungen anschließen, die in der Perspektive der Beobachtung erster Ordnung nicht möglich wären.

Die Akteure glauben, ihre Absichten verantworten und die Folgen ihres Handelns unter Kontrolle halten zu können. So setzen sie Normen, so greifen sie in die Verteilung knapper Güter ein. Es gibt dann eine Serie von Erklärungen für Mißerfolge: Fehler, Komplexität, Intervention Dritter oder auch Verhinderung des eigentlich Gewollten schon im Stadium der Planung selbst. Und wieder: dies mag für den Beobachter erster Ordnung (also den Handelnden selbst) akzeptabel sein. Eine unkomfortable Welt bietet immer komfortable Erklärungen.

---

[25] Auch in der soziologischen Literatur über technologische und andere Risiken findet man diese Präokkupation mit Machbarkeit, zum Beispiel bei Adalbert Evers/Helga Nowotny, Über den Umgang mit Unsicherheit: Die Entdeckung der Gestaltbarkeit von Gesellschaft, Frankfurt 1987.

[26] Siehe als Kritik Niklas Luhmann, Politische Steuerung: Ein Diskussionsbeitrag, Politische Vierteljahresschrift 30 (1989), S. 4–9 und dazu die anschließende Erwiderung von Fritz Scharpf.

Auf der Ebene zweiter Ordnung sieht man zusätzlich all das, was daraus folgt, daß Handeln als *Entscheidung anderer* beobachtet wird. Das mag zu Zieldissens und daraufhin zu Politik führen. Das ist bekannt. Für unser Thema ist ein anderer Aspekt wichtiger. *Der Beobachter eines Entscheiders mag das Risiko der Entscheidung anders einschätzen als der Entscheider selbst; und dies allein schon deshalb, weil er selber nicht in der Entscheidungssituation steht, nicht dem gleichen Entscheidungsdruck ausgesetzt ist, nicht mit gleicher Schnelligkeit reagieren muß und vor allem: nicht in gleichem Maße an den Vorteilen der Entscheidung teilhat wie der Entscheider selbst.*

Der Beobachter erster Ordnung sieht, was er sieht. Der Beobachter zweiter Ordnung sieht, *wie* der Beobachter erster Ordnung sieht, was er sieht. Der Handelnde sieht die Situation mit den Anlässen und Bedingungen, so zu handeln, wie er handelt. Der Beobachter zweiter Ordnung sieht Beziehungen zwischen den Personmerkmalen des Handelnden und der Art, wie er die Situation auffaßt: hektisch, ängstlich, neurotisch, tollkühn, auf Selbstdarstellung bedacht oder auch: gefangen in einem Netz sozialer Pressionen, Rücksichten, Interessen. Die sozialpsychologische Attributionsforschung hatte diese actor/observer-Differenz zunächst stark betont[27], im Verlauf der weiteren Forschung jedoch modifizieren müssen, da sehr viele andere Variable mitspielen und da es sehr problematisch ist, sozialpsychologische Gesetzmäßigkeiten über sehr verschiedenartige Situationstypen hinweg zu generalisieren. Jedenfalls bleibt die Einsicht in die Divergenz der Perspektiven, die man jeweils gegenwärtig (und das heißt immer: gleichzeitig und insofern inkommunikabel) benutzt, um einer unsicheren, noch nicht feststehenden Zukunft zu begegnen. In dem Maße, als man die Zukunft als entscheidungsabhängig wahrnimmt und damit Entscheidungen als riskant, wird diese Diskrepanz der Perspektiven sich verstärkt auswirken. Sie reproduziert sich, so vermuten wir, in einer Weise, die durch Kommunikation nie eingeholt werden kann, weil auch die am Kommunikationsgeschehen Beteiligten immer gleichzeitig handeln und beobachten – in Gegenwart eines Beobachters etwas sagen oder auch

---

[27] .Vgl. als viel zitierten Ausgangspunkt Edward E. Jones/Richard E. Nisbett, The Actor and the Observer: Divergent Perceptions of the Causes of Behavior, in: Edward E. Jones et al., Attribution: Perceiving the Causes of Behavior, Morristown N. J. 1971, S. 79 – 94.

schweigen, wo sie etwas hätten sagen können, und mit all dem Informationen produzieren, die nur in ganz geringem Ausmaß wieder Gegenstand von Kommunikation werden können. In fest strukturierten Sozialordnungen mit geringer Varianz im Verhältnis von Vergangenheit und Zukunft wirkt sich dieses Problem wenig aus. Es genügen Normierungen und Knappheitsmoralen, an denen man sich unmittelbar orientieren kann.[28] Man hat dann wenig Anlaß, andere auf ihre Motive hin zu beobachten.[29] Fast wird man sagen können: man braucht gar keine Motive, es genügen Zwecke. Erst die Literatur des 17. Jahrhunderts und etwas später dann der Roman zeigen ein deutlich anderes Bild. Und dann wird auch die Wahl von Zwecken und der Verlust ihrer natürlichen Richtigkeit zum Problem.

Diese Überlegungen führen uns zu der These, daß die Zeitbindungsform des Risikos auf eine neuartige Situation reagiert, in der das Spannungsverhältnis von Zeitdimension und Sozialdimension neuartige Probleme aufwirft. Das heißt natürlich nicht, daß Normen und Knappheitsregulierungen ihre Bedeutung verlieren. Es kommt nur eine andere Problemform hinzu, die nicht mehr voll in die ausgefeilten Problemlösungen des Rechts und der Wirtschaft eingebaut werden kann. Oberflächlich gesehen äußert sich das in einer (oft übertriebenen) kritischen Einstellung zum Recht, zum Eigentum, zum Geld und mit all dem: zur Rationalität der Ungleichheit, so als ob all dies durch eine Revolution oder auf andere Weise abgeschafft werden müßte. Es wird realistischer sein, dieser Erwartung zu mißtrauen, aber zugleich die Leistungsgrenzen der traditionellen Formen deutlich zu sehen und die Aufmerksamkeit auf die Neuartigkeit der Zukunftsperspektiven und der Zeitbindungsformen der heutigen Gesellschaft zu richten.

Normen und Knappheitsregulative hatte man immer noch begründen können, wie umstritten auch die entsprechenden Theorieangebote

---

[28] Vgl. George M. Foster, Peasant Society and the Image of Limited Good, American Anthropologist 67 (1965), S. 293 – 315; ders., Tzintzuntzan: Mexican Peasants in a Changing World, Boston 1967.

[29] Die Institutionalisierung der *Beichte* ist, in diesem Kontext gesehen, eine wichtige und folgenreiche Ausnahme. Vgl. dazu Alois Hahn, Zur Soziologie der Beichte und anderer Formen institutionalisierter Bekenntnisse: Selbstthematisierung und Zivilisationsprozeß, Kölner Zeitschrift für Soziologie und Sozialpsychologie 34 (1982), S. 408 – 434.

ausfielen. Die Erfordernisse einer gesellschaftlichen Ordnung boten eine letzte, sinngebende Perspektive, auch nachdem man von religiösen Sinngebungen Abstand genommen hatte. Theorien, die Normbindung und Knappheitsregulative zu begründen versuchten, konnten sich auf *einsehbare Vorteile* entsprechender Konventionen berufen.[30] Die Zukunftsform des Risikos scheint einen ganz anderen Realitätsbezug anzudeuten, und auch deshalb kann sie weder in Normierungen noch in Verteilungsordnungen untergebracht werden. Als Risiko wird kein Ordnungserfordernis, sondern eine Fatalität reflektiert. Nicht zufällig hängt dies mit einer stärkeren Wahrnehmung ökologischer Probleme zusammen, also mit der Frage, wie weit die Gesellschaft sich durch eigene Operationen in ihrer Umwelt etablieren kann. Es gibt keine letzte – und sei es „unsichtbare" – Instanz, auf die man die mit Risiko bezeichnete Unsicherheit abladen könnte. Es gibt nur noch Differenzen, Unterscheidungen, Formen, mit denen man sie artikulieren kann. Und es mag sein, daß in einer sich schon abzeichnenden semantischen Entwicklung dieses Syndrom von Differenz/Kontingenz/Unsicherheit auch die noch praktizierten normativen und utilitaristisch-wirtschaftlichen Begründungsargumente unterlaufen und auflösen wird.

V.

Vergleichende Analysen geben Anlaß, Probleme abstrakter zu formulieren. Unter dem Gesichtspunkt der Bindung von Zeit unter Inkaufnahme sozialer Kosten, Benachteiligungen, Ungleichheiten kann man

---

[30] Die vielleicht bemerkenswerteste Ausarbeitung dieses Gedankens, die sich weder auf religiöse Sinngebung beruft noch auf einen Gesellschaftsvertrag, ja nicht einmal auf Konsens, sondern nur auf den leicht einsehbaren Vorteil, findet sich bei David Hume, A Treatise of Human Nature Book III, Part II, Section II, a. a. O. Bd. 2, S. 190 ff. Die Regel, um die es hier geht ist: „abstinence from the possession of others" (S. 196), also Knappheitsregulative und für Hume zugleich Grundlage aller normativen Regulierungen. Aber ein leicht einsehbarer Vorteil setzt voraus, daß die Lösung des sozialen Koordinationsproblems bereits vor Augen steht oder sogar: in der Gesellschaft bereits praktiziert wird. Genau das kann im Falle von Risikoakzeptanz nicht vorausgesetzt werden.

die Strukturbildungen sozialer Systeme historisch und auch sachlich
einem Vergleich unterziehen. Neben geläufigen und historisch weit
zurückreichenden Formen der zeitbindenden Strukturbildung taucht
dabei eine neue auf, die sich diesen Formen nicht einordnen läßt und
deshalb – vielleicht nur deshalb – Rationalitätszweifeln unterliegt:
die Form der Übernahme von Risiken.

Dadurch, daß man sich auf Risiken einläßt, gewinnt man Chancen,
die einem anderenfalls entgehen würden. Das ist zunächst keine besonders aufregende Feststellung. Sie überläßt es wie es scheint, dem
Akteur, ob er sich so weit vorwagt oder nicht. Gesellschaftstheoretische
Bedeutung gewinnt das Problem erst in dem Maße, als Strukturbildungen ihrerseits diese Funktion übernehmen und ein Sicheinlassen auf
Risiken nahelegen, erzwingen, normalisieren oder selbst die Risiken
absorbieren, die in unübersehbar vielen Einzelentscheidungen stecken.

Unter der euphemistischen Ägide von Gleichheit und Freiheit sind
solche Strukturentwicklungen gedeckt und gefördert worden, ohne
daß man beachtet hätte, wie wenig die traditionellen Rationalitätsin-
strumente ausreichen, um die Folgeprobleme zu behandeln. Gleichheit
heißt ja, daß die Generierung von Ungleichheit zu begründen und als
Entscheidung zu sehen bzw. durch Entscheidung zu verhindern ist.
Freiheit heißt, daß genau dies als Voraussetzung dafür gilt, daß Individuen und Gesellschaft auf erträgliche Weise miteinander auskommen
können. Die liberale Ideologie enthält somit ein verdecktes Programm
für die Umstellung der Gesellschaft auf Risiken. Erst am spektakulären
Fall der ökologischen Risiken technologischer Entwicklungen ist
schließlich bewußt geworden, wie stark die Gesellschaft selbst von
dem, was sie freigesetzt, ja erzwungen hat, betroffen ist.

Risiken sind insofern eine ganz spezifische Form der Disposition
über Zukunft, als über sie im Medium der Wahrscheinlichkeit/Unwahr-
scheinlichkeit entschieden werden muß. Die Fixierung von Rechtsnormen oder die Aneignung knapper Güter stellt für die Zukunft etwas
Bestimmtes sicher und setzt sich mit ihren Realisationen allenfalls
Gefahren aus. Mit der Form des Risikos nutzt man dagegen gerade
die Unbestimmtheit der Zukunft, ja gleichsam die eigene Unwissenheit
aus, um die Gegenwart auf Formen zu bringen, die durch künftige
Gegenwarten bestätigt oder auch widerlegt werden können. Die Zukunft, die ja nur auf die eine oder andere, jedenfalls aber nur auf eine
bestimmte Weise Gegenwart werden kann, wird in eine fiktive Form

gebracht, die als solche nie eintreffen wird, nämlich die Form wahr-
scheinlich/unwahrscheinlich. Das erst schafft einen Spielraum für gegenwärtige Festlegungen und zugleich den Spielraum für soziale Verständigungen oder Nichtverständigungen über solche Festlegungen.
Man mutet sich und anderen Zustimmung zu mit der Feststellung von
Wahrscheinlichkeiten/Unwahrscheinlichkeiten, und Festlegungen im
Hinblick auf eine unbekannte Zukunft können, das ist ein zusätzliches
Argument, auch gar nicht anders getroffen werden. Man kann nur
riskant entscheiden – oder abwarten. Und die Form des Risikos
besagt, daß auch das Abwarten eine riskante Entscheidung ist.

Diese knappen Überlegungen lassen sich dahin zusammenfassen,
daß unter „Risiko" eine Form für Formbildungen im Medium des
Wahrscheinlichen/Unwahrscheinlichen zu verstehen ist. Das Medium
selbst ist eine Zwei-Seiten-Form, die den Übergang von der einen zur
anderen Seite erleichtert. Man kann die Anforderungen an ausreichende Wahrscheinlichkeit/Unwahrscheinlichkeit erhöhen oder sen-
ken, und für den einen kann ausreichen, was für andere nicht ausreicht.
Wie das Gesamtkonzept des Wahrscheinlichen ist auch jede Messung
fiktional und daher unverbindlich – jedenfalls wenn es um Aussagen
über die Zukunft geht. Eben deshalb ist es relativ leicht, in diesem
Medium Formen zu fixieren, weil man sicher sein kann, daß niemand
schon in der Zukunft lebt, also niemand es besser wissen kann.
Diese Leichtigkeit bedeutet keineswegs, daß es leicht sei, Konsens zu
erreichen oder sich über ein zumutbares Risiko zu verständigen. Denn
die Leichtigkeit der Formenkopplung im Medium der Wahrscheinlichkeit kommt dem, der Dissens kommunizieren will, ebenso zu gute
wie dem, der Konsens erreichen möchte. Fest steht nur, daß diese
Gesamtkonstellation der Sozialdimension ein größeres Gewicht gibt
oder ihr jedenfalls eine andere Position zuweist als im Falle von
Normen oder von Knappheiten. Es geht weder um Legitimation noch
um Verteilung – und diese Terminologien sollte man daher auch
vermeiden, wenn es darum geht, die Spezifik der Zeitbindung in der
Form des Risikos herauszuarbeiten.

Kapitel 4
Das Risiko des Beobachtens und die Codierung der Funktionssysteme

I.

Zukünftiges läßt sich nicht beobachten. Das hatte schon Aristoteles zu der Frage geführt, wie denn im Hinblick auf die Zukunft Urteile im Wissenscode von wahr und unwahr möglich seien. Die Antwort lautete bekanntlich: man müsse das Urteil im Unentschiedenen belassen. Zwar gelte der binäre Code wahr/unwahr universell, aber Entscheidungen über künftige contingentia könnten eben jetzt noch nicht getroffen werden.[1] Das ist gelegentlich als Notwendigkeit eines dritten logischen Wertes, eben des Wertes der Unentschiedenheit interpretiert worden.[2] Auch könnte man geltend machen, daß es notwendig sei, zwischen der gegenwärtigen Zukunft (der Zeit der Prognose) und der künftigen Gegenwart (der Zeit des Ereigniseintritts) zu unterscheiden. Üblicher war es in der Tradition jedoch, dies einfach als einen Erkenntnisdefekt des Menschen anzusehen; und im übrigen war das Problem auch deshalb nicht so brisant, weil es bei den contingentia nur um singularia ging (zum Beispiel: um eine Seeschlacht) und nicht um die Arten und Gattungen der Dinge, nicht um die Strukturen des Essenzenkosmos.

Auch in der neueren Zeit erscheint das Problem zunächst nicht als eine Frage, die zutiefst verunsichert. Wo die Erkenntnis nicht ausreicht,

---

[1] So in De interpretatione 9 und in der anschließenden, vor allem mittelalterlichen Literatur de futuris contingentibus.

[2] So vor allem auf Anregung der polnischen Logikschule, namentlich von Lukasiewicz. Vgl. dazu auch Arthur N. Prior, Three Valued Logic and Future Contingents, Philosophical Quarterly 3 (1953), S. 317 – 326; Gotthard Günther, Die Theorie der „mehrwertigen" Logik, in ders., Beiträge zur Grundlegung einer operationsfähigen Dialektik Bd. 2, Hamburg 1979, S. 181 – 202.

verläßt man sich auf Willen und Können. Der Mangel an Entscheidbarkeit wird durch regulierbare Progression ausgeglichen. Noch Hobbes
folgt dem alten Muster: Auch alles Künftige sei entweder als wahr
oder als unwahr zu beurteilen. Soweit wir diese Entscheidung nicht
treffen können, nennen wir es kontingent. Und dann geht es eben um
Macht und Handlungsvermögen.[3] Wie aber, wenn das Problem genau
da läge, wo ihm abgeholfen werden soll: genau darin, daß entschieden
werden muß?[4] Denn es könnte ja sein, daß die Zukunft nicht nur
deshalb unbestimmbar ist, weil von zu vielen bekannten und unbekannten Faktoren abhängt, was geschehen wird, sondern vor allem deshalb,
weil sie zirkulär mit dem Entscheidungsvorgang selbst verknüpft ist,
also davon abhängt, wie gegenwärtig entschieden wird.[5]

Angesichts der Unzulänglichkeit des handlungs- (oder freiheits-)
theoretischen Auswegs greifen wir auf einen Begriff des Beobachtens
zurück, der Erkennen und Handeln übergreift und nichts weiter bezeichnet als die Benutzung einer Unterscheidung zur Bezeichnung der
einen (und nicht der anderen) Seite.[6] Jede Unterscheidung hat zwei
Seiten, nicht mehr und nicht weniger. Schon auf dieser noch recht
formalen Ebene fällt ein doppeltes Risiko auf. Das eine liegt in der
Wahl einer Unterscheidung, also einer schon spezifizierten Zwei-Seiten-
Form unter Ausschluß anderer Unterscheidungen. Man fragt zum
Beispiel ob eine Seeschlacht und nicht: ob eine Mißernte stattfinden
wird. Das andere Risiko liegt in der Bezeichnung der einen (und nicht

---

3 Die entsprechenden Passagen finden sich im Kapitel X (Of power and act)
   von De corpore, zit. nach Thomas Hobbes, Opera Philosophica quae latine
   scripsit (ed. Molesworth), Neudruck Aalen 1961, S. 115 f.
4 Zum Fehlen einer ausreichenden Theorie der Entscheidungsfreiheit bei Aristoteles vgl. auch Charles Larmore, Logik und Zeit bei Aristoteles, in: Enno
   Rudolph (Hrsg.), Zeit, Bewegung, Handlung: Studien zur Zeitabhandlung
   des Aristoteles, Stuttgart 1988, S. 97 – 108. Aber liegt in der Annahme von
   Entscheidungsfreiheit eine Lösung? Oder nicht vielmehr gerade das Problem?
5 Die Weisheitslehren der Divinationspraxis hatten bekanntlich versucht, dieses
   Moment der Entscheidungsabhängigkeit auszuschalten mit Erzählungen wie
   der des Ödipus-Mythos, die zeigen, daß das vorausgesagte Schicksal genau
   durch die Entscheidung herbeigeführt wird, mit der man versucht, es zu
   vermeiden.
6 Eingeführt war der Begriff bereits oben Kap. 1, III. mit Bezug auf die „Laws
   of Form" von George Spencer Brown.

der anderen) Seite der Unterscheidung. Beide Risiken greifen ineinander (und Spencer Brown nimmt ihre Untrennbarkeit als Anlaß, die Markierung der Bezeichnung innerhalb einer Unterscheidung als einzigen Operator seines Kalküls zu benutzen). Denn alles hängt von der Art der Unterscheidung ab: *See*schlacht und nicht *Land*schlacht; *See-schlacht* und nicht *See*handel. Es wäre fatal, wenn man sich statt auf eine mögliche Seeschlacht auf eine mögliche Landschlacht vorbereiten würde (der Irrtum der Perser!), aber natürlich auch, wenn man der Meinung wäre, es ginge um Seehandel. Was kann ein Beobachter tun, um solche Risiken zu vermeiden, die in der Wahl der einen und nicht der anderen Seite einer Unterscheidung liegen. Und vor allem: wie vermeidet er das Risiko der Wahl einer Unterscheidung, die ihm gar nicht erlaubt, das zu bezeichnen, worauf es ankommt? Wie vermeiden Sozialisten das Risiko, sich an der Unterscheidung von Kapital und Arbeit zu orientieren, während es darauf möglicherweise schon lange gar nicht mehr ankommt?[7]

Man könnte meinen, die Lösung im Unterscheiden von Unterscheidungen finden zu können, wiederholt damit aber nur das Problem auf der Ebene des Beobachtens zweiter Ordnung. Denn auch das Unterscheiden und Bezeichnen von Unterscheidungen ist Unterscheiden und Bezeichnen, ist Beobachten. Das Risiko liegt demnach in der Struktur der Operation, die wir Beobachten nennen. Es liegt, genauer formuliert, in der unverzichtbaren Einheit von Unterscheiden und Bezeichnen; darin, daß man alle Bezeichnungen im Kontext von Unterscheidungen einsetzen muß und alle Unterscheidungen im Hinblick auf Bezeichnungen wählen muß. Man befindet sich also immer nur auf der einen Seite der Form, wobei die Form nichts anderes ist als die Möglichkeit, ihre Grenze zu überschreiten. Landschlacht oder Seeschlacht – das ist die Frage. Oder auch Sein oder Nichtsein. Je nach dem, wie man unterscheidet, was man unterscheidet. Aber der Übergang von der was-Frage zur wie-Frage löst unser Problem nicht, sondern festigt es nur autologisch durch Selbstreferenz. Auch das Unterscheiden des Unterscheidens ist Unterscheiden.

Wir müssen also ganz allgemein von einem Risiko des Beobachtens ausgehen. Es liegt in der Abhängigkeit von einer Unterscheidung, die

---

[7] Hierzu Niklas Luhmann, Kapitel und Arbeit: Probleme einer Unterscheidung, in ders., Die Wirtschaft der Gesellschaft, Frankfurt 1988, S. 151 – 176.

dazu zwingt, die Operation auf der einen und nicht der anderen Seite anzusetzen, obwohl es auch die andere gibt. Das Risiko mag man zunächst für gering erachten, da die Unterscheidung ja die Möglichkeit des Überschreitens der sie markierenden Grenze anbietet. Aber dazu braucht man eine weitere Operation. Also Zeit! Und wie soll man zwischen Verbleiben und Überschreiten entscheiden?

Man kann auch sagen, daß das Beobachten die jeweils zu Grunde liegende Unterscheidung *blind* benutzen muß. Dann wird es problematisch, von Risiko zu sprechen, denn der Begriff setzt in unserer Fassung eine Entscheidung voraus. Sobald ein System aber über Möglichkeiten der Beobachtung zweiter Ordnung verfügt – und das kann man für die moderne Gesellschaft und für ihre Funktionssysteme in jedem Fall unterstellen – wird erkennbar, daß man nicht sehen kann, was man nicht sehen kann; daß man der Unterscheidung, die man jeweils benutzt (weil es nicht die Möglichkeit gibt, zu beobachten, ohne zu unterscheiden) ausgeliefert ist, und ihr nur durch Rejektion und Akzeption einer anderen Unterscheidung entkommen kann, wofür dann dasselbe gilt. Und auf dieser Ebene der autologischen Beobachtung des Beobachtens wird das Unterscheiden zum Risiko – und zwar zu einem Risiko, das kein Beobachter vermeiden kann.

II.

Der Ausweg liegt nicht in dem Versuch, es doch noch irgendwie zu schaffen, irgendwie es trotz allem richtig zu machen; irgendwie Sicherheit zu erreichen. Das würde überirdischen Beistand erfordern, und man müßte dann wieder unterscheiden können, wo dieser zu erhalten ist und unter welchen Bedingungen. Was sich als Lösung abzeichnet, zielt in die entgegengesetzte Richtung. Es beruht auf dem Akzeptieren und Ausarbeiten des Problems, auf einer Vermehrung und Spezifikation der Risiken. Man muß, anders gesagt, mit Unterscheidungen arbeiten, nicht gegen sie. Das Modell dafür kann man in den binären Codes der modernen Funktionssysteme finden, besonders in den Fällen, wo sie hochgradig technisiert sind, also fast wie logisch symmetrische Umtauschrelationen fungieren und damit eine quasi sichere Option auf den Gegenwert anbieten. Was nicht wahr ist, ist mit der Sicherheit, die die Wissenschaft bieten kann, unwahr.

In der Form der binären Codierung kennt die moderne Gesellschaft eine hochspezifische Form, Risikoverhalten zu steigern, zu normalisieren, zu kontextieren, so daß man mit der Zuordnung von Beobachtungen zu bestimmten codierten Systemen auch erkennen kann, in welchem Risikonetz man sich bewegt – und in welchem nicht. Immer wenn Sachverhalte im Kontext eines binären Codes behandelt werden, ist impliziert, daß der positive Wert, aber auch der Gegenwert der Fall sein könnte. Ein Geschäft kann gewinnbringend, aber auch verlustbringend ausgehen, eine Forschung wahre oder unwahre, reputationsförderliche oder unter diesem Gesichtspunkt unergiebige Ergebnisse einbringen. Ein binärer Code virtualisiert seinen Anwendungsbereich im Hinblick auf *beide* Möglichkeiten. Allein vom Code her gesehen, müßte man Gleichverteilung der Chancen unterstellen, da es keine dritten Werte gibt, die, mit der einen oder der anderen Seite assoziierbar, die Gewichte verschieben könnten. Sobald ein Code institutionalisiert ist und Operationen sich ihm zuzuordnen beginnen, wird diese Gleichverteilung jedoch disbalanciert. Es entstehen Ungleichgewichte. Das sich damit bildende System tendiert dazu, Chancen wahrzunehmen, die primär den positiven Wert begünstigen. Es wird dann nur in voraussichtlich lukrative Vorhaben investieren. Dabei anfallende Erfahrungen werden in der Form von Programmen, die eine richtige Zuteilung der Werte des Code festlegen, zur Wiederverwendung bereitgestellt. Das System beginnt zu lernen, ja mit Hilfe von bereits Gelerntem effektiver zu lernen. Aber alle Bemühungen dieser Art bleiben code-abhängig. Sie setzen, als Bedingung der Möglichkeit von Anwendungserfahrungen, ein codiertes System voraus. Sie lassen sich ebensowenig wie die Programme selbst von einem System auf ein anderes übertragen.

Symmetriebrüche lassen Irreversibilitäten entstehen. Das heißt nichts weiter als: sie führen zu weiteren Symmetriebrüchen zwischen Vergangenheit und Zukunft.[8] Erst unter dieser Voraussetzung kann die Zukunft anders sein als die Vergangenheit, und nur so sind Risiken denkbar. Diese Gesetzmäßigkeit läßt mit der Ausdifferenzierung von

---

[8] So bekanntlich eine Hauptthese von Ilya Prigogine, Vom Sein zum Werden: Zeit und Komplexität in den Naturwissenschaften, dt. Übers. München 1979. Vgl. auch ders., Order out of Chaos, in: Paisley Livingston (Hrsg.), Disorder and Order: Proceedings of the Stanford International Symposium (Sept. 14. – 16. 1981), Saratoga Cal. 1984, S. 41 – 60.

Gesellschaft und mit der Codierung von Sprache eine Gesellschaftsge-
schichte entstehen je nach dem, ob die Sprache zur Annahme oder zur
Ablehnung von Sinnzumutungen verwendet wird. Wenn innerhalb des
Gesellschaftssystems binär codierte Funktionssysteme ausdifferenziert
werden, wiederholt dieser Vorgang sich in vielfach divergierender,
beschleunigter Form. Die Option für den positiven Wert des Code, für
Recht, für Wahrheit, für Eigentum, für amtsförmig fixierte Machtposi-
tionen erzeugt Anschlußfähigkeit und damit Geschichte. Die Option
für den jeweiligen Gegenwert reflektiert die dafür geltenden Bedingungen, erzeugt Kontingenz und hält damit die Zukunft offen. Damit setzt
das System sich prinzipiell und unaufhörlich dem Risiko aus, daß
es nur mit dem Präferenzwert arbeiten kann, aber dies nur unter
Bedingungen, die fordern, daß immer auch der Gegenwert zum Zuge
kommen kann. Und dann gibt es keinerlei Garantie mehr dafür, daß
Vergangenes erhalten bleibt und die Zukunft so sein wird wie die
Vergangenheit – und dies trotz Irreversibilität!

Ferner ist für codierte Systeme bezeichnend, daß sie kein Ende finden
können. Es sind prinzipiell ateleologische Systeme. Denn für jede
Einzeloperation, die sie im rekursiven Netzwerk ihrer Autopoiesis
produzieren, gibt es immer wieder die Option für den positiven oder
für den negativen Wert, und diese Entscheidung kann nur im Voraus-
blick auf weitere Operationen getroffen werden. Es handelt sich um
Systeme, bei denen jedes Ende zugleich ein Anfang ist – um nichttri-
viale (historische) Maschinen im Sinne Heinz von Foersters.[9] Das aber
hat die Folge, daß es für Risikoabschätzungen keine vorgegebenen
Zeithorizonte gibt. Die Zukunft von geschlossenen Systemen ist offen,
und die Risiken, auf die sie sich einlassen müssen, daher grundsätzlich
unkalkulierbar.

Codes sind abstrakte und universell verwendbare Unterscheidungen.
Sie enthalten, obwohl als Unterschied eines positiven und eines negativen Wertes formuliert, keinerlei Hinweise auf die richtige Zuteilung,
sei es des positiven, sei es des negativen Wertes. Die Wahrheit zum
Beispiel ist kein Wahrheitskriterium, und Eigentum ist kein Kriterium

---

[9] Siehe Heinz von Foerster, Principles of Self-Organization in a Socio-Managerial Context, in: Hans Ulrich/Gilbert J. B. Probst (Hrsg.), Self-Organisation
and Management of Social Systems: Insights, Promises, Doubts, and Questions, Berlin 1984, S. 2 – 24 (6).

in der Frage, ob es sich lohnt oder nicht, es zu erwerben bzw. zu behalten. Nur unter der Bedingung der Offenheit für positive und für negative Optionen kann ein soziales System sich selbst mit einem Code identifizieren. Geschieht das, dann heißt das, daß das System alle Operationen, die sich am eigenen Code orientieren, als eigene erkennt – und andere nicht. System und Code sind dann fest gekoppelt. Der Code ist die Form, mit der das System sich selbst von der Umwelt unterscheidet und die eigene operative Geschlossenheit organisiert.

Andererseits zwingt diese Offenheit zu Entscheidungen – und wir ahnen schon: zum Sich-Einlassen auf Risiken. Das System kann nicht indifferent bleiben in der Frage, ob der eine oder der andere Wert in Betracht kommt, denn mit dieser Entscheidung stellt es die Anschlußfähigkeit der eigenen Operationen her. Nur wenn entschieden oder zumindest entscheidbar ist, ob etwas Recht oder Unrecht, wahr oder unwahr, krank oder gesund usw. ist, kann das System daraus Konsequenzen ziehen und den damit verbundenen Bestimmtheitsgewinn systemintern verwenden. Nur auf diese Weise kann es lernen, kann es eine Ordnung aufbauen, die dann eingrenzt und ausgrenzt, was weiterhin im System möglich ist. Und wieder: das wird angesichts einer vom System aus nicht kontrollierbaren Umwelt immer eine riskante Entscheidung sein.

Die Ausdifferenzierung binär codierter Funktionssysteme eliminiert für sie systemexterne Entscheidungskriterien, und das gilt auch angesichts von aktuellen Versuchen, solche Kriterien unter dem Pseudonym „Ethik" erneut ins Gespräch zu bringen. Ein codiertes System ist damit in gewisser Weise sich selbst ausgeliefert, und das heißt vor allem: daß es keine Gründe finden kann, seinen Code *nicht* anzuwenden – ein politisch attraktives Thema nicht aufzugreifen, eine Krankheit nicht zu heilen, eine Rechtsfrage, wenn sie schon als solche auftaucht, nicht im Hinblick auf Recht und Unrecht zu durchleuchten. Selbstverständlich kennt die Gesellschaft viele und gewichtige Gründe einer solchen Rejektion ihrer Codes; aber diese Gründe können nicht innerhalb der Funktionssysteme zur Geltung gebracht werden, oder wenn, dann nur in einer intern programmierten Form, zum Beispiel als political questions Doktrin, die erstmals in Marbury v Madison (1803), also in einer Supreme Court Entscheidung auftaucht.

Wie aber hält es ein System, das sich selbst unter die Regel setzt, keine Gelegenheit auszulassen, mit der Rationalität? Offenbar tritt hier an die Stelle der klassischen Erwartung rationalen Entscheidens zunächst der Versuch, deren Modalitäten kritisch zu verbessern, die Voraussetzungen abzuschwächen oder schließlich: Risiken in der Form von rationalem Entscheiden darzustellen. Wir haben einen solchen Fall am Beispiel der folgenorientierten Rechtspraxis diskutiert.[10] Geht man einen Schritt darüber hinaus, drängt sich die Vermutung auf, daß die Präferenz für Risikovermeidung an die Stelle tritt, die bisher die Präferenz für rationales Entscheiden eingenommen hatte.[11] Die Regel lautet dann: sich auf so wenig Risiken einzulassen, wie mit der Wahrnehmung von Gelegenheiten noch vereinbar ist, und bei anderen eine entsprechende Einstellung zu erwarten.

Binäre Codierung kann unter all diesen Gesichtspunkten als eine immense Steigerung der Riskanz von Systemoperationen begriffen werden. Codierte System sind emanzipierte Systeme; sie geben sich die Freiheit, zwischen den beiden Werten ihres Code zu entscheiden und dies ohne Vorabfestlegung der Themen, um die es sich handeln kann. Im gleichen Zuge sind sie aber auch genötigt zu entscheiden oder Entscheidungen angesichts einer noch nicht hinreichend geklärten Sachlage zurückzustellen und in der einen oder anderen Form ein Risiko zu übernehmen.

Die Form, die solche Universalzuständigkeit auferlegt, ist jedoch immer eine sehr spezifische Form. Es gibt eine Vielzahl von Codes, die sich deutlich voneinander unterscheiden und deren Interferenzen, die sich aus den Entscheidungsprogrammen ergeben mögen, gering gehalten werden, ja wie vom System nicht vorgesehene „Zufälle" behandelt werden. Eine Erkenntnis, die wissenschaftlich wahr ist, braucht deshalb noch nicht gewinnbringend verwertbar sein (und umgekehrt gibt es wirtschaftlich lukrative Technologieentwicklungen, die durch später als unwahr erkannte Theorien veranlaßt waren[12]). Wer vor Gericht

---

[10] Vgl. Kap. 3, II. (S. 67 ff.).

[11] Siehe hierzu Dirk Baecker, Rationalität oder Risiko?, in: Manfred Glagow/ Helmut Willke/Helmut Wiesenthal (Hrsg.), Gesellschaftliche Steuerungsrationalität und partikulare Handlungsstrategien, Pfaffenweiler 1989, S. 31 – 54.

[12] Zu solchen Fällen und überhaupt zur Wissenschaftsunabhängigkeit vieler Technologieentwicklungen Mario Bunge, Technology and Applied Science, Technology and Culture 7 (1966), S. 329 – 347 (334).

Recht bekommt, kann trotzdem krank sein. Gute Examen garantieren noch keine berufliche Karriere. Mit Überschreiten von Systemgrenzen wechselt ein Thema auch den Code und unterliegt damit einer Neubewertung. Ein solches System – und dies ist unsere moderne Gesellschaft – kann nur funktionieren, wenn die Normalkommunikation in der Lage ist, die einzelnen Codes und damit die einzelnen Funktionssysteme auseinanderzuhalten. In der Kombination von Universalismus und Spezifizität[13] liegt ein typisches Strukturmerkmal der modernen Gesellschaft, das durch funktionale Differenzierung oktroyiert ist und Partikularismen (etwa ethnischer, nationalistischer oder religionsgemeinschaftlicher Art) zwar nicht wirksam unterbinden kann, aber als problematisch erscheinen läßt.[14]

Diese Strukturvorgaben geben, so weit sie reichen, auch der Risikolast der modernen Gesellschaft eine eigentümliche Ordnung. Einerseits steigert die binäre Codierung die Riskanz aller Operationen; denn immer könnte und konnte, rückblickend gesehen, auch der andere Wert in Betracht kommen. Andererseits begrenzt dies Prinzip die Riskanz – zumindest was die Entscheidungslage betrifft – auf die beiden Werte des jeweiligen Code. Das berühmte Postulat der Falsifizierbarkeit (Popper) besagt: Wahrheitsthesen seien wissenschaftlich nur relevant, wenn man sich mit ihnen auf das Risiko einläßt, sie könnten unwahr sein. Anderes wird gar nicht mehr zugelassen. Die Wissenschaft zwingt sich, riskant vorzugehen. Aber sie tut dies mit dem Vorbehalt, selbst entscheiden zu können, was wahr und was unwahr ist.

Trotz dieser Geschlossenheit kann es durchaus Übertragungseffekte geben. Es kann politisch fatal sein, wenn eine Regierung einen wichti-

---

[13] Formuliert in Anlehnung an die Theorie der „pattern variables" von Talcott Parsons. Für den die Theorie abschließenden kompletten Aufriß siehe Talcott Parsons, Pattern Variables Revisited, American Sociological Review 25 (1960), S. 467–483, neu gedruckt in ders., Sociological Theory and Modern Society, New York 1967, S. 192–219.

[14] Dies Thema kann hier nicht gebührend behandelt werden. Wir merken nur an, daß die bodenständige Schwere, emotionale Bindung und Alternativlosigkeit dieses Stammesnationalismus mit oder ohne zugesetzter religiöser Festlegung zusammenhängen könnte mit, ja provoziert sein könnte durch die Leichtigkeit, mit der die weltweit operierenden Funktionssysteme Risiken eingehen können.

gen Prozeß verliert. Aber ob sich das bei den nächsten Wahlen auswirkt, ist keine Rechtsfrage, sondern unterliegt einer politischen Bewertung im politischen System. Die Gesellschaft verzichtet damit auf
traditionelle Mehrfachabsicherungen, auf multifunktionale Einrichtungen wie etwa die für alle Lebensbereiche des Einzelnen zuständige
Familie mit ihren Verwandtschaftsnetzen oder auch auf die auf alle
Beziehungen ausstrahlende Moral. (Auch Moral wird zum Spezialcode
mit gesteigerten und beschränkten Risiken.) Dieser Verzicht ist seinerseits ein Auslöser für unabsehbare Risiken, die darin liegen können,
daß die in einem System vertretbaren Risiken im Einzelfall dann doch
unabsehbare Auswirkungen auf andere Systeme haben können – man
denke an die Konsequenzen wissenschaftlicher Fortschritte im Bereich
der Mikrophysik und der Biochemie für Wirtschaft und Politik.

Anders formuliert: Die Gesellschaft ermutigt durch Universalisierung
und Spezifikation ihrer Codierungen zur Übernahme von Risiken innerhalb der Funktionssysteme. Sie baut zugleich Sicherungen ab, die
früher vor allem in Familien und damit in den Schichtungsstrukturen
lagen, und überläßt die Folgen einer zentral nicht kontrollierbaren
Evolution. Es wird gut gehen oder nicht gut gehen – je nach dem, ob
die einzelnen Funktionssysteme die Risikobereitschaft anderer Funktionssysteme aushalten und mit Eigenmitteln ausgleichen können. Und
nicht zuletzt liegt in dieser Lage einer der Gründe, weshalb Zukunft für
uns als undurchsichtig und eher in der Perspektive einer möglicherweise
nicht mehr kontrollierbaren Schadensentwicklung erscheint.

Kapitel 5
Der Sonderfall Hochtechnologie

I.

Daß die Risikothematik heute so viel Aufsehen erregt, ja daß sogar die Gesellschaft selbst als Risikogesellschaft bezeichnet wird, ist vor allem auf rasante technologische Entwicklungen auf Gebieten zurückzuführen, die wissenschaftlich von der Physik, der Chemie und der Biologie betreut werden. Mehr als irgendein anderer Einzelfaktor haben immense Ausweitungen technologischer Möglichkeiten dazu beigetragen, die öffentliche Aufmerksamkeit auf die damit verbundenen Risiken zu lenken. Und ebenso gilt umgekehrt, daß die Ablehnung neuer Technologien, die sich früher auf eine Vielzahl von Gründen, unter anderem auf religiöse und moralische, ideologische oder Machtlagen involvierende Gründe stützen konnte, heute primär im Hinblick auf die Risiken erfolgt, auf die man sich bei der Einführung neuer Technologien einlassen muß.[1]

Eine etwas vordergründige Erklärung dafür könnte lauten, daß hier sowohl im Hinblick auf möglichen Nutzen als auch im Hinblick auf mögliche Schäden neue quantitative Größenordnungen erreicht sind. Auch scheint sich die Relation von Vorteil und eventuellen Schäden ins Nachteilige verschoben zu haben, wenn man den Nutzen der Dampfmaschine mit dem Risiko gelegentlicher Dampfkesselexplosionen vergleicht, so sehr gerade dieses Thema das 19. Jahrhundert beschäftigt hat. Offensichtlich bringt das, was man heute „Hochtechnologien" nennt[2], reale Veränderungen mit sich. Die Dramatisierung

---

[1] Das bedeutet allerdings nicht, daß die quantitative Forschung über Risikoperzeption und Risikoakzeptanz eine ausreichende Voraussage der sozialen Akzeptanz neuer Technologien ermöglichte. Vgl. hierzu Harry J. Otway/ Detlof von Winterfeldt, Beyond Acceptable Risk: On the Social Acceptability of Technologies, Policy Sciences 14 (1982), S. 247 – 256.

[2] Wir benutzen den Ausdruck „Hochtechnologie" und nicht „Großtechnologie", um uns von Analysen abzusetzen, die, etwa am Beispiel von Telephon-

der Opposition von Entscheidern und Betroffenen, die hierdurch ausgelöst worden ist, hat jedoch wenig dazu beigetragen, die Verhältnisse
zu klären. Geht es nur um quantitative Verschiebungen? Dann bedürfte
aber schon die bevorzugte Wahrnehmung bestimmter Quantitäten im
Vergleich zu anderen (etwa zu der Zahl der Unfallopfer im Straßenverkehr) einer psychologischen, wenn nicht soziologischen Erklärung.
Und vor allem wäre zu prüfen, ob wir angesichts von Entwicklungen
in der technologischen Umsetzung wissenschaftlichen Wissens den
Technikbegriff konstant halten können, mit dem bisher und bis heute
die Phänomene registriert werden.

Wir beginnen mit dieser Frage, denn der Begriff der Technik bestimmt, was wir beobachten und was wir nicht beobachten; und er
steuert auch, welche Ursachen und Wirkungen aufeinander zugerechnet
werden und welche nicht. Und wie schon beim Begriff des Risikos
stellen wir auf die Form ab, das heißt auf die Unterscheidung, die der
Begriff der Technik auf der einen (und deshalb nicht auf der anderen)
Seite markiert.

Es ist alte Tradition, die Technik aus ihrem Unterschied zur Natur
zu begreifen. Natur ist das, was von sich aus entsteht und vergeht
(phýsis). Technik ist Herstellung eines Objektes oder Zustandes in
Abweichung von dem, was die Natur von sich aus produzieren würde.
Im Unterschied zur Natur wird das technisch produzierte Werk seinsin-
different gedacht. Die Natur mag ihren Perfektionszustand verfehlen,
wenn sie im Normalverlauf gestört wird. Aber das Werk der Technik
kann sein – oder auch nichtsein. Für die Anfänge des europäischen
Denkens war diese Differenz ein religiöses Problem; denn was man
dem Können der Menschen zuzurechnen hatte, konnte nicht gut dem
Kosmos selbst verdankt sein (verdankt im Sinne von aitía).[3] Mit der

---

netzen oder von Verkehrsnetzen, vor allem die netzwerkartige Struktur
hervorheben; denn dies ist für die Risikothematik weniger interessant. Siehe
vor allem Thomas P. Hughes, Networks of Power: Electrification in Western
Society, 1880 – 1930, Baltimore 1983; Renate Mayntz/Thomas F. Hughes
(Hrsg.), The Development of Large Technical Systems, Frankfurt 1988; Peter
Weingart, „Großtechnische Systeme" – ein Paradigma der Verknüpfung von
Technikentwicklung und sozialem Wandel?, in ders. (Hrsg.), Technik als
sozialer Prozeß, Frankfurt 1989, S. 174 – 196.

[3] Vgl. Margherita Isnardi Parente, Techne: Monumenti del pensiero greco
da Platone a Epicuro, Firenze 1966; Jörg Kube, TEXNH und ARETH:
Sophistisches und Platonisches Tugendwissen, Berlin 1969.

christlichen Einbeziehung des Menschen in die Schöpfung konnte
dieser Unterschied abgeschwächt werden. Er blieb aber gleichwohl
Leitlinie des Technikverständnisses bis in die Neuzeit hinein. Im Übergang vom Spätmittelalter zur frühen Neuzeit kommt es zu einer tief-
greifenden Umstellung von Interessen von Was-Fragen auf Wie-Fragen.[4] Die schöne Welt ist nicht mehr nur ein Gegenstand religiöser
Bewunderung und ein Problem des praktischen Sichzurechtfindens,
sondern die Leitfrage lautet jetzt: wie es zustandegebracht werden
kann. Die Brüche im Verhältnis zum griechisch-hellenistisch-römischen
Könnensbewußtsein sind schwer genau zu lokalisieren (man denke nur
an Rhetorik), aber insgesamt führt vor allem der Buchdruck, selbst
eine Technik, zu einer neuartigen Radikalität von Wie-Fragen. Auf
dieser Grundlage kann dann das Ziel der Frührenaissance, griechisch-
römisches Können wiederzugewinnen, ausgewechselt werden gegen
das Ziel, neues Wissen und neuartige Produkte zu ermöglichen. Um
gleichwohl noch im Sicheren operieren zu können, versteht man Technik zunächst als Copie natürlicher Wirkungszusammenhänge (Bacon)
oder auch, mit John Locke und anderen, als Parallelaktion zur Schaf-
fung der Archetypen durch Gott. Damit entfielen die religiösen Probleme.[5] Da es aber immer noch um Technik vs. Natur ging, wurde
die Natur ästhetisch und sentimental aufgewertet, um den Gegenpart
halten zu können. Das Denken selbst kann dann technikanalog begriffen werden, etwa mit Novalis als „Freyes successives Isolieren außerm
Raum".[6] Erst die moderne konstruktivistische Epistemologie stellt, für

---

[4] Siehe hierzu Wolfgang Krohn, Die Verschiedenheit der Technik und die
Einheit der Techniksoziologie, in: Weingart a. a. O. S. 15–43 (insb. 24 ff.).

[5] Was nicht heißen soll, daß wir zustimmen, wenn gesagt wird, daß die
christliche Religion die Technikentwicklung gefördert und die Betroffenheit
der Natur dabei übersehen habe. Sie hat sich allenfalls als Religion die
Möglichkeit versagt, die Technik als solche zur Provokation der Götter, zur
hybris usw. zu erklären. Sie gab die Technik allein dadurch schon frei, daß
sie Natur nicht mehr im Unterschied zu Technik, sondern im Unterschied
zu Gnade begriff.

[6] So in der Zusammenstellung Philosophische Studien 1795/96 der Ausgabe
von Hans-Joachim Mähl und Richard Samuel, Werke, Tagebücher und Briefe
Friedrich von Hardenbergs, Darmstadt 1978, Bd. 2, S. 12.

ihren Bereich zumindest, diese Unterscheidung von Technik und Natur
prinzipiell in Frage.[7]
Die Konsequenzen der durch Tradition gegebenen Form sind noch
heute zu spüren. Die heute als „klassisch" einzustufenden, sei es
kulturwissenschaftlichen, sei es sozialwissenschaftlichen Bemühungen
um Technik haben, weil sie von Begriffen wie Geist oder Handlung
ausgingen, zwar die ältere Gegenüberstellung von Technik und Natur
verlassen, aber mit den sie ersetzenden Unterscheidungen das Phänomen Technik theoretisch nicht erfassen und integrieren können.[8] So
konnte die neuere Beunruhigung durch riskante Technologien ein
theoretisch fast unbearbeitetes Feld besetzen. Diejenigen, die gegen die
Risiken der Technik zu Felde ziehen, verstehen sich als Verteidiger der
Natur (deren Eiseskälte, Strahlungsaktivität, Wildnis und Unfruchtbar-
keit sie dabei außer Acht lassen). Die Konsequenz ist eine begrifflich
gesteuerte Verhärtung der Fronten. Die Unterscheidung wird zur Kontroverse. Die Verteidiger der Natur fühlen sich berufen, sich gegen
Übergriffe der Technik zur Wehr zu setzen. Ihr Manifest kann man
schon in der Härte erkennen, in der Cézannes Eisenbahndurchstich
die Landschaft verletzt. So erscheint es, als ob Eingriffe in die Natur
riskanter sind als das Unterlassen solcher Eingriffe – ein beim heutigen
Stand der technischen Entwicklung kaum mehr vertretbares Vorurteil[9];
und daß Pflanzen und Ernten von Kartoffeln, besonders bei biologi-
scher Anbauweise, „natürlicher" sei als Produktion mit Hilfe gentechnologisch veränderter Organismen. Es kann gut sein, daß der eine
Vorgang viel weniger riskant ist als der andere; aber das kann nicht
mit Bezug auf Natur gerechtfertigt werden. Denn schließlich hätte die

---

[7] Vgl. Jean-Louis Le Moigne, Quelle épistémologie pour une science des
systèmes naturels „qui sont avec cela artificiels"?, Revue internationale de
systémique 3 (1989), S. 251 – 271, im Anschluß an Herbert A. Simon, Sciences
of the Artificial, Cambridge Mass. 1969.
[8] Einen Überblick findet man bei Bernhard Joerges, Soziologie und Maschinerie: Vorschläge zu einer „realistischen" Techniksoziologie, in: Weingart
a. a. O. (1989), S. 44 – 89.
[9] Siehe die Kritik von Karl-Heinz Ladeur, Rechtliche Steuerung der Freisetzung
von gentechnologisch manipulierten Organismen: Ein Exempel für die Entscheidung unter Ungewissheitsbedingungen, Natur und Recht 9 (1987),
S. 60 – 67 (64 f.).

Natur im Laufe der Evolution viele genetisch anders konstruierte
Organismen erzeugen können, es aber wohl kaum dazu gebracht, daß
sehr viele Kartoffeln dicht nebeneinander auf einem Feld wachsen.
Also müssen wir die Diskussion über technologische Risiken abkoppeln
von der Unterscheidung Technik/Natur, und das heißt: wir müssen
uns um eine andere Form des Begriffs der Technik bemühen.

Das führt auf die gar nicht so fernliegende Vorstellung, die Innenseite
der Form, das, was als Technik bezeichnet wird, sei *funktionierende
Simplifikation im Medium der Kausalität*.[10] Man kann auch sagen,
daß innerhalb des simplifizierten Bereiches *feste* (im Normalfall funktionierende, wiederholbare usw.) *Kopplungen* eingerichtet werden, was
aber nur möglich ist, wenn die Interferenz externer Faktoren weitgehend ausgeschaltet wird.[11] Deshalb kann man Technik auch als weitge-

---

[10] Ohne Schwierigkeiten ließen sich andere Medien einbeziehen mit der Folge
einer entsprechenden Ausdehung des Technikverständnisses. (Siehe zu solchen Vergleichen im Rahmen eines allgemeinen Begriffs der „Handlungsfor-
malisierung" auch Joerges a. a. O., 1989, S. 65 ff.). Man denke nur an die
Technik der wirtschaftlichen Kalkulation, die voraussetzt, daß alle in die
Rechnung eingehenden Faktoren in Geld ausgewiesen und über (marktabhän-
gige) Preise bestimmt werden. Diese und vergleichbare Verfahren setzen die
im vorigen Kapitel erörterte binäre Codierung voraus, die ein Hin und
Her des Blicks zwischen zwei Werten durch Ausklammerung dritter Werte
erleichtert und in diesem Sinne Systemoperationen technisiert. Auch an die
Technik der Risikoanalyse selbst wäre zu denken mit ihren sehr artifiziellen
Annahmen über quantitative bzw. monetäre Äquivalente von Werten. Hier
wäre dann das Problem nicht, wie zumeist angenommen, ob dies moralisch
erträglich sei − dazu Douglas MacLean (Hrsg.), Values at Risk, Totowa
N. J. 1986 −, sondern, wenn es denn eine Technik ist, ob die Simplifikation
funktioniert und wie man gegebenenfalls feststellen könnte, ob sie funktio-
niert oder nicht. Denn die Risikoanalyse selber wird ja kaum jemals in
Zahlungsschwierigkeiten kommen wie ein Unternehmer, der Gewinne bzw.
Verluste falsch kalkuliert hatte.

[11] Daß demgegenüber die *Natur* gerade die Vorteile *loser Kopplungen* benutzt,
wird heute zunehmend gesehen und dann auch als Prinzip des Organisierens
vorgeschlagen. Siehe etwa Robert B. Glassman, Persistence and Loose Cou-
pling in Living Systems, Behavioral Science 18 (1973), S. 83−98; Karl E.
Weick, Educational Organizations as Loosely Coupled Systems, Administrative Science Quarterly 21 (1976), S. 1−19; ders., Der Prozeß des Organisierens, dt. Übers. Frankfurt 1985, S. 163 ff., 335 f. Auch das belegt einmal

hende *kausale Schließung* eines Operationsbereichs begreifen.[12] Das
Resultat von Technisierungen ist also eine mehr oder weniger erfolgrei-
che Isolierung von Kausalbeziehungen mit der Folge, daß (1) Abläufe
kontrollierbar, (2) Ressourcen planbar und (3) Fehler (einschließlich
Verschleiß) erkennbar und zurechenbar werden. Daß man überhaupt
über die Möglichkeit verfügt, Technik einzusetzen, ist damit noch nicht
zugesagt; man denke nur an die wirtschaftlichen Bedingungen der
Möglichkeit. Aber wenn es möglich ist, kann man die Vorteile der
Isolierung spezifischer Kausalverläufe gewinnen.

Diese Darstellung von Technik hat an sich nichts Überraschendes,
und es ist kaum damit zu rechnen, daß man sie bestreiten wird. Die
Neufassung läßt sich erst beurteilen, wenn man die andere Seite der
Form mit in Betracht zieht: die immense Komplexität von gleichzeitig
auch noch ablaufenden Kausalvorgängen. Dies ist, um mit Spencer
Brown zu formulieren, die Außenseite der Form, das, wogegen die
Technik sich profiliert. Die klassische Problematik der Wahl von Mitteln für einen Zweck (oder dann: eines Zwecks für vorhandene Mittel)
rückt damit in den zweiten Rang. Und damit verliert auch die so heiß
umkämpfte „Zweckrationalität" viel von ihrer Bedeutung. Es wird
weniger wichtig, sich um andere Formen der Rationalität zu kümmern,
sei es deskriptiv (Max Weber), sei es engagiert (Jürgen Habermas).
Die Form der Technik verliert ihre Eigenschaft, eine Form von Rationalität zu sein, ganz und gar; und es ist dann wenig sinnvoll, andere
Formen von (nichttechnischer, nicht instrumenteller, nicht strategi-
scher) Rationalität dagegen zu setzen. Über die Form von Rationalität
(über die sie bestimmende Unterscheidung) müßte gesondert diskutiert
werden. Technik ist eine (gelingende, mehr oder weniger gelingende,
mißlingende) Installation. Der zunehmende Technikgebrauch in der
modernen Gesellschaft ebenso wie die Darstellung der Welt nach dem
Modell der Technik (inhaltlich: Naturgesetze; methodologisch: ceteris
paribus Klausel) impliziert also kein Urteil über die Rationalität der

---

mehr, daß Technik nicht als Imitation von Natur begriffen werden kann,
sondern eher als das genaue Gegenteil.

[12] So Hans Radder, Experiment, Technology and the Intrinsic Connection
Between Knowledge and Power, Social Studies of Science 16 (1986), S. 663 –
683, mit Herausarbeitung von Ähnlichkeiten und Unterschieden zwischen
wissenschaftlichen Experimenten und technologischen Realisierungen.

Gesellschaft. Und wenn die Nichtunterscheidung dieser beiden Aspekte das spezifisch europäische Rationalitätsmodell gewesen war, so kann man nur dessen Auflösung bescheinigen, ohne daß es dazu herrschaftsfreier Diskurse, Heideggerscher Verbalakustik oder fernöstlicher Mystik bedürfte.

Statt dessen verschiebt sich die Sorge auf das, was geschieht, wenn der Technikbereich der funktionierenden Simplifikationen mit mehr und mehr Komplexität angereichert wird, wenn also die festen Kopplungen zunehmen und es zugleich immer weniger gelingt, den dadurch festgelegten Bereich nach außen abzudichten. Bisher wurden Effekte dieser Art, oder so schien es zumindest, durch die Ökonomie abgefangen. Ressourcen mußten aus den Gewinnen bezahlbar sein, sonst unterblieb der Einsatz von Technik. Und Abfälle mußten der Natur zurückgegeben werden können, eventuell zu Kosten, die übernommen werden konnten. Der Markt, das heißt: das Wirtschaftssystem selbst, war in beiden Hinsichten der begrenzende Faktor für den Einsatz von Technik. Weitere Schranken wurde nicht in Betracht gezogen. Inzwischen wird jedoch deutlich, daß dies ebenfalls nur ein Modell funktionierender Simplifikation gewesen ist – ein technisches Modell der Regulierung des Einsatzes von Technik mit entsprechender Vernachlässigung der für dieses Modell „externen" Kausalitäten. Was inzwischen als „Hochtechnologie" realisiert ist oder sich mit Realisierungsmöglichkeiten abzeichnet, scheint die Grenzen der technischen Regulation von Technik zu sprengen – auch und gerade dann, wenn es funktioniert.

Hierbei müssen mehrere Probleme unterschieden werden. Es kann zum Beispiel um eine allmähliche Akkumulation der Effekte einer minimalen Meßungenauigkeit oder eines minimalen Materialfehlers gehen, die – heute zuweilen als Chaos bezeichnet – dazu führt, daß irgendwann einmal abrupt eine andere Ordnung ausbricht. Ein anderer Sachverhalt ergibt sich aus dem massenhaften Einsatz immer neuer Techniken, die auf Interferenzen mit vorhandenen oder ebenfalls neu eingeführten Kausalitäten nicht ausreichend geprüft werden. Dann kann es überraschende (und fast durchweg negativ sich auswirkende) Interferenzeffekte geben.[13] Diese mögen zwar unvorhersehbar oder nur

---

[13] Solche Sachverhalte behandelt Ian Hacking, Culpable Ignorance of Interference Effects, in: Douglas MacLean (Hrsg.), Values at Risk, Totowa N. J. 1986, S. 136 – 154.

bei unzumutbarem Prüfaufwand vorhersehbar sein. Aber es besteht
Aussicht zu lernen (so wie man die krebserregenden Effekte von
Röntgenstrahlen erst durch deren Gebrauch erkannt hat). Das Risiko
läßt sich also durch Einführung der Technik (und nur so) abschwächen,
wenn nicht beheben. Ein wiederum anderer Fall liegt vor, wenn es um
sehr seltene, unwahrscheinliche Kausalkombinationen geht, aus denen
man, weil sie zu selten sind und sich kaum wiederholen werden, auch
nicht lernen kann. Eine Mitarbeiterin bekommt plötzlich Nasenbluten,
ein Kollege wird dadurch abgelenkt und übersieht ein ebenfalls extrem
seltenes Warnzeichen.

Teils stellen sich diese Probleme, die es immer mit unzureichender
Kausalisolation zu tun haben, auch bei massenhaftem und innovativem
Gebrauch relativ einfacher Techniken, etwa im Bereich der Kombina-
tionsrisiken von unterschiedlichen Arzneien. Für den Bereich, den wir
Hochtechnologie nennen, ist bezeichnend, daß Risiken sich bereits bei
der Entscheidung abzeichnen (wenn auch ohne wann und wie) und daß
speziell entwickelte Techniken eingesetzt werden, um diese möglichen
Schäden zu verhindern. Und in diesem Fall bekommt man es mit
Chaosproblemen, mit Interferenzproblemen und mit jenen praktisch
einmaligen Zufällen zu tun. Die Probleme der Technik zeigen sich an
den Versuchen, die Probleme der Technik mit technischen Mitteln zu
lösen.

So wird die Form der Technik zum Problem. Sie markiert die Grenze
zwischen eingeschlossenen und ausgeschlossenen (aber gleichwohl rea-
len) Kausalitäten. Offenbar kommt es bei Hochtechnologien aber
laufend zu Überschreitungen dieser formbestimmenden Grenze, zur
Einschließung des Ausgeschlossenen, zu unvorhergesehenen Querver-
bindungen. Diese Problemstellung liegt der heute viel diskutierten
Chaosforschung zu Grunde, und man könnte sie geradezu auf den
Punkt bringen, wenn man sagt: da das Gleichzeitige vom System aus
nicht kontrolliert werden kann, ist es nur eine Frage der Zeit, bis es
sich auswirkt. Das führt zu der paradoxen Frage, *ob die Technik*, auch
wenn sie kausal funktioniert, *technisch überhaupt möglich ist*. Denn
nach allem wird, wenn man Technik als funktionierende Simplifikation
begreift, das Erstaunen darüber, daß sie funktioniert, um so größer.[14]

---

[14] Vgl. auch Henri Atlan, A tort et à raison: Intercritique de la science et du
mythe, Paris 1986, S. 51 f.

II.

Ohne diese Frage mit ja oder mit nein beantworten zu können, können wir doch einige dafür relevante Erfahrungen zusammenstellen, die im bisherigen Umgang mit Hochtechnologien angefallen sind. Und es scheint dann kein Zufall zu sein, daß diese Erfahrungen sich unter dem Gesichtspunkt des Risikos summieren – wenngleich nicht ausreichend explizieren lassen.

Ein erster Gesichtspunkt betrifft das Anwachsen kausaler Komplexität, also der Vielzahl und Verschiedenartigkeit von Ursachen und Nebenwirkungen, die in das eigentlich gewollte Geschehen eingeflochten sind. Dazu gehören nicht zuletzt „menschliche Faktoren" in ihrer bekannten Unzuverlässigkeit. Was tatsächlich geschieht, ist dann durch Selektionsprozesse bestimmt, die situative Bedingungen aufnehmen, deren Relevantwerden weder modellierbar noch voraussehbar ist. Es sieht dann so aus, als ob durch technische Installationen feste Kopplungen in eine Welt eingeführt werden, die, weil hochkomplex und zeitabhängig, nur mit losen Kopplungen reproduziert werden kann.[15] Eingebettet in einen solchen Kontext, müssen Technologien „fehlerfreundlich" oder „robust" funktionieren, nämlich sich in einer kontingenten Umwelt bewähren, die mal diese, mal jene Bedingungen gewährt oder entzieht.

Die Terminologie, in der solche Sachverhalte dargestellt werden, ist in vielen Hinsichten inadäquat. Zum Beispiel werden unerwartete Veränderungen der Funktionsbedingungen als Zufälle, Störfälle, Unfälle bezeichnet, also mit Begriffen, die nur die Verlegenheit der Kausalzurechung bezeichnen (oder, wenn man so will, der Abrundung des kausalen Weltbildes dienen). Für die Technik selbst wird die Sprache der regulären Wiederholung, für die Störung die Sprache der singulären Ereignisse bevorzugt. Eine adäquate Darstellung müßte aber das Gesamtgeschehen auf einen Nenner bringen, also auch die technisierten Vollzüge als prinzipiell kontingente Ereignissequenzen darstellen.

Ebenso irreführend ist es, wenn man sagt, daß technische Prozesse nicht zu irreversiblen Ergebnissen führen dürfen. Alles, was faktisch

---

[15] Mit diesem Konzept arbeiten im Anschluß an Charles Perrow Jost Halfmann/ Klaus-Peter Japp (Hrsg.), Riskante Entscheidungen und Katastrophenpotentiale: Elemente einer soziologischen Risikoforschung, Opladen 1990.

geschieht, geschieht irreversibel. Auch die Evolution, die zum Auslö-
schen der allermeisten Arten geführt hat, die einmal gelebt haben, und
auch primitive Techniken haben irreversible Veränderungen ausgelöst.
Das Problem ist eher, daß technische Prozesse, über Dosierung der
Ressourcen steuerbar und entsprechend auch abschaltbar sind, wenn
man ihre Effekte nicht mehr benötigt oder nicht mehr will. Im Bereich
der Hochtechnologien benötigt man dagegen in erheblichem Umfange
Zusatztechnologien, die zwei ungewöhnliche Eigenschaften haben
müssen. Sie müssen, wenn ihr Dauerbetrieb gewährleistet werden
muß, auch bei Ausfall der Ressourcen, ja selbst bei versehentlicher
Abschaltung weiterfunktionieren. Und sie müssen, wenn sie nur für
Störfälle in Betracht kommen, anschaltbar sein und gegebenenfalls
auch angeschaltet werden. Also einerseits die paradoxe Anforderung
der Nichtabschaltung trotz Abschaltung, die höherstufige Kontrollme-
chanismen erfordern, für die Dasselbe gilt; und andererseits die Asymmetrie von Abschaltung und Anschaltung mit dem spezifischen Zuschnitt auf Anschaltung der Abschaltung, für die die simple Problemlö-
sung durch Ressourcenentzug versagt.

Das inzwischen klassische Beispiel hierfür ist die Kernkrafttechnolo-
gie.[16] Der hohe Aufmerksamkeitswert dieses Falles und seiner Sicherheitstechnologie beruht auf den möglicherweise katastrophalen Effekten von nicht mehr kontrollierbaren Störungen. Ein anderes Beispiel
ist die elaborierte Computertechnologie, bei der sich ebenfalls abzeichnet, daß die dazugehörige Sicherheitstechnologie schwieriger einzurichten ist als die Technologie, die zu den ursprünglich beabsichtigten
Effekten führt; und auch hier könnten die Zeiten nicht fern sein, in
denen die „Ummantelung" oder das „Containment" des Systems mehr
Kosten verursacht als die Anschaffung und der Betrieb dessen, was in so
hohem Maße störanfällig ist.[17] Fast fühlt man sich versucht, Hölderlins
Patmos umzudichten:

---

[16] In der reichhaltigen Literatur zu diesem Sonderfall findet man denn die
meisten indirekten Beiträge zu den Problemen der Hochtechnologie und der
besonderen Struktur ihrer Risiken. Vgl. für einen neueren Überblick Georg
Krücken, Gesellschaft/Technik/Risiko: Analytische Perspektiven und rationale Strategien unter Ungewißheit, Bielefeld 1990, insb. S. 46 ff.

[17] Vgl. dazu Günter Ortmann/Arnold Windeler/Albrecht Becker/Hans-Joachim
Schulz, Computer und Macht in Organisationen: Mikropolitische Analysen,

Wo aber Kontrolle ist
Wächst das Risiko auch

Solche Probleme sind nicht mit der Weisheit abzudecken, daß nichts auf Erden vollkommen ist, jede Absicht entgleisen kann, jeder geplante Verlauf störbar ist. Vielmehr erfordert jetzt die Technik selbst gleichsam eine Hülle von Einrichtungen, für die Technizität zwar verlangt ist, damit die Technik ihre Form der simplifizierten Isolation halten kann, aber nur begrenzt erreicht werden kann. Diese Zusatztechnologie, diese Technologie der Sicherung technischer Abläufe, sollte zwar auch noch dem Modell funktionierender Simplifikation genügen, aber sie läßt sich nicht mehr ausreichend maschinell realisieren, sondern erfordert Technisierungen anderer Art und vor allem Regelsysteme, die menschliche Aufmerksamkeit und menschliches Reaktionsvermögen standardisieren. Die eigentlich interessierende Produktionstechnologie wird zur Maschine in der Maschine, zur Trivialmaschine in einer Maschine, die sich nur begrenzt trivialisieren läßt.[18] Die Interferenz nichttrivialisierter Prozesse bedeutet dann zum Beispiel, daß die Maschine sich auf unerwartete Weise selbst umkonstruiert; daß sie ihren Output, statt ihn als Produkt und Abfall abzugeben, als Input verwendet; daß sie von ihrem eigenen momentanen Zustand ausgeht; daß sie Abweichungen verstärkt; daß sie etwas tut, was eigentlich nur Menschen können: daß sie etwas unterläßt. In dem Maße, als die Grundtechnik Wiederholbarkeit der Operationen nach Maßgabe von Plänen garantiert, reproduziert sich auch das Risiko unvorhersehbarer Störungen als dauerhafte, nicht eliminierbare Begleiterscheinung der Produktion.

Neben diesem Gesichtspunkt der Komplexierung bis an die Grenzen des noch Simplifizierbaren und darüber hinaus ist es eine Eigenschaft

---

Opladen 1990, S. 541 ff. – besonders S. 547 Anm. 15 mit 20 kleingedruckten Zeilen, die Fachworte aufzählen, die etwas bezeichnen, was in dieser Hinsicht zu beachten ist.

[18] Diese Begriffe im Anschluß an Heinz von Foerster, Perception of the Future and the Future of Perception, in: ders., Observing Systems, Seaside Cal. 1981, S. 192–204; ders., Principles of Self-Organization – In a Socio-Managerial Context, in: Hans Ulrich/Gilbert J. B. Probst (Hrsg.), Self-Organization and Management of Social Systems: Insights, Promises, Doubts, and Questions, Berlin 1984, S. 2–24 (8 ff.).

von Hochtechnologien, daß man in vielerlei Hinsichten nur an ihnen lernen kann, also nur dadurch, daß man sie einrichtet und sie ausprobiert. Die Systeme sind zu komplex für eine wissenschaftliche Prognose.[19] Das bedeutet nicht nur, daß die Forschung selbst riskanter ist als die spätere Verwendung ihrer Resultate (man denke nur an Röntgens Umgang mit Röntgenstrahlen), weil man die Risiken und Risikovermeidungsmöglichkeiten erst erkunden und lernen muß. Es bedeutet auch, daß Resultate mit „domestizierten Risiken" für allgemeine Verwendung freigegeben werden, ohne daß man kontrollieren könnte, ob der Kontextwechsel nicht seinerseits Risiken birgt (allein schon, weil weniger sachkundige, weniger fachlich improvisationsfähige Techniker mitwirken, oder auch, weil die Technik dann über längere Zeiträume hinweg einwandfrei funktionieren muß). Auch können gerade Sicherheitstechnologien oder Vorschriften des Überwachens und Warnens riskant sein, weil nicht auszuschließen ist, daß sie in Situationen angewandt werden, für die sie gar nicht gedacht waren, und dann auf gefährliche Weise beruhigend wirken. Die nachträglichen Untersuchungen von Großunfällen wie Three Miles Island oder Bhopal liefern dazu eindrucksvolle Belege – die zugleich zeigen, daß entsprechende Mißgriffe auch dort häufig sind, wo es nicht zu derart spektakulären Ereignissen kommt.[20]

Diese Überlegungen zeigen erstens, daß ein Risiko schon in der Technik selbst angelegt ist – einfach deshalb, weil sie nicht Natur ist, sondern sich von der Natur unterscheidet. Sie zeigen zweitens, daß dieses Risiko in dem Moment kumuliert, in dem es selbst zum Gegenstand von technischen Verfahren gemacht wird. Der Versuch, sich gegen die Risiken der Technik durch Technik zu schützen, stößt offenbar an Schranken. Mit einem bloßen Zweck/Mittel-Schema und mit der üblichen Definition von Technik als artifizielles, apparatives Arrangement zum Erreichen nichttechnischer Zwecke ist dieses Phänomen der Selbstanwendung von Technik auf eigene Risiken nicht hinreichend zu beschreiben. Dagegen machen Begriffe wie „Reduktion von

[19] Siehe dazu Wolfgang Krohn/Johannes Weyer, Die Gesellschaft als Labor: Risikotransformation und Risikokonstitution durch moderne Forschung, in: Halfmann/Japp a. a. O. (1990), S. 89 – 122.
[20] Speziell hierzu Charles Perrow, Normale Katastrophen: Die unvermeidbaren Risiken der Großtechnik, dt. Übers. Frankfurt 1987.

Komplexität", „funktionierende Simplifikation", „Isolation im Interesse der Wiederholbarkeit" deutlich, daß die Technik einen Schnitt in die Welt einführt mit der Folge, daß künftig zwei Seiten relevant werden und sich real auswirken: der technisch kontrollierte und der technisch nicht kontrollierte Bereich. Das Artifizielle daran, das ist nicht der Apparat, sondern die Grenze.

Gewiß: Technik ist keineswegs der einzige Fall von riskantem Entscheiden. Aber an den neuen Hochtechnologien kann man ablesen, daß und wie Risiko reflexiv wird. Das gibt der Technik im Kontext der Risikokommunikation ihre exemplarische, ihre paradigmatische Bedeutung. Das Verfahren der Simplifikation und Isolierung, das Risiken des Nichtfunktionierens enthält, wird wiederverwendet, um diese Risiken zu beheben oder doch abzuschwächen. Das vermochte zu überzeugen, solange das Risiko im bloßen Nichtfunktionieren lag. Und gegen ökonomische Ausfälle konnte man sich versichern. In dem Maße aber, in dem die Technik bei Nichtfunktionieren nicht mehr nur stillsteht und die vorgesehenen Wirkungen nicht erbringt, sondern unvorhergesehene Wirkungen von unter Umständen katastrophalen Ausmaßen auslöst, wird die Anwendung von Technik auf Technik zu einem andersartigen Problem. Jetzt hilft auch der instrumentelle Technikbegriff nicht weiter. Es geht nicht einfach darum, dasselbe Ziel doch noch zu erreichen. Auch die Vorstellung, man könne nicht alles, die Technik habe Grenzen im Hinblick auf Mensch und Natur, wird dem Phänomen nicht gerecht. Die Technik hat keine Grenzen, sie ist eine Grenze; und sie mag letztlich nicht an der Natur, sondern an sich selber scheitern. Das muß jedoch nicht untergangspessimistisch verstanden werden. Man könnte genausogut sagen: die Technik kann sich nur selber helfen, und die erkennbare Tendenz läßt dafür mehr Risiken und mehr Chancen erkennen.

III.

Daß die Technik ökologische Konsequenzen hat, versteht sich nach all dem von selbst; schließlich ist sie selbst ein ökologischer Sachverhalt. Dies zu ignorieren, hieße: sich auf ein soziales Konstrukt der Technik zu verlassen, das eine komplette Schließung mit Ausnahme der Öffnungen für Inputs und für Outputs verspricht. Die Schwierigkeiten, diese

Bedingungen auch nur für kurze Zeit und nur für kleine Volumina, also experimentell zu realisieren, zeigen an, daß die Umsetzung in Gebrauchstechnologien eine Fülle von zusätzlichen Problemen mit sich bringt – und dies gerade als Konsequenz des Versuchs, eine Differenz zwischen kontrollierter und nichtkontrollierter Kausalität einzurichten und langfristig zu reproduzieren. Dies gilt sowohl für den massiven Einsatz bekannter und in den Funktionsbedingungen gut kontrollierbarer Techniken als auch für Hochtechnologien, die auf einem sehr weit getriebenen wissenschaftlichen Auflöse- und Rekombinationsvermögen beruhen, also Kerntechnik, chemische Kombination von neuen Stoffen, Biogenetik. Zusammenhänge zwischen Technik und Ökologie gehören heute zum Wissens- und Erfahrungsbestand der öffentlichen Meinung. Als solche sind sie bekannt. Die Frage ist, ob wir genauer angeben können, wo das Problem liegt und vor welchem Hintergrund das Problem die uns interessierende Form des Risikos annimmt.

Auf die Spur führt uns die Beobachtung, daß ökologische Probleme sich auf dem Bildschirm des üblichen Technikverständnisses in der Form der unerwünschten Nebenfolgen des planmäßigen Handelns melden.[21] Schon an diesem Befund fällt auf, daß sie in einer Form erscheinen, die selber nicht „ökologisch" ist, sondern nur am Handeln sichtbar wird – gleichsam als die Außenseite der planmäßigen Beziehung von Mittel und Zweck. Ökologische Probleme melden sich als Irritation des Systems, das Technik betreibt. Ihre „Phänomenologie" verrät also gar nicht das, was sie, wie man beim Prozessieren der Irritation dann vermutet, „eigentlich sind". Sie überraschen auch und gerade den Wissenden.

Geht man vom technisch unterstützten Handeln aus, sind es also nicht Probleme des Nichtfunktionierens der Technologie. Solche Probleme gibt es nach wie vor und bei anspruchsvolleren Techniken vielleicht mehr als bei einfacheren Werkzeugen. Aber die ökologischen Probleme werden gerade dadurch ausgelöst, daß die Technik funktioniert und ihre Ziele erreicht. Zwar lassen sich auch unerwünschte Nebenfolgen, wenn bekannt, mehr oder weniger als technisch zu lösende Probleme auffassen, aber das heißt nur, daß diese Sekundär-

---

[21] Wir lassen hier ganz offen, ob sie vorausgesehen werden und ob sie als Kosten einkalkuliert werden können und mit welchen Graden an Unsicherheit dies geschehen kann.

techniken dann ihrerseits wieder ökologische Probleme auslösen können.

Wir übersetzen nun diese Analyse aus einem handlungstheoretischen in einen systemtheoretischen Kontext. Dadurch läßt sich sichtbar machen, daß die wichtigsten Funktionssysteme, vor allem Wissenschaft, Wirtschaft, Recht und Politik, von sich her nicht auf Bearbeitung ökologischer Probleme eingerichtet sind. Die Wissenschaft etwa forscht im Ausgang vom Stande der Forschung, stellt ihre Probleme mit Hilfe von Theorien und Methoden, während ökologische Probleme gleichsam von der Seite her eingeführt werden, in keiner Disziplin genuin beheimatet sind und zumeist auch nicht die Form eines wissenschaftlichen Problems annehmen. Wir kommen darauf zurück. Auch die Wirtschaft sucht ihre Orientierung für Investitions- und Produktionsentscheidungen in sich selbst, nämlich am Markt, und nicht in der Umwelt des Gesellschaftssystems. Die Politik betreibt, wie manche meinen, das Geschäft der Allokation von Werten; sie sucht Wünsche zu erzeugen und zu befriedigen, die auf kollektiv bindende Entscheidungen angewiesen sind. Daß dabei ökologische Probleme auftreten, ist nicht etwa ein willkommenes neues Thema, sondern eher eine Irritation, die man dann in der üblichen Weise der wohlwollenden Zusagen abzuweisen versucht. Dasselbe gilt wohl mehr oder weniger für alle Funktionssysteme.[22] Sie sind insofern Abbilder der Technik, als sie auf operative Schließung und funktionale Spezifikation angewiesen sind.

Wenn diese Lokalisierung der ökologischen Probleme „unerwünschter Nebenfolgen" zutrifft, erklärt dies zwei zusammenhängende und im Ausmaß neuartige Phänomene, nämlich das (1) hohe Maß an Unsicherheit, das sich daraus ergibt, daß man die Probleme nicht selber stellt, sondern durch sie gewissermaßen überfallen wird; und (2) daß Betroffenheiten unüberblickbar werden oder jedenfalls nicht mehr, wie beim Nichtfunktionieren von Technik, sich im wesentlichen auf die beschränken, die es geplant und unternommen haben und dann die entsprechenden Rückschläge einstecken müssen. Hier dürfte denn auch

---

[22] Mit einer wichtigen Einschränkung: sofern sie auf Probleme spezialisiert sind, die durch Kommunikation zu lösen sind. Für das Erziehungssystem mag daher etwas anderes gelten, soweit es sich hier um forcierte Sozialisation, also um Änderung von psychischen Systemen handelt.

die Erklärung dafür liegen, daß nach einer verbreiteten Meinung die
heute sich stellenden Risikoprobleme nach Art und Ausmaß neuartig
sind und daß das Verhältnis von Technik und Ökologie zwar bei
weitem nicht den Gesamtbereich riskanter Entscheidungen abdeckt,
aber doch im Vordergrund der aktuellen Diskussion steht. Aber was
genau sind die Probleme, die wir als neuartig erfahren?

Eine darauf abzielende Überlegung greift ebenfalls auf den Begriff
der Technik zurück, der durch funktionierende Simplifikation, kausale
Schließung oder auch als Grenze zwischen kontrollierter und nichtkontrollierter Kausalität definiert ist. Dieser Begriff läßt sich auch auf
Prozesse innerhalb des Gesellschaftssystems anwenden, etwa auf ma-
thematische Kalkulationen. Im uns primär interessierenden Falle geht
es dagegen um materielle Realisationen *außerhalb* des Sozialsystems
der Gesellschaft und daher auch um *nichtkommunikative Operationen*.
Technik in diesem Verständnis ist Teil der ökologischen Zusammenhänge, mit denen es die Gesellschaft zu tun hat – ein Sachverhalt,
der dadurch verdeckt wird, daß man weiterhin von einer Entgegensetzung von Natur und Technik ausgeht. Tatsächlich lassen sich die
ökologischen Effekte und mit ihnen die ökologischen Risiken der
Technik nur erklären, wenn man berücksichtigt, daß die technischen
Artefakte selbst auf der Ebene der physischen, chemischen und organi-
schen Realität installiert sind und *diese* Realität durch die Differenz
von kontrollierter und nichtkontrollierter Kausalität zu strukturieren
versuchen. Daraus ergibt sich ein anderer Zugang zum Problem des
Verhältnisses von Gesellschaft und materiell realisierter Technik.

Unbestritten bleibt dabei, daß den technischen Realisationen eine
soziale, kommunikativ verfügbare Realitätskonstruktion zu Grunde
liegt. Diese mag in einem Zusammenhang stehen mit wissenschaftlichen Theorien, aber das ist nur sehr begrenzt und häufig nur sehr
indirekt der Fall. Wichtiger ist die allgemeine Einsicht, daß sich *strukturelle Kopplungen* zwischen Gesellschaftssystem und technischen Realisationen einspielen. Die Gesellschaft stellt sich auf das pure Vorhanden-
sein von Technik ein. Sie geht davon aus, daß die Technik funktioniert.
Man verabredet sich in der Annahme, daß der Motor des Autos
anspringt. Am Begriff der strukturellen Kopplung ist vor allem wichtig,
daß er kein Kausalverhältnis bezeichnet und erst recht keine zweckge-
richtete Beziehung, sondern ein Verhältnis der Gleichzeitigkeit. Daß es
Kausalitäten gibt, soll damit nicht bestritten sein. Wenn das Auto nicht

in Gang kommt, wird das ein Anlaß sein, die Verabredung abzusagen oder zu verschieben, eine Taxe zu bestellen usw. Aber das sind gleichsam Sekundäreffekte, die mit dem Begriff der Irritation beschrieben werden können. Zu Grunde liegt dem immer ein primäres Verhältnis der Gleichzeitigkeit von System und Umwelt und Gleichzeitigkeit heißt immer auch: Unkontrollierbarkeit.[23]

Diese Überlegung hat weitreichende Konsequenzen. Das Verhältnis von Gesellschaft und Technik kann dann nicht mehr am klassischen Technikbegriff abgelesen und im Zweck/Mittel-Schema begriffen werden. Auch die Frage nach den Nebenfolgen der Technik und nach den Risiken ungewollter Effekte faßt das Problem nicht. Sie ist keineswegs überholt, aber sie lenkt die Aufmerksamkeit zu exklusiv in Richtung auf: mehr Planung, mehr Vorsicht, mehr zusätzliche Installationen – mehr Technik. Der Begriff der strukturellen Kopplung erklärt darüber hinaus, daß sich in den Gesellschaftsbereichen, die mit Technik Kontakt haben, entsprechende Sozialformen entwickeln, die sehr konkret auf Alltagserfahrungen reagieren. Dazu gehört zum Beispiel eine von Vorschriften abweichende, sich irgendwie bewährende Praxis, die sich ihrerseits auf gesehene oder nicht gesehene Risiken einläßt (und zwar nicht zuletzt auf das organisatorische Risiko, entdeckt zu werden).[24] Auch führt eine eingespielte Praxis, selbst im Umgang mit risikoreichen Technologien, oft dazu, Warnungen im Lichte bisheriger Erfahrungen zu interpretieren, das Ausmaß an Umstellungen zu scheuen und sie deshalb unbeachtet zu lassen. Mit einem weiteren Begriff von Humberto Maturana könnte man auch formulieren: soziale Systeme, die mit Technik zu tun haben, geraten in ein „structural drift", das Erfahrungen und Können, Modifikationen von Vorschriften, Gewohnheiten

---

[23] Siehe hierzu bereits oben Kapitel 2, I.

[24] Es gehört zu alter und bewährter soziologischer Forschungstradition, in der Abweichung von Regeln soziale Ordnung, ja selbst positive Funktionen zu entdecken. Eine für unser Problem bezeichnende Fallstudie ist Joseph Bensman/Israel Gerver, Crime and Punishment in the Factory: The Function of Deviance in Maintaining the Social System, American Sociological Review 28 (1963), S. 588–593, ferner mehr im Kontext des heutigen Interesses an technologischen Risiken Brian Wynne, Unruly Technology: Practical Rules, Impractical Discourses and Public Understanding, Social Studies of Science 18 (1988), S. 147–167.

sowie Argumente aus bisheriger Bewährung benutzt, die einsichtig zu machen und von außen schwer zu widerlegen sind – bis etwas Unerwartetes passiert. Und danach ist dann alles anders, danach war es „menschliches Versagen", danach findet man Schuldige und danach ändert man die Vorschriften – aber eben nicht die strukturelle Kopplung, die eine Wiederholung des Geschehens in anderen Teilkontexten, mit anderen Adaptierungen, anderen Erfahrungen und anderen Risiken nahelegen wird.

Strukturelle Kopplungen von Gesellschaft und Technologie (oder genauer: von sehr spezifischen sozialen Systemen und Teilbereichen komplexer Technologien) haben nach all dem eine Mehrzahl von verschiedenen, zum Teil konfligierenden Wirkungen. In weiten Bereichen stellt sich die Gesellschaft im normalen Alltag auf ein Funktionieren der Technik ein und entwickelt ihre eigenen Strukturen mehr und mehr auf der Basis dieser Voraussetzung. Zweitens gilt dies auch im direkten Umgang mit den technischen Einrichtungen einschließlich der Einrichtungen, die zum Abfangen ihrer Risiken bestimmt sind. Drittens, und das ist der neueste Trend, wird mehr und mehr bemerkt, daß das Problem der durch Technik bedingten Risiken auf diese Weise nicht sicher gelöst werden kann, und das erzeugt extrem instabile Reaktionen, wie sie durch Perrows Formel der „normal accidents" beleuchtet werden. Für den Gesamteffekt dieser verschiedenen Auswirkungen struktureller Kopplungen gibt es keine einheitliche Formel mehr, geschweige denn eine Idee, wie das Problem gelöst werden könnte. Man kann bei allen drei Aspekten ansetzen und vorschlagen, (1) die Abhängigkeit der Gesellschaft von Technik zu reduzieren, (2) die Aufmerksamkeit von Forschung und Organisation auf die „informalen" und in sich riskanten Weisen des konkreten Umgangs mit installierter Technik zu lenken und schließlich (3) sich übertriebene Angst und Aufregung zu ersparen und nicht allein dadurch schon präventives Unheil auszulösen. Jeder dieser Vorschläge hat seine eigene Plausibilität und keiner berücksichtigt die Vernetzung der Probleme. Ohne irgendeinen dieser Vorschläge entmutigen zu wollen, wird die soziologische Analyse doch wenig zu solchen Rezeptierungen oder zu Prognosen beitragen können, sondern eher mit der Frage befaßt sein, wie die Gesellschaft angesichts von strukturellen Kopplungen dieses Typs ihre eigenen Strukturen verändert.

Kapitel 6
Entscheider und Betroffene

I.

Wir kehren zu dem Ausgangspunkt zurück, daß wir Risiko und Gefahr unterscheiden. Im Falle von Risiko werden etwaige Schäden, die in der Zukunft eintreten können, auf die Entscheidung zugerechnet. Sie werden als Folgen der Entscheidung gesehen, und zwar als Folgen, die sich nicht im Hinblick auf die Vorteile als Kosten rechtfertigen lassen. Es kommt weder auf die Art der Entscheidung oder auf die Art der Schäden an, noch auf den Grad an Wahrscheinlichkeit/Unwahrscheinlichkeit des Folgeneintritts. Es bleibt ein Risiko, wenn man ein nützliches (aber nicht lebensrettendes) Medikament nimmt, das in einem von Millionen Fällen zu schweren Gesundheitsschäden oder zum Tode führen kann.[1] Atomare Energiegewinnung ist ein Risiko, selbst wenn man davon ausgehen kann, daß nur alle tausend Jahre ein schwerer Unfall stattfindet, aber man nicht weiß wann. Es kommt in dieser Frage auf den Grad an Empfindlichkeit in Bezug auf Wahrscheinlichkeiten und Schadenshöhe an, also auf soziale Konstruktionen, die Zeiteinflüssen unterliegen.

Der Begriff Risiko bleibt also in den genannten Hinsichten offen und gleichsam ein Durchgangspunkt für die Beobachtung gesellschaftlicher Verhältnisse und ihres geschichtlichen Wandels. Deutlich abgegrenzt ist der Risikobegriff jedoch gegen den Begriff der Gefahr, also gegen den Fall, daß künftige Schäden gar nicht als Folgen einer Entscheidung

---

[1] Der Fall liegt anders und in der Nähe dessen, was wir als Kostenkalkulation bezeichnen, wenn es darum geht, eine zum Tode führende Krankheit mit Medikamenten aufzuhalten oder zu heilen, die ihrerseits bedenklich sind. Üblicherweise wird auch dies als Risiko bezeichnet, aber man muß jedenfalls den Unterschied beachten. Jemand, der ohne Medizin längst gestorben wäre, kann nicht gut bereuen, daß er die Medizin genommen hat, die ihrerseits dann zum Tode führt – vorausgesetzt natürlich, daß die Lebensverlängerung unter solchen Umständen für ihn positiv und nicht negativ relevant ist.

gesehen, sondern extern zugerechnet werden. Die Unterscheidung Risiko/Gefahr ist, in der hier gewählten Begrifflichkeit, die „Form" des
Risikos, also die Markierung einer Grenze, deren Überschreiten in
die entgegengesetzte Situation mit völlig anderen Bedingungen und
Anschlußmöglichkeiten führt.

Eine erste Hypothese ist, daß sich unterschiedliche Formen sozialer
Solidarität entwickeln je nach dem, ob die Zukunft unter dem Aspekt
von Risiko oder unter dem Aspekt von Gefahr wahrgenommen wird.
Deshalb beurteilt man die Selbstschädigung durch Rauchen und die
Schädigung durch Asbest verschieden. Im erstgenannten Falle würden
soziale Regulierungen mit Freiheitsvorstellungen kollidieren, und man
braucht hier die Vorstellung des passiven Mitrauchens, um sie zu
rechtfertigen. Im anderen Falle liegt der Schutzbedarf auf der Hand.
Im Falle von Gefahren ist die Gesellschaft einem Problem ausgesetzt,
das der Geschädigte nicht selbst erzeugt hat. Das erfordert eine andere
Art von Aufmerksamkeit und Mitgefühl als die Risiken, die eher
rationaler Selbstregulierung überlassen bleiben können. In keinem der
Fälle kann man mit einer vollen Deckung und sozialen Gleichverteilung von Vorteilen und Nachteilen rechnen. Das macht Recht und
Wirtschaft als Ausgleichsmechanismen erforderlich. Auch werden die
Schäden selbst unterschiedlich treffen. Die Reichen haben mehr zu
verlieren, die Armen werden schneller verhungern. Aber bei Gefahren
werden Schuldzurechnungen anders geregelt, so die Pest im Mittelalter
als eine Art terroristische Aktivität der Juden. Unter solchen Bedingungen entwickeln sich Mechanismen der „Victimisierung", des Opfers,
der Reinigung; in der dominanten Struktur der Gesellschaft aber Normen der Reziprozität, der wechselseitigen Hilfe, des Zeitausgleichs von
Schäden, die im einzelnen unabsehbar eintrafen. Außerdem formulierte
die Ethik bestimmte Eigenschaften, die angesichts von Gefahrlagen
von Wert waren, also etwa Mut (aber nicht Tollkühnheit), Unerschütterlichkeit (Ataraxie), Standhaftigkeit, kämpferisches Können oder
auch Qualitäten religiöser Provenienz, mit denen man den Zorn Gottes
vermeiden oder beschwichtigen konnte. Die Steigerungsform, die epische Form dafür war der Held mit der Doppelfunktion, allen zu zeigen,
wie man zu sein hatte, und alle davon zu entlasten, es selber zu
sein. Schließlich war auch die Akzeptanz von politischer Herrschaft
weitgehend dadurch bestimmt, daß sie Schutz vor Gefahren versprach.

Die Risikogesellschaft kennt keine Helden[2] und keine Herren.[3] Sie unterbricht auch die traditionellen Formen der Reziprozität. Sie ersetzt den Mechanismus Hilfe/Dankbarkeit/Hilfe durch die Organisationen des Vorsorgestaates und erzeugt damit ein Anspruchsklima, in dem sehr viel mehr geholfen wird als zuvor und zugleich die Enttäuschungen zunehmen.[4] Die juristische Form dafür ist das „subjektive Recht", das von jeder Reziprozität der Rechte und Pflichten abstrahiert und sich mit bloßer Komplementarität begnügt.[5] Auch in der alten Welt der sozialen Reziprozität wurde natürlich mit individuellen Vorteilen und Nachteilen rational kalkuliert. Man darf die Entwicklung keinesfalls als Verlust emotionaler Nähe und Geborgenheit beschreiben. Reziprozität kann genau so nüchtern kalkuliert werden wie Ansprüche an Organisationen; nur kann man Reziprozität nicht ohne Bereitschaft zur Gegenleistung aktivieren, während die Inanspruchnahme organisierter Hilfe zu nichts verpflichtet.

Zu den Eigentümlichkeiten organisierter Hilfe gehört, daß sie in keiner Weise solidaritätsstiftend wirkt.[6] Die Verteilung von Risiken

---

[2] Es wäre interessant, nach Ausnahmen zu forschen und deren soziale Bedingungen zu kontrastieren mit einem Wandel von Zukunftsvorstellungen in Richtung auf zunehmende Risikoempfindlichkeit. Ein Beispiel ist der Erfinder im Kontext des Fortschrittsglaubens. Man könnte auch an die Heroisierung der frühen Fliegerei denken (Lindbergh etc.), bei der man davon ausgehen konnte, daß die Flieger nur ihr eigenes Leben aufs Spiel setzen und nicht durch Herunterfallen das von anderen. Es gibt also, so müssen wir die Aussage des Textes modifizieren, durchaus Versuche, Heldentum in die Risikogesellschaft hinüberzuretten und literarisch neu zu stilisieren. Aber gerade die Form, in der das versucht worden ist, ist für unsere These aussagekräftig und im übrigen heute überholt.

[3] Wir definieren den „Herren" als jemanden, der keine Rücksicht darauf nehmen muß, daß er beobachtet wird; also im Unterschied zum Knecht als jemanden, der die Perspektive der Beobachtung zweiter Ordnung vermeiden kann.

[4] Siehe François Ewald, L'état-providence, Paris 1986. In Deutschland hat die Diskussion über staatliche „Daseinsvorsorge" (Forsthoff) und ihre rechtsstaatliche Problematik bereits gegen Ende der 50er Jahre eingesetzt.

[5] Siehe Niklas Luhmann, Subjektive Rechte: Zum Umbau des Rechtsbewußtseins für die moderne Gesellschaft, in ders., Gesellschaftsstruktur und Semantik Bd. 2, Frankfurt 1981, S. 45 – 104.

[6] Wir behaupten das in Kenntnis der Tatsache, daß man sich in der zweiten Hälfte des 19. Jahrhunderts in der Genossenschaftsbewegung und ähnlichen

und Gefahren ist dafür nicht günstig. Die Zukunft wird in die Form
künftiger Entscheidungen gebracht, und die damit hineinorganisierte
Labilität wird durch das Recht in gewissem Umfange korrigiert. Für
die Leistungsempfänger liegt darin zunächst kein Risiko, sondern eine
Gefahr. Kein Risiko deshalb, weil sie selbst ja nicht über eigene
Vorleistungen zu entscheiden haben, sondern nur Formulare ausfüllen
müssen für Anträge, die eventuell abgelehnt werden.[7] Die Gefahr liegt
darin, daß Organisationen auch die Bedingungen (Entscheidungspro-
gramme), nach denen sie Anträge bewilligen, durch Entscheidungen
ändern können. Ein Risiko für Antragsteller entsteht in dem Maße,
als sie sich auf eine Fortdauer dieser Bedingungen verlassen und die
eigene Lebensplanung darauf einstellen. Dieses Risiko motiviert dann
zur Bemühung um rechtsförmige Absicherung oder um politische Kon-
takte, über die man gegebenenfalls eine Änderung der Bedingungen
verhindern kann. Auf eigentümliche Weise entsteht so auf der Grundlage von organisierter Flexibilität ein sie blockierender Immobilismus,
gehalten durch eine Dauerinanspruchnahme von Recht und Politik.
Form wird auf Form, Unterscheidung auf Unterscheidung bezogen.
Die Empfindlichkeit für kleinste Unterschiede wächst, aber es entsteht
kein soziales Vertrauen, das zeitbindende Leistungen ermutigen und
tragen könnte.

II.

Risiken sind Aspekte der Beobachtung von Entscheidungen, inclusive
Beobachtung durch den Entscheider selbst (Selbstbeobachtung). Es gibt
aber, wenn man von Personen ausgeht, etwa 5 Milliarden Entscheider,

Bestrebungen genau darum bemüht hat. Siehe hierzu Robert Hettlage, Genos-
senschaftstheorie und Parizipationsdiskussion, Frankfurt 1979. Zu französischen Parallelen vgl. auch Dieter Grimm, Solidarität als Rechtsprinzip,
Frankfurt 1973.

[7] Auch hier sind wiederum Ausnahmen zu notieren. So ist im Bereich der
Wissenschaftsförderung die Antragstellung selbst oft schon die halbe Forschung oder doch so aufwendig, daß manche das Risiko einer vergeblichen
Mühe scheuen. Das mag erhebliche Auswirkungen auf die Forschungspolitik
haben, die ja nicht nur durch die Fremdselektion der Förderungsorganisatio-
nen, sondern auch durch die Selbstselektion der Antragsteller bestimmt wird.
Forschungen zu diesem Thema sind mir nicht bekannt.

die jeden Tag zahlreiche Entscheidungen treffen, und zwar gleichzeitig.
Geht man von Organisationen aus, ist auch deren Zahl noch beträcht-
lich, und ihre nach außen wirksamen Entscheidungen (Entscheidungen,
die der Organisation zugerechnet werden), sind ihrerseits Produkt
zahlreicher interner Entscheidungen. Interessen in Richtung Rationalisierung vermindern die Entscheidungsmenge nicht; im Gegenteil: sie
vermehren sie.[8] Es gibt wichtige, und zwar typisch moderne, Mechanismen, die diese Entscheidungsmengen auffangen und differenzieren.
Wir nennen nur die berühmtesten: Märkte und Hierarchien. Aus
demselben Grunde ist eine regionale Differenzierung des weltpoliti-
schen Systems durch Staatenbildung, und das heißt immer: Kriegsge-
fahr, vorläufig unverzichtbar.[9] Auch wenn man all dies in Rechnung
stellt, ändert das nichts an der ganz trivialen Einsicht, daß niemals alle
an allen Entscheidungen beteiligt sein können. „Die Menschen" können
nicht entscheiden. Wir haben dies in der Überschrift dieses Kapitels
vorweggenommen: Es gibt immer Entscheider und Betroffene. Entscheidungen erzeugen Betroffenheit. Betroffensein ist also ein Gegenbegriff zu Entscheidung – oder jedenfalls erklärt diese Position die
heutige semantische Karriere des Wortes. Wie dann die Abgrenzung
zwischen Betroffenen und Nichtbetroffenen vorgenommen wird, ist
eine Frage der sozialen Konstruktion, die für sich erforscht werden
müßte.[10] Mehr und mehr erklären heute Unbetroffene sich für betrof-

---

[8] Für Organisationen siehe Niklas Luhmann, Organisation und Entscheidung,
    in: ders., Soziologische Aufklärung Bd. 3, Opladen 1981, S. 335 – 389. Das-
    selbe Argument gilt aber auch für Einzelpersonen, die zum Beispiel Preise
    vergleichen, bevor sie kaufen, oder Partner ausprobieren, bevor sie heiraten.

[9] Man kann dies auch als Umformung eines unlösbaren in ein eventuell
    lösbares Problem beschreiben: An die Stelle der Beteiligung aller an allen
    politischen Entscheidungen eines Weltstaates tritt das Problem der Verhinde-
    rung von Kriegen; vielleicht sogar das Problem der Verringerung der Kriegs-
    gefahr durch Erhöhung des Kriegs*risikos*.

[10] Nicht akzeptabel scheint mir eine Vorstellung zu sein, die Chauncey Starr/
    Chris Whipple, Risks of Risks Decisions, Science 208 (1980), S. 1114 – 1119
    vertreten (allerdings ohne zureichende Ausarbeitung). Danach kalkulieren die
    Entscheider ein *gesellschaftliches* Risiko, während die Betroffenen *individuell*
    reagieren. Damit wären die Entscheider quasi automatisch (nur weil sie
    entscheiden?) Repräsentanten der Gesellschaft und das Problem bestünde
    nur noch in einem „balancing of public benefits and involuntary risks to the

fen – zum Beispiel Weiße durch die Diskriminierung anderer Rassen oder Satte durch Hunger in anderen Ländern. Mehr und mehr wird damit Betroffenheit zur Frage der sozialen Definition, zur Frage der Selbstbestimmung auf individueller und auf organisatorischer Ebene. Ungeachtet dessen genügt für die folgenden Überlegungen die Unterscheidung Entscheider/Betroffene. Und wir können es als eine „Form" der Entscheidung bezeichnen, daß sie Betroffenheit erzeugt.

Wie jede Form hat auch diese zwei Seiten. Man kann auf der Seite des Entscheidens (auf der „Innenseite" der Form) nach Verbesserungsmöglichkeiten suchen, also rationalisieren, komplexer kalkulieren, Computer einsetzen oder auch die Perspektive der Betroffenen (der anderen Seite der Form) reflektieren, zum Beispiel durch Abschleifen harter Kanten oder durch beschwichtigende Kommunikation. Das ändert nichts an der Form und führt auch nicht zu einer dialektischen „Aufhebung" der Unterscheidung. Betroffenheit bleibt die andere Seite der Form, und aus der Sicht der Betroffenen sieht die Entscheidung (auch wenn deren „constraints" reflektiert werden) anders aus als aus der Sicht der Entscheider. Es handelt sich um eine unaufhebbare Dualität – was nicht notwendig bedeuten muß: um einen Konflikt.

Dasselbe Problem können wir auch in der Terminologie der second order cybernetics oder in der Terminologie des Beobachtens von Beobachtern formulieren. Der Entscheider mag die Betroffenen als Beobachter des Entscheidens beobachten. Die Betroffenen mögen den Entscheider als Beobachter der Betroffenen beobachten. Das ändert nichts daran, daß jede Beobachtung (und sei es zweiter oder dritter Ordnung) eine *eigene Operation* ist und damit wie jede Operation blind abläuft. Auch ein noch so reflektierter Beobachter sieht nicht, was er nicht sieht; er benutzt eine Unterscheidung, die er im Moment des Benutzens nicht unterscheiden kann (denn dazu müßte er eine andere Unterscheidung benutzen, für die das Gleiche gelten würde). Die Operation Beobachten kann nicht sich selber beobachten, sondern nur das, was sie als Operation unterscheidet.[11]

---

individual" (1114). Dann verlagert sich das Problem auf Unterschiede sozialer (= quantitativer) und privater (= intuitiver) Risikoeinschätzung und auf daraus entstehende Konflikte. Aber warum sollten die Entscheider eher als die Betroffenen Gesellschaft repräsentieren?

[11] Eben deshalb ist es theoretisch wichtig, den Begriff der Beobachtung an den Begriff des Unterscheidens und Bezeichnens zu koppeln, denn das macht

Diese Überlegungen sind hochabstrakt formuliert und ihre Relevanz geht weit über das Thema Risiko und Gefahr hinaus. Sie ermöglichen gerade deshalb aber eine wissenschaftlich folgenreiche Interpretation der Unterscheidung von Risiko und Gefahr. Wir halten fest: Risiken werden auf Entscheidungen zugerechnet, Gefahren werden extern zugerechnet. Das wäre soziologisch gesehen ziemlich unproblematisch, wenn diese Sachverhalte sich säuberlich trennen ließen. Die Analyse von Entscheidungen und Betroffenheit widerlegt diese Annahme. Sie zeigt, daß die Risiken, auf die ein Entscheider sich einläßt und einlassen muß, zur Gefahr für die Betroffenen werden. Im Entscheidungsprozeß selbst kann man Zurechnung von Folgen auf Entscheidungen nicht vermeiden (sonst wäre die Entscheidung gar nicht als Entscheidung erkennbar). Also kann man auch Zurechnung von künftigen Schäden nicht vermeiden und muß sie als Risiken hinnehmen, soweit sie nicht als Kosten verbucht werden können. Der Betroffene findet sich in einer völlig anderen Situation. Er sieht sich als durch Entscheidungen gefährdet, die er nicht selber tätigen oder kontrollieren kann. Für ihn kommt eine Selbstzurechnung nicht in Betracht. Für ihn handelt es sich um Gefahren − und dies auch dann, wenn er sieht und reflektiert, daß es sich aus der Sicht des Entscheiders (der er selbst sein könnte!) um Risiken handelt. Wir stehen vor einem klassischen Sozialparadox: Die Risiken sind Gefahren, die Gefahren sind Risiken, weil es sich um ein und denselben Sachverhalt handelt, der mit einer Unterscheidung beobachtet wird, die eine Differenz der beiden Seiten verlangt. Dasselbe ist verschieden.[12] Wir finden uns auf demselben Theorieniveau wie bei den Paradoxien der normativen (kontrafaktischen) Geltung und der Knappheit. *Nur handelt es sich nicht um diese, sondern um eine andere Paradoxie.* Wir haben eine tiefere Begründung vor Augen für die These des dritten Kapitels, daß Risikoprobleme nicht mit den Einrichtungen und Methoden gelöst werden können, die im Systemkontext von Recht

---

klar, daß die Operation selbst die Paradoxie der Einheit einer Zweiheit (Zweiheit als Einheit) vollzieht und *deshalb* genötigt ist, die *eine* (und nicht die andere) Seite der Unterscheidung zu *bezeichnen.*

[12] The Same is Different, heißt ein Aufsatztitel von Ranulph Glanville, veröffentlicht in: Milan Zeleny (Hrsg.), Autopoiesis: A Theory of Living Organization, New York 1981, S. 252−262. Deutsche Fassung in: Ranulph Glanville, Objekte, Berlin 1988, S. 61−78.

und von Wirtschaft entwickelt worden sind. Es handelt sich um ganz anders fundierte Probleme, auch wenn es in all diesen Fällen um das Spannungsverhältnis zwischen Zeitdimension und Sozialdimension geht.

Und wie wird diese Paradoxie entfaltet? Wie werden Beobachtungsmöglichkeiten wiederhergestellt?

Der typische Mechanismus ist das Substituieren einer anderen Unterscheidung, die an die Stelle der Paradoxie tritt. Dadurch werden Beobachtungsmöglichkeiten eröffnet und die Paradoxie selbst wird invisibilisiert. Im heutigen Umweltdiskurs werden zum Beispiel Umweltzerstörer und Umweltschützer unterschieden, oder die Industrie auf der einen Seite und die Anhänger ökologischer Interessen auf der anderen. Das Problem kann dann auf Personen oder Organisationen bezogen und als Interessengegensatz oder als Wertkonflikt beschrieben werden. Diese Semantik belastet die Politik, sie verlangt nach einer politischen Lösung des Konflikts. Sie beschreibt Personen oder Organisationen mit je verschiedenen Merkmalen und beendet die Analyse mit der Darstellung des Konflikts und des eigenen Engagements.

Darüber gelangt man hinaus, wenn man die Ebene der Beobachtung zweiter Ordnung benutzt, also beschreibt, wie von beiden Seiten aus beobachtet und beschrieben wird.[13] Damit gewinnt man jene Distanz, in der man beobachten kann, was andere beobachten und was sie nicht beobachten können. Man versteht und erklärt den Konflikt als Folge gesellschaftlicher Verhältnisse, ohne daß die eigene Beobachtungsweise (die genau so von eigenen Unterscheidungen abhängt wie die der anderen) dazu zwänge, Partei zu ergreifen. Und man kann genauer analysieren, welche strukturellen und technologischen Entwicklungen der modernen Gesellschaft dazu geführt haben, daß das Risiko/Gefahr-Syndrom mehr und mehr Aufmerksamkeit und mehr und mehr Kommunikation absorbiert. *Alle* Entscheidungen sind bei entsprechend entwickelter Zurechnungsempfindlichkeit riskant. *Aber*

---

[13] Stephen Cotgrove, Risk, Value Conflict and Political Legitimacy, in: Richard F. Griffiths (Hrsg.), Dealing with Risk: The Planning, Management and Acceptability of Technological Risk, Manchester 1982, S. 122–140, benutzt den Begriff des „Paradigmas", um zu beschreiben, wie „industrialists" und „environmentalists" ihre Problemsicht formulieren, also das beschreiben, was sie in ihrer Nische beobachten können.

das Risiko des einen ist eine Gefahr für den anderen. Wie soll eine
Sozialordnung dies aushalten? Und welche sozialen (politischen?)
Einrichtungen werden sich entwickeln, um diese Paradoxie aufzulösen?

III.

Vor der ökologischen Bedrohung konnte man im großen und ganzen
damit rechnen, daß Risiken im wesentlichen die Entscheider selbst
betrafen. Das Problem war ein Problem, das sich mit sozial abgrenzenden Kategorien fassen ließ. Innerhalb der entsprechenden Gruppen
konnte sich dann auch ein entsprechendes Wissen, ja oft ausreichende
Solidarität und Verständigungsfähigkeit entwickeln. Es ging nicht um
ein universelles Problem. Die Risiken des Hofdienstes in der frühen
Neuzeit zeichneten den aus, der sich ihnen stellte und am Hofe Karriere
machte — im Unterschied zu den Adeligen, die nichts wagten und
nichts gewinnen konnten, sondern sich damit begnügten, ihre Güter
zu bewirtschaften. Auch im Industriezeitalter konnte die Gefährlichkeit
der Arbeit, man denke etwa an Gießereiarbeiter oder an Bergarbeiter,
der Stolz einer ganzen Berufsgruppe sein — was die Schließung der
entsprechenden Anlagen zu einem besonderen Problem werden läßt,
denn dafür kann keine andere Arbeit entschädigen. Riskante Tätigkeiten waren mithin für die durch sie zugleich Betroffenen distinktionsfähig. Und sie blieben in gewissem Umfange unter Kontrolle. Entsprechende Geschicklichkeit konnte entwickelt und gelernt werden. Aber
nicht jedermann mußte ein Held sein oder auch nur eine solche
Exposition riskieren.

In dem Maße, als die Umwelt des Gesellschaftssystems in die
Wirkungsketten der möglichen Schädigung einbezogen ist, ändert sich
dies[14], und zwar in zwei verschiedenen Hinsichten. Vor allem können
die drei Kategorien der Entscheider, der Nutznießer und der Betroffenen stärker auseinanderfallen, so daß sie nicht mehr in einer sozialen
Kategorie, einer sozialen Gruppe, einem Kontext von Verhaltensnor-

---

[14] Siehe hierzu auch Christoph Lau, Risikodiskurse: Gesellschaftliche Auseinandersetzungen um die Definition des Risikos, Soziale Welt 40 (1989), S. 418 –
436.

men zusammengefaßt werden können. So sind die Anlieger gefährlicher Industrieanlagen in erster Linie betroffen, wegen des Interesses an Arbeitsplätzen unter Umständen aber auch Nutznießer. Wer entfernter wohnt, hat allenfalls die Vorteile einer gesicherten, auch für Engpässe ausreichenden Versorgung. Beide Gruppen sind normalerweise nicht die, die entscheiden; und die Entscheider sind, wie man gegen ein verbreitetes Vorurteil feststellen muß, keineswegs immer die, die von der Entscheidung profitieren. Im einzelnen mögen die Fälle sehr verschieden liegen. Uns kommt es an dieser Stelle nur darauf an, daß es kaum mehr möglich ist, so heterogene Arten des Beteiligt-/Betroffenseins zu sozialen Einheiten zusammenzufassen, *die sich von anderen abgrenzen ließen und dadurch eine distinkte Qualität gewinnen könnten.* Das Syndrom des Beteiligt-/Betroffenseins ist nicht ausdifferenzierbar – weder rollenmäßig, noch berufsständisch, noch organisatorisch oder in anderer Weise als soziales System. Als Soziologe müßte man daraus auf Unregulierbarkeit, auf Anomie schließen.

Ein noch eklatanterer Fall ergibt sich, wenn überhaupt nicht mehr auszumachen ist, wer zum Kreis der Betroffenen gehört. Das mag von der Windrichtung abhängen oder davon, ob die Katastrophe im nächsten Jahr oder nach tausend Jahren eintritt. Wer werden die Betroffenen der demographischen Explosion sein? Nur Bewohner der sogenannten „dritten Welt"? Und wenn das Polareis schmilzt: sind Bewohner höher gelegener Gebiete dann nicht betroffen? Und wenn die Weltwirtschaft zusammenbricht: wer könnte weiterleben, wenn niemand sein Geld annimmt? Erst diese Art diffuser Betroffenheit vom extrem unwahrscheinlichen, aber doch nicht auszuschließenden Fall macht die asymmetrische Struktur des Problems deutlich: Der soziale Zugriff kann nur an der Entscheidung ansetzen und nicht an der Betroffenheit. Und dies ganz unabhängig von der Art des Zugriffs. Die Betroffenen sind eine amorphe Masse, die sich nicht in Form bringen läßt.

Ferner, und das ist der zweite, oben angekündigte Gesichtspunkt, nehmen die Erfahrungen der Betroffenen mit den entsprechenden Risiken ab. Sie müssen Erfahrungen durch Vorstellungen ersetzen, die abstrakt bleiben und durch Kommunikation modelliert werden können. Das liegt an der Entscheidungsabhängigkeit der Risiken, aber nicht zuletzt auch am Ausmaß der System- und Rollendifferenzierung in der modernen Gesellschaft sowie an der zunehmenden Bedeutung von extrem seltenen (noch nie erfahrenen), gegebenenfalls aber katastrophalen Schadensfällen. Die Ablösung von Erfahrungsmöglichkeiten hat zur Folge, daß es zu sozial aufheizbaren Befürchtungen kommt, die sich keiner Gegenrechnung fügen. Oder umgekehrt zu einer Beruhigung, die sich daraus ergibt, „daß noch nie etwas passiert ist". Der letztgenannte Fall ist vor allem im Bereich der Sicherheitstechnologien zu beobachten und durch Untersuchungen nach dem Eintritt oder Beinahe-Eintritt eines katastrophalen Unfalls vielfach belegt. Beide Aspekte zusammengenommen führen zu einem Zugleich von überschätzten und unterschätzten Risiken, wodurch das ohnehin bestehende Risikoproblem nochmals verschärft wird.

Das Universellwerden des Betroffenseins läßt sich bereits an ethischen, menschheitsbezogenen Postulaten erkennen; sowie daran, daß manche sich schon durch das Betroffensein anderer betroffen fühlen. Vor allem aber zeigen neuere Entwicklungen, daß die sozialen Probleme, die nicht mehr als Gruppenprobleme formuliert werden können, in Kommunikation, also in dem allgemeinsten sozialen Mittel der Herstellung von Ordnung und Unordnung Ausdruck suchen. Da die Betroffenen aber weder abgrenzbar noch organisierbar sind, müssen sie „repräsentiert" werden. Dies kann, da es eine Mehrheitsdemokratie mit Legitimation durch politische Wahlen bereits gibt, nur parademokratisch geschehen, faktisch also durch selbstermächtigte Repräsentation, die ihre Legitimation aus dem Thema ziehen sowie aus der Unbestreitbarkeit des Problems. Wir kommen in der Analyse der Protestbewegungen (Kap. 7) darauf zurück. Im Moment interessiert die allgemeinere Frage, ob und wie man die Unbestimmbarkeit des Betroffenenstatus, der sich nur in der Differenz zum Entscheiden fassen läßt, überhaupt in Kommunikation zur Geltung bringen kann. Ist es nicht eine Illusion, von mehr Kommunikation (oder in Abwandlungen: von mehr Information, mehr Wissen, mehr Beteiligung, mehr Lernen, mehr Reflexion) Abhilfe zu erwarten? Wird nicht, im Gegenteil, mehr von all dem die Kluft zwischen Entscheidern und Betroffenen erst recht aufreißen? Um so mehr, als für beide die Zukunft im Modus von Wahrscheinlichkeit/Unwahrscheinlichkeit letztlich unbestimmt bleibt und die einzige Sicherheit darin besteht, daß auch die andere Seite keine Sicherheit bieten kann?

IV.

Im Augenblick bestätigt die empirische Forschung nur die hier abstrakt
vorgestellte Diskrepanz und lenkt die Aufmerksamkeit der Forscher
auf die Hoffnung, den Gegensatz durch *Kommunikation* ausgleichen
oder doch abschwächen zu können.[15] Dabei geht es, wie man hofft,
um „Versachlichung" der Einstellung zu Risiken, und zwar einerseits
zur Orientierung der Risikobereitschaft des Einzelnen, soweit seine
Aufmerksamkeit und Vorsorge sich auswirken können[16]; und andererseits zum Abbau von Besorgnissen und Ängsten (worry, anxiety), die zu
Attacken gegen eine, wie man meint, „vernünftige" Risikobereitschaft
führen können. Versuche, auf bekannten Wissensgrundlagen Einstel-
lungsänderungen zu bewirken, dürften wenig Aussichten haben im
Vergleich etwa zur Mitteilung überraschender Informationen, die der
Empfänger dann in seinen Verstehenskontext einzuarbeiten hat.[17] Im
ganzen ist der Beitrag der empirischen (hauptsächlich: sozialpsycholo-
gischen) Forschung, wie immer, mit vielen „wenns" und „abers" belastet und schwer über die jeweils untersuchten Konstellationen hinaus
zu generalisieren. Die Hoffnung auf Kommunikation mag täuschen.
Man muß es praktisch ausprobieren. In jedem Falle ist ein abschließen-
des Urteil derzeit verfrüht. Wir begnügen uns daher mit einer kurzen
Stellungnahme.

Die empirische Forschung zeigt vor allem, daß die Bereitschaft,
sich auf „Risiken"[18] einzulassen, davon abhängt, wie sehr man damit
rechnet, prekäre Situationen in der Hand zu behalten, eine Tendenz

---

[15] Siehe aus politischer Sicht William D. Ruckelshaus, Science, Risk, Public
Policy, Science 221 (1983), S. 1026 – 1028. Vgl. ferner zur Notwendigkeit,
aber auch zu den Schwierigkeiten einer solchen Aufklärung des Publikums
Paul Slovic, Informing and Educating the Public About Risk, Risk Analysis
6 (1986), S. 403 – 415.
[16] Dazu bereits oben Kap. 1, I.
[17] Darauf weisen einige Resultate empirischer Forschungen im Bereich des
Konsumenten- und Arbeitsschutzes hin, deren Generalisierbarkeit jedoch
noch zu prüfen wäre. Siehe W. Kip Viskusi/Wesley A. Magat, Learning about
Risk: Consumer and Worker Responses to Hazard Information, Cambridge
Mass. 1987, S. 6, 124.
[18] Der Ausdruck „Risiko" wird dabei unscharf gebraucht und ohne Rücksicht
auf die hier vorgeschlagene Unterscheidung von Risiko und Gefahr. Jeden-

zur Schadensverursachung noch kontrollieren zu können oder durch Hilfen, Versicherungen und dergleichen gedeckt zu sein für den Fall, daß ein Schaden eintritt. Nicht selten wird die eigene Kompetenz überschätzt und die anderer unterschätzt, was zu Risikobereitschaften führt, die anderen als gefährlich erscheinen müssen.[19] Aber auch wenn kein solches „self-serving bias of own competence" vorliegt, mag eine bestimmte Risikobereitschaft psychisch so abgesichert sein, daß sie durch Veränderungen in den objektiven Bedingungen nicht verändert, sondern gleichsam nachgezogen wird. Das bedeutet zum Beispiel, daß Sicherheitstechnologien in der Industrie oder der Bau sicherer Straßen die Risikobereitschaft objektiv erhöhen und damit das Ziel der Bemühung sabotieren können. Wer sich abgesichert weiß, kann bei gleicher Risikobereitschaft um so mehr riskieren. Man darf ferner annehmen, daß der Entscheider sich eher als der Betroffene in der Lage sieht, künftigen Schäden zu begegnen. Zumindest hat der Entscheider, anders als der Betroffene, die Möglichkeit, seine Sachkenntnis, sein Selbstvertrauen, seine Absicherungen bei seinen Entscheidungen in Rechnung zu stellen, während der Betroffene darauf angewiesen ist, daran zu glauben, daß *andere* die Situation beherrschen werden. Dieses Vertrauen in Experten, Technologien, Zusagen und Sorgfalt anderer schwindet mehr und mehr; es wird durch die Härte der Differenz von Risikoperspektiven und Gefahrperspektiven ruiniert, und zwar in dem Maße, als die Gefahr nicht auf Naturereignisse (Beispiel: Meteoriteneinschlag) zurückgeht, sondern aus Entscheidungen anderer resultiert. Entsprechend findet man in der Bevölkerung andere Einschätzungen von Risiken und Möglichkeiten ihrer Vermeidung als in der Politik, und bei Laien andere als bei Experten.[20] Unter bestimmten Bedingun-

---

falls wird eine Wahlmöglichkeit im Entscheiden oder Akzeptieren vorausgesetzt; denn sonst hätte die ganze Fragestellung keinen Sinn.

[19] So zum Beispiel im Straßenverkehr. Siehe dazu Ola Svenson, Are We All Less Risky and More Careful Than Our Fellow Drivers? Acta Psychologica 47 (1981), S. 143–148, mit weiteren Hinweisen auf einschlägige Forschung.

[20] Vgl. als (wohl erste) repräsentative Erhebung Gerald T. Gardner/Leroy C. Gould, Public Perceptions of the Risks and Benefits of Technology, Risk Analysis 9 (1989), S. 225–242. Für Berichte aus der bisher vorwiegend psychologischen Forschung siehe Paul Slovic/Baruch Fischhoff/Sarah Lichtenstein, Perceived Risk: Psychological Factors and Social Implications, Pro-

gen, vor allem unter der Bedingung riskanter Technologien, schwindet das Vertrauen in das Selbstvertrauen der anderen.[21]

Inzwischen reichen die Erfahrungen mit diesem Vertrauensverlust zwei bis drei Jahrzehnte zurück und die Öffentlichkeit hat begonnen, darauf zu reagieren. Es kommt zu Kampagnen mit einer wechselseitigen Verunstaltung der Standpunkte. Zu den vorgeschlagenen Abhilfen gehört die Hoffnung auf Kommunikation, auf Dialog, auf Verständigung und Kompromißbereitschaft. Das Thema Risikokommunikation dringt inzwischen auch in die Wissenschaft ein.[22] Aber kann Kommunikation helfen, wo Mißtrauen herrscht und wo die Beteiligten einander, wie oben ausgeführt, mit unterschiedlichen Unterscheidungen beobachten? Oder wird die Kluft von Entscheidern und Betroffenen schließlich auch noch die (immer noch weit verbreitete) Hoffnung auf Lernen und auf Kommunikation zerstören oder sogar die soziologisch naive Erwartung, daß mehr davon gut und nicht schlecht wäre.[23]

Explizite Kommunikation ist zunächst nur eine Operation, die eine diffus gegebene Welt auf eine Aussage focussiert, die dann im Laufe

---

ceedings of the Royal Society of London A 376 (1981), S. 17 – 34; Paul Slovic, Perception of Risk, Science 26 (1987), S. 280 – 285.

[21] Man kann das Argument auch umgekehrt führen: Die unbestrittene Tatsache eines solchen Vertrauensschwundes ist ein Indikator für die Relevanz der Unterscheidung von Risiko und Gefahr.

[22] Siehe z. B. das Problem auf ein Entscheidungsproblem reduzierend, Ralph L. Keeney/Detlof von Winterfeldt, Improving Risk Communication, Risk Analysis 6 (1986), S. 417 – 424; ferner Helmut Jungermann/Roger E. Kasperson/Peter M. Wiedemann (Hrsg.), Risk Communication, Jülich 1988; Helmut Jungermann/Bernd Rohrmann/Peter M. Wiedemann (Hrsg.), Risiko-Konzepte, Risiko-Konflikte, Risiko-Kommunikation, Jülich 1990. Eher skeptisch Harry Otway/Brian Wynne, Risk Communication: Paradigm and Paradox, Risk Analysis 9 (1989), S. 141 – 145. Einen knappen Überblick über inzwischen diskutierte Probleme findet man auch bei Vincent T. Covello/Detlof von Winterfeldt/Paul Slovic, Communicating Scientific Information About Health and Environmental Risks: Problems and Opportunities from a Social and Behavioral Perspective, in: Covello et al. (Hrsg.), Uncertainty in Risk Assessment, Risk Management, and Decision Making, New York 1987, S. 221 – 239.

[23] „Soziologisch naiv" im Hinblick auf anderswo längst verfügbares Wissen, etwa über Probleme der sozialen Aggregation individueller Präferenzen.

der weiteren Kommunikation mit ja oder mit nein beantwortet werden, also über Annahme oder über Ablehnung weiterlaufen kann. Diese Offenheit für ja und für nein ist eine Bedingung der Autopoiesis des Kommunikationssystems Gesellschaft. Sie verhindert durch die entsprechende Codierung der Sprache, daß schließlich nichts mehr zu sagen ist, weil alle sich über alles geeinigt haben. Es versteht sich von selbst: die Chancen für Jas und für Neins sind nicht gleichverteilt und im Normalbetrieb der Gesellschaft ist hinreichend voraussehbar, ob man sich mit der Kommunikation einer Sinnofferte ein Ja oder ein Nein einhandeln wird. So ergibt sich ein Übergewicht akzeptierter im Vergleich zu abgelehnter Kommunikation. Aber dies folgt nicht aus dem Wesen der Kommunikation und auch nicht, wie Habermas meint, aus einer ihr innewohnenden Norm, die nur verständigungsuchende Kommunikation als rational gelten läßt; sondern der hohe Anteil konsensfindender Kommunikation ist ein Resultat der laufenden Er-rechnung von Errechnungen,[24] also ein Resultat rekursiver Vernetzung aller Einzelbeiträge zur Kommunikation. Dies Theoriekonzept ersetzt folglich Appelle an vernünftige Verständigungsbereitschaft[25] durch die Frage, welche strukturellen Belastungen ein solches System aushalten kann. Das historisch wichtigste Beispiel ist die Einführung von Schrift und dann ihre Verbreitung durch die Druckpresse mit der Folge einer kompletten Reorganisation der Semantik im Hinblick auf Konsens

---

[24] Formuliert in der Sprache Heinz von Foersters. Siehe: Sicht und Einsicht: Versuche zu einer operativen Erkenntnistheorie, dt. Übers. Braunschweig 1985, S. 31.

[25] Appelle die, wenn in die Kommunikation eingebracht, den unangenehmen Effekt haben, daß einem *von anderen* zugemutet wird, sich *vernünftig oder unvernünftig zu verhalten*. Im 17. und 18. Jahrhundert war für Probleme dieser Art (damals vor allem Meinungsverschiedenheiten in religiösen und politischen Fragen) bereits ein viel kultivierteres Verhalten eingeübt worden, etwa: Themenvermeidung, Widerspruchsvermeidung, Takt, Humor. Aber diese Lösung war abhängig gewesen von schichtspezifischer Sozialisation. Als politische Konvention konnte sie härtere Belastungsproben gerade unter demokratischen Bedingungen kaum durchstehen. Vgl. dazu am Beispiel des amerikanischen Sklavereikonflikts Stephen Holmes, Gag Rules or the Politics of Omission, in: Jon Elster/Run Slagstadt (Hrsg.), Constitutionalism and Democracy, Cambridge Engl. 1988, S. 19 – 58.

oder Dissens abwesender und unbekannter Leser. Wir wollen nicht behaupten, daß die Diskrepanz von Risikoperspektiven und Gefahrperspektiven ebenso radikale, revolutionierende Veränderungen auslösen wird. Wir sollten aber zumindest die Frage festhalten, wie sich ein eingeübtes rekursiv vernetztes (autopoietisches) Kommunikationssystem auf neu auftretende strukturelle Spannungen dieser Art einstellen kann.

Eine etwas andere Version des Problems ergibt sich, wenn man die schmalspurige Sequentialität des Kommunikationsflusses bedenkt. Es kann nur etwas auf einmal mitgeteilt und verstanden werden, und auch das Bewußtsein hat nur eine geringe, von Mensch zu Mensch variierende Überschußkapazität.[26] Die Konsequenz ist, daß die Kommunikation in hohem Maße *Autorität* in Anspruch nehmen muß – Autorität im Sinne der Unterstellung der Fähigkeit zu weiteren Erläuterungen.[27] Die Quellen dieser Autorität variieren aber offensichtlich mit den sozialen Strukturen. Es mag sich in einfachen Gesellschaften um Alter handeln, in Hochkulturen um sozialen Rang, in der heutigen Gesellschaft um Positionswissen (Amtswissen) oder um Expertenwissen. An dieser empfindlichen Stelle greift der Vertrauensverlust an. Wie behandelt man einen Arzt, dem man nicht mehr glaubt, daß er (angesichts des heutigen Nebenfolgenwissens/-unwissens) die Risiken einer Medikation wirklich kontrolliert hat oder auch nur kontrollieren kann? Man stellt Fragen und versucht, ihn zu testen; aber das setzt eigenes Fachwissen voraus und erfordert vor allem Zeit (und draußen warten andere Patienten). Kurz: man kann Autorität, die der Kommunikationsentlastung dient, nicht durch Kommunikation ersetzen. Aber wie anders könnte man auf den Autoritätsschwund reagieren: durch Unglauben, durch lauten Protest, durch Resignation, durch die

---

[26] Wir müssen hier natürlich außer Acht lassen, daß das Bewußtsein primär für das Simultanprozessieren von Wahrnehmungen eingerichtet ist und hierfür hohe Komplexität ausgebildet hat. Bei sprachlicher Gedankenarbeit bleibt es im wesentlichen an die Sequentialität der Kommunikation gebunden, auch wenn es etwas schneller arbeiten und sich mit unklaren oder halbfertigen Gedanken begnügen kann.

[27] „capacity for reasoned elaboration" im Sinne von Carl J. Friedrich, Authority, Reason, and Discretion, in: ders. (Hrsg.), Authority (Nomos I), Cambridge Mass. 1958, S. 28 – 48.

letzten Moden der Esoterik, die vorschreiben, worauf es letztlich ankommt?

Außerdem erfordert jede Kommunikation „im Namen von ..." Organisation. Im Falle der Kommunikation im Namen der Betroffenen kommt hinzu, daß es sich hier nicht um eine abgrenzbare Gruppe handelt (so wie die Staatsangehörigen im Falle der politischen Wahl oder die Betriebsangehörigen bei einer Vertretung durch den Betriebsrat). Das führt dazu, daß Organisationen der Betroffenen sich im Wege der Selbstermächtigung und ohne Legitimation bilden. Um so mehr darf man vermuten, daß im Prozeß der Organisationsbildung Motive der Selbstselektion und dann Funktionärsmotive eine Rolle spielen, die nicht unmittelbar und authentisch dem eigenen Betroffensein entspringen. Um so schwieriger dürfte es sein, die Kommunikationsmotive auf Risikolagen zuzurechnen und sie von ohnehin bestehenden Protestbereitschaften zu unterscheiden.[28] Die Kommunikation derjenigen, die für die Betroffenen auftreten, ist also letztlich genau so wenig glaubwürdig wie die der Sprecher der Wissenschaft oder der Technologie.

Diese Überlegungen haben nicht den Sinn, Kommunikation und Verständigungsversuche vorab zu entmutigen. Man kann sicher sein, daß die Möglichkeiten bei weitem nicht ausgeschöpft sind. Das Problem dieser nicht mehr nur auf Recht oder auf Wirtschaft bezogenen Diskrepanz ist zu neu, als daß man ein spontan darauf eingestelltes Verhalten erwarten könnte. Die Standpunktdarstellungen der Entscheider und der Betroffenen, der Industrievertreter und der Grünen simplifizieren in einer Weise, die beim Beobachter den Eindruck hinterläßt, daß der, der sich so äußert, selbst nicht daran glauben kann. Die Farben werden zu stark aufgetragen, die Wirkung wird auf die Massenmedien hin berechnet, man findet überraffinierte Strategiediskussionen, aber keine ausreichende Reflexion der strukturellen Ursachen des Konfliktes und der guten Gründe der anderen Seite. Dies sei hier nur

---

[28] „Is opposition to a technology really based on a concern about risk, or is it just a surrogate for more fundamental social concerns?", fragen sich auch Dorothy Nelkin/Michael Pollak, Public Participation in Technological Decisions: Reality or Grand Illusion?, Technological Review Aug./Sept. 1979, S. 55 – 64 (62).

in einer vielleicht ihrerseits übertriebenen Weise[29] angeführt, um zu
wiederholen: es ließe sich vieles verbessern. Nur muß man sich den
Blick für die Frage freihalten, wie weit Verbesserungen des Kommuni-
kationsstils und der Verständigungsbereitschaft angesichts eines Problems dieser Art ausreichen können.

V.

Wir haben Risiko durch Zurechnung auf Entscheidungen definiert und
sind davon ausgegangen, daß mit dem Übergang zur neuzeitlichen
Gesellschaft und mit ihrer Vollentwicklung die Differenz von Vergan-
genheit und Zukunft und damit die Entscheidungsabhängigkeit der
Zukunft zunehmen. Wie steht es aber mit der Zurechenbarkeit von
Risiken auf Entscheidungen?

Zurechnung auf Entscheidung ist Kausalzurechnung. Sie muß im
Schema von Ursache und Wirkung vorstellbar sein; und es muß außerdem plausibel sein, daß auch der Entscheider sich als Ursache der
Folgen sehen kann, die er auslöst. Kausalität ist aber ein Schema der
Weltbeobachtung, eingelassen in eine Unendlichkeit weiterer Ursachen
und weiterer Wirkungen. Je weiter die Zeithorizonte ausgezogen werden, desto mehr kommt in Betracht. Jede technische Realisation (mitsamt den für ihre Zwecke projektierten „Naturgesetzen") ist daher
immer nur ein kleiner Ausschnitt aus ebenfalls wirksamen Ursachen/
Wirkungen. Im Horizont des Entscheidens kommt es deshalb unaus-
weichlich zur Unterscheidung von beabsichtigten und unbeabsichtigten
Folgen oder, in etwas anderem Zuschnitt, von Zwecken und indispo-
niblen Beschränkungen. Aber das sind nur Unterscheidungen zweiter
Stufe, die angesetzt sind auf das Unendlichkeitsproblem, das im Kausal-
schema als solchem liegt. Je komplexer ein Entscheider seinen Kausalkontext zu berechnen versucht, desto wichtiger werden die unbeabsichtigten gegenüber den beabsichtigten Folgen und die Beschränkungen

---

[29] Vgl. aber die Darstellungen und Zitate in Dorothy Nelkin (Hrsg.), The
Language of Risk: Conflicting Perspectives on Occupational Health, Beverly
Hills 1985, wo der Konflikt aber zusätzlich noch durch den klassischen
Gegensatz von Arbeitgeber- und Arbeitnehmerperspektiven verschärft wird.

gegenüber den Zwecken. Bemühungen um Rationalität verlagern den Schwerpunkt ins Unverfügbare und bringen sich damit zum Scheitern.[30] Gegenüber solchen immanenten Beschränkungen der rationalen Kontrolle von Kausalitäten besitzt der Zurechnungsprozeß eine gewisse Beweglichkeit. So wird zum Beispiel das „Verursacherprinzip" im Haftungsrecht recht opportunistisch gehandhabt. Man macht den verantwortlich, bei dem etwas zu holen ist (also zum Beispiel die Industrie, aber nicht die Konsumenten, deren Nachfrage die Produktion auslöst); oder man belegt den mit „Gefährdungshaftung", bei dem man die beste Kontrolle über Alternativen vermutet. Auf Möglichkeiten rationaler Kalkulation wird dabei wenig Rücksicht genommen. Die Geschäftsrisiken werden um die Haftungsrisiken vergrößert in der nicht unberechtigten Annahme, daß daraus entstehende Kosten ohnehin auf Preise abgewälzt werden. Die Fernwirkungen einer solchen Praxis im Wirtschaftssystem bleiben unbeachtet, obwohl natürlich auch hier Risiken liegen – Risiken einer bestimmten Form des Umgangs mit Risiken.

Die Zurechnung von Risiken auf Entscheidungen erfolgt deshalb oft auch ohne Garantie rationaler Entscheidbarkeit, ja auch ohne Rücksicht auf die Rationalität der Risikokalkulation und schließlich nicht selten auch dann, wenn der Entscheider gar nicht identifiziert werden kann, dessen Entscheidung das Unglück verursacht, das Faß der ökologischen Belastungen zum Überlaufen gebracht, den Börsen-crash ausgelöst hat. Sicher ist oft nur, daß es überhaupt Entscheidungen waren und daß nur breit und unpräzise streuende Maßnahmen der Vorsorge oder der Schadensverteilung in Betracht kommen.

Denn die *Beobachtung* des riskanten Entscheidens und der Einbau dieses Zusammenhangs von Entscheidung und Zukunft in die geläufi-

---

[30] Unter sehr speziellen Gesichtspunkten wird hierüber bereits ausgiebig diskutiert – so über das Konzept des „bounded rationality" (Simon) und über das Problem des Motivationsverlustes bei extensiv betriebener Rationalisierung. (Hierzu Nils Brunsson, The Irrational Organization: Irrationality as a Basis for Organizational Action and Change, Chichester 1985). Auch die ebenso unvermeidliche wie gern kritisierte „Externalisierung" von Kosten gehört in diesen Zusammenhang. Über aus gleichen Gründen eintretende Verluste an Zurechenbarkeit gibt es, soweit wir sehen, keine entsprechende Forschung.

gen *Beschreibungen* der modernen Gesellschaft werden ihrerseits kommuniziert, sind selbst faktisch ablaufende Operationen und haben
dadurch eigene Auswirkungen auf die weitere Evolution des Gesellschaftssystems. Man muß deshalb damit rechnen, daß die Gesellschaft
in ihrer Selbstbeschreibung das, was vorliegt, übertreibt – insbesondere wenn es neu ist, wenn es unnormal ist, wenn es problematische,
korrekturbedürftige Folgen hat. Wir müssen deshalb mit der Möglichkeit rechnen, daß die moderne Gesellschaft *zu viel auf Entscheidungen
zurechnet und dies auch dort tut, wo der Entscheider (Person oder
Organisation) gar nicht identifiziert werden kann.* Der Mechanismus
der Risikozurechnung auf Entscheidungen arbeitet *zirkulär.* Die unsicheren nachteiligen Folgen, die man auf Entscheidungen zurechnen
kann, gelten als Risiko der Entscheidung. Und deshalb gilt auch umgekehrt das, was die strukturierte Komplexität der Gesellschaft an Um-
weltveränderungen auslöst und das, was man als Risiko gesehen,
behandelt, vermieden wissen will, *als Folge von Entscheidungen*; und
dies selbst dann, wenn man den Entscheider gar nicht ausfindig machen
kann und folglich weder eine Möglichkeit besteht, ihn zur Verantwortung zu ziehen, noch für ihn selbst eine Möglichkeit des Lernens. Die
Zurechnung des Schadens auf Entscheidungen läuft gleichsam leer und
übernimmt sekundäre Funktionen (oder wenn man will: Dysfunktio-
nen), zum Beispiel solche der Alarmierung öffentlicher Aufmerksamkeit, der Stimulierung von Protestbewegungen und Gesellschaftskritik,
die Kristallisierung von Ressentiments und Zukunftsängsten, um nur
das Wichtigste zu nennen.

Sehr viele bedenkliche Folgen moderner Gesellschaftsstrukturen
haben diese Effekte. Das gilt für die meisten langfristigen ökologischen
Veränderungen, eine der Hauptsorgen unserer Tage. Das gilt aber
auch für die durch die Struktur der Geldwirtschaft verschleierten
Langfristfolgen ökonomischer Entwicklungen; oder anders gesagt: für
all das, was die extreme Kurzsichtigkeit der marktbezogenen wirtschaftlichen Kalkulation nicht erfaßt. In sehr vielen und sehr typischen
Fällen bringt sich der in Technik und Entscheidungskalkulation ausge-
blendete Kausalkontext doch zur Geltung. In ökologischen Zusammenhängen gibt es (1) sehr lange Zeitdistanzen zwischen Ursachen und
Wirkungen und (2) eine extrem hohe Zahl mitwirkender Faktoren, die
es ausschließen, Schwellenwerte, Zeitpunkt des Schadenseintritts und
Zeit für gegenwirkende Maßnahmen abzuschätzen. Vor allem schließt

diese Kausallage die Identifikation des schuldigen Verursachers sowie die Zumutung der Einkalkulation des Risikos in die Entscheidung aus.[31] Man kann sich nur statt dessen an erlassene Vorschriften halten, die in einem einfachen Sinne ihrerseits riskant sind: in der Ausstellung von Unbedenklichkeitsbescheinigungen einerseits und im Aufbau unnötiger Behinderungen andererseits. Nicht anders ist die Situation in der Wirtschaft, ohne daß man einen möglichen Kollaps der Wirtschaft selbst oder auch nur einschneidende Kapitalengpässe, die zur Steigerung von riskantem Verhalten führen, in Rechnung stellen könnte. Geld ist ein Medium, das ohne Gedächtnis und mit sehr geringer Prognosemöglichkeit fungiert. Woher es kommt und für welche Zwecke es in der nächsten Hand verwendet wird, läßt sich bei der Kalkulation der einzelnen Transaktion nicht mitberücksichtigen: ein Extremfall von Technizität mit Indifferenz gegen Kausalitäten ringsum. Statt dessen gibt es nervöse Finanzmärkte und die Geldmengenpolitik der Zentralbanken – also auch hier: Risiken auf einer anderen Ebene desselben Systems, aber keine Steuerungsmöglichkeit, sondern nur kurzfristiges Reagieren auf einen aktuellen Informationsstand. Nähere Ausführungen dazu folgen im Kapitel 9.

Man mag sich fragen, ob diese Fälle mit unserer Unterscheidung von Risiko und Gefahr noch zu fassen sind und ob sich hier Entscheider und Betroffene noch unterscheiden lassen. Je nach Zurechnungsperspektive handelt es sich um Risiken, die ohne die durchgehende Entscheidungsabhängigkeit der Zukunft unseres Gesellschaftssystems gar nicht auftreten würden. Auch kann man die Risiken, wir tun es soeben, als entscheidungsabhängig identifizieren. Andererseits gibt es keine Entscheidungsalternativen, keine Möglichkeit risikofreien Verhaltens. Und insofern kollabiert die Unterscheidung. Das Risiko ist die Gefahr. Das Unterschiedene ist Dasselbe. Die Unterscheidung läßt keine Operationen auf der einen oder der anderen Seite zu. Sie läßt sich nur als Paradoxie, nur als Einheit des Unterschiedenen beobachten. Und vielleicht ist dies auch der Grund, weshalb man nach Lösungen auf den Metaebenen der jeweiligen Systeme sucht, nach Entfaltung der Paradoxie im Sinne der bekannten Typenhierarchie: nach Einrichtung

---

[31] In der rechtswissenschaftlichen Literatur wird dies bereits umfangreich diskutiert. Siehe für ein Beispiel Mary Margaret Fabic, Hazardous Waste Pollution, Buffalo Law Review 29 (1980), S. 533 – 557.

einer Metaebene rechtlicher Regulierung rechtlichen Verhaltens oder
eines Finanzmarktes, auf dem Geld gehandelt und gegebenenfalls
mengenmäßig kontrolliert werden kann. Aber es wäre im strengen
Sinne der Palo Alto Schule ein Fall von double bind, wollte man
glauben, daß auf diese Weise Risiken vermieden oder vermindert
werden könnten.

VI.

In der alten Welt, wenn man dies so pauschal sagen darf, konnte das
Betroffensein durch Entscheidungen anderer weitgehend über Ver-
trauen/Mißtrauen geregelt werden. Dabei war unterstellt, daß andere
die Möglichkeit haben, sich für oder gegen Schädigung zu entscheiden.
Insbesondere erwiesenes Vertrauen konnte zum Nachteil des Vertrauen-
den ausgenutzt werden, und deshalb lag dessen Klugheit in der Entscheidung zwischen Vertrauen und Mißtrauen. In verdichteten Sozial-
beziehungen einfacher Gesellschaften, aber auch früher Stadtkulturen,
konnte man sich dem Wunsch nach Hilfe oder auch dem Austausch
von Gefälligkeiten schwer entziehen; Mißtrauen oder Ablehnung wäre
als Feindseligkeit verstanden worden. Vertrauen (im römischen Sinne
„fides") war ein unausweichliches Moment sozialer Solidarität.[32] Die
weitere Entwicklung hatte dann zunächst Vertrauensverhältnisse stärker personalisiert. Das Risiko lag dann im Erweis von Vertrauen in
Fällen, wo, wie sich nachträglich herausstellen konnte, Mißtrauen
angebracht gewesen wäre.[33]

---

[32] Dies mag im übrigen erklären, weshalb im römischen Recht gerade unentgelt-
lich erwiesene Gefälligkeiten (etwa: mutuum, depositum) schon sehr früh zu
den wenigen Rechtsverhältnissen zählten, die als solche anerkannt und mit
einer actio, also mit gerichtlichem Rechtsschutz ausgestattet wurden, obwohl
es hier gar nicht um Leistungsstörungen in einem strikt synallagmatischen
Verhältnis ging. Das Bedürfnis nach Rechtsschutz ergab sich also keineswegs
nur aus der Entwicklung einer monetären Wirtschaft, sondern auch aus
dem Fortdauern archisch-tribaler Freundschafts- und Vertrauensverhältnisse,
denen man sich nicht entziehen konnte.

[33] Hierzu ausführlicher Niklas Luhmann, Vertrauen: Ein Mechanismus der
Reduktion sozialer Komplexität, 3. Aufl. Stuttgart 1989; ders., Familiarity,

In solchen Fällen war das Verhältnis von Entscheidung und Betroffensein jedoch ganz anders strukturiert. Das Risiko lag auf der Seite des Betroffenen. Er mußte entscheiden, ob er sich einer möglichen Schädigung durch andere aussetzen wollte oder nicht; und für ihn war es deshalb wichtig, im Falle des Vertrauensbruchs soziale, gegebenenfalls rechtliche Hilfe zu erhalten und nicht als unerfahrener Dummkopf dazustehen. Das setzte voraus, daß derjenige, dem zu vertrauen oder zu mißtrauen war, selbst unmittelbar über Schädigung/Nichtschädigung entscheiden konnte. (Er war in der Lage, mit geliehenen Dingen sorgsam oder sorglos umzugehen; er konnte anvertraute Verfügungsgewalt mißbrauchen etc.). Die soziale Regulierung von Vertrauensverhältnissen konnte also an Indikatoren für zu erwartendes Schädigungs*verhalten* ansetzen und die Einschätzung dann teils sozial erleichtern (etwa durch rechtliche Sanktionierung von Vertrauensbrüchen), teils individualisieren als ein Risiko, das im Vertrauen selbst lag. Die Rechtsfigur der „bona fides" war denn auch dasjenige Instrument gewesen, daß in einer mehrhundertjährigen zivilrechtlichen Entwicklung schließlich zur Klagbarkeit aller Verträge (einschließlich des sog. nudum pactum) geführt hat. Und parallel dazu konnte dann auch das individuell zumutbare Vertrauensrisiko mit Ansprüchen an Welt- und Geschäftskenntnis (prudentia) zunehmen.

Niemand wird sagen, daß dies heute keine Bedeutung mehr habe. Man muß jedoch sehen, daß das heute vordringlich aktuelle Problem des Betroffenseins durch Entscheidungen anderer ganz außerhalb dieser Vertrauenszone liegt und deshalb auch nicht durch entsprechende institutionelle oder individuelle Vorkehrungen aufgefangen werden kann. Für die jetzt vornehmlich interessierende Typik von Fällen kommt die alte Form Vertrauen/Mißtrauen nicht mehr in Betracht. Sie können nicht mehr über diese Form reguliert werden, und zwar weder sozial noch individuell. Denn die Form Vertrauen/Mißtrauen setzt ja voraus, daß man angeben kann, wie jemand sich zu verhalten hat, um sich des Vertrauens als würdig zu erweisen, es zu verdienen bzw. es

Confidence, Trust: Problems and Alternatives, in: Diego Gambetta (Hrsg.), Trust: Making and Breaking Cooperative Relations, Oxford 1988, S. 94–107. Zum Verhältnis von Risiko und Vertrauen (allerdings mit einem anders verstandenen Risikobegriff) auch Anthony Giddens, The Consequences of Modernity, Stanford Cal. 1990, S. 26 f., 29 ff., 79 ff., 124 ff.

zu brechen. Wenn aber das Risiko auf seiner Seite liegt, entfällt eben
diese Vorgabe. Es geht gar nicht mehr um die Frage, ob er andere
unter Bruch des erwiesenen Vertrauens schädigen will oder nicht;
es geht also auch nicht mehr um das Problem der Motivierung zu
vertrauendem und vertrauenswürdigem Verhalten. Die Hilfs- und För-
derungseinrichtungen dieses Programms führen nicht zum Ziel. Denn
das Problem liegt im Risiko des Entscheiders, das andere eventuell zu
Betroffenen macht, aber eben: zu unvorhersehbar Betroffenen. Wir
müssen also mit neuen Formen der sozialen Regulierung von Risikoverhalten experimentieren, und nur so viel steht fest: daß es nicht möglich
sein wird, dafür auf die alte Vertrauensethik zurückzugreifen, also
Vertrauen zu verlangen und zugleich Vorsicht und Umsicht beim Erweis
von Vertrauen.

Kapitel 7
Protestbewegungen

I.

Soziale Bewegungen sind ein so allgemeines Phänomen, daß es schwer fällt, sie mit einem präzisen Begriff zu beschreiben. Weithin hält man die Erscheinung für spezifisch modern, also für ein Phänomen des 19. und 20. Jahrhunderts, und grenzt damit Bauern- und Sklavenaufstände ebenso wie Adelsrevolten aus. Auch religiöse Bewegungen, die die Ausbreitung wohl aller Hochreligionen getragen haben, werden normalerweise nicht einbezogen. Vermutlich orientiert sich die Diskussion, paradigmatisch, aber eben nicht begrifflich reflektiert, an der sozialistischen Bewegung des 19. Jahrhunderts. Dann hilft man sich angesichts aktueller Phänomene, die dieses Signet nicht mehr führen, mit dem Notbegriff der „neuen sozialen Bewegungen". Diese Erscheinung paßt in kein vorgegebenes Schema; weder in die Darstellung gesellschaftlicher Differenzierung auf der Basis von Schichten, Klassen oder Funktionen, noch in die verbreitete Unterscheidung von makrosoziologischen und mikrosoziologischen Perspektiven. Daß sich innerhalb der akademischen Soziologie ein entsprechendes Forschungsgebiet ausdifferenziert hat mit einer Spezialliteratur, die ihrerseits wieder Spezialisten erfordert und erzeugt, sei unbestritten. Aber um so mehr tritt der Mangel an theoretischer und vor allem gesellschaftstheoretischer Perspektive vor Augen.

Wir lassen die damit angedeuteten Probleme weitestgehend auf sich beruhen und begnügen uns mit einem engeren Begriff der Protestbewegung. Er deckt weite Bereiche des Phänomens der sozialen Bewegung ab, läßt sich aber begrifflich besser eingrenzen. Proteste sind Kommunikationen, die *an andere* adressiert sind und *deren* Verantwortung anmahnen. Sie kritisieren Praktiken oder Zustände, machen sich aber nicht selber anheischig, an die Stelle dessen zu treten, der für Ordnung sorgen sollte. Es geht nicht um einen Austausch von Plätzen, nicht um politische Opposition, die selber die Regierung übernehmen möchte und dadurch – sie muß es dann auch tun und können! – vorweg diszipliniert ist. Es geht vielmehr um Ausdruck von Unzufriedenheit, um Darstellung von Verletzungen und Benachteiligungen, nicht selten auch um wildes Wünschen. Es mag gute bis sehr gute Gründe geben und ebenso deutliche Mängel auf der anderen Seite. Aber die Form des Protestes ist eben eine Form, die eine andere Seite voraussetzt, die auf den Protest zu reagieren hat. Mit dem Kollaps dieser Differenz kollabiert auch der Protest. Einen Augenblick mag es dann so scheinen, als ob die Gesellschaft gegen sich selber protestiere. Aber das wäre dann ein instabiler, paradoxer Zustand; und schon wenn er unmittelbar darauf als „Revolution" beschrieben wird, ist man bereits wieder auf dem Wege zu normalen Verhältnissen und zu neuen Protesten.

Ein Protest, sagten wir, ist eine Kommunikation – und zunächst nicht mehr als das. Er kann in einem Leserbrief zum Ausdruck kommen oder sonst irgendwelche institutionell gebahnten Wege benutzen. Er kann sich rein parasitärer Ausdrucksformen bedienen, also in seiner Kommunikation die Einrichtungen benutzen, gegen die er protestiert.[1] Dann bleibt der Protest ephemeres Ereignis in einem anderen System. Von Protest*bewegungen* wollen wir nur sprechen, wenn der Protest als Katalysator einer eigenen Systembildung dient. Der Protest rekrutiert dann gleichsam eigene Anhänger. Wie es wirklich angefangen hat, wird sich im nachhinein kaum feststellen lassen, aber das System kann gegebenenfalls einen Gründungsmythos erzählen, die Heroen der Anfangszeit in Erinnerung behalten, den Anlaß memorieren und dann häufig im Vergleich dazu den Verlust an Engagement und Opferbereitschaft in der Gegenwart beklagen.

In diesem Sinne kann man Protestbewegungen als autopoietische Systeme beschreiben.[2] Der Protest ist die Form, das Thema der Inhalt,

---

[1] Siehe dazu die Analyse der Salonaufklärer von (Simon-Nicolas-Henri) Linguet, Le Fanatisme des philosophes, London – Abbeville 1764. Für unser Jahrhundert würde man eher an die Proteste der beamteten Professoren denken.

[2] So für soziale Bewegungen generell Heinrich Ahlemeyer, Was ist eine soziale Bewegung? Zur Distinktion und Einheit eines sozialen Phänomens, Zeitschrift für Soziologie 18 (1989), S. 175 – 191. Dem Beitrag liegt eine bisher nicht veröffentlichte Habilitationsschrift (Universität Münster) zu Grunde. Zur selbstreferentiellen Schließung speziell der neuen sozialen Bewegungen vgl. auch Klaus P. Japp, Kollektive Akteure als soziale Systeme?, in: Hans-

und beides zusammen setzt eine Reproduktion darauf bezogener Kommunikationen in Gang und ermöglicht es dem System, zugehörige und
nichtzugehörige Aktivitäten zu unterscheiden. „Autopoietisch" – das
heißt auch, daß die Bildung und Strukturierung des Systems nicht auf
Außeneinwirkung zurückgeht. Protest ist kein Sachverhalt, der aus der
Umwelt in das System importiert wird; sondern er ist eine Konstruktion
des Systems selbst, deren Gründe dann in die Umwelt verlagert werden.
Das heißt nicht, daß der Protest keinen verständlichen, und zwar
gerade: für Individuen verständlichen, Grund hätte.[3] Die Bewegung
lebt keineswegs nur von Selbstillusionierungen. Das System ist, so
könnte man eine bekannte Formel variieren, offen in bezug auf Themen
und Anlässe, aber geschlossen in bezug auf die Form des Protestes. Es
erkennt sich daran, daß es alle für es zugängliche Tatsachen in die
Form des Protestes bringt und sich mit Hilfe dieser Form reproduziert,
und es kombiniert auf diese Weise in jeder Operation Fremdreferenz
und Selbstreferenz, eben externe Anlässe für einen intern aktualisierten
Protest.

Der Protest muß, soll er eine Protestbewegung generieren und zusam-
menhalten, ein spezifisches Thema wählen und am Thema haften
bleiben. Im Unterschied zur sozialistischen Bewegung des 19. Jahrhunderts bestimmen die neuen sozialen Bewegungen ihre Ziele auch nicht
von einer am Gegenstand spezifizierten Gesellschaftskritik her, sondern
benutzen ihr Thema, um herauszufinden, was an der Gesellschaft zu
kritisieren ist. Nur in einem sehr rudimentären Sinne entwickelt sich
eine eigenständige Semantik, die einen abweichenden Sprachgebrauch
pflegt und durchzusetzen versucht – etwa die Neonatursemantik
der ökologischen Bewegung.[4] Damit wird die Kluft zwischen dem

---

Jürgen Unverferth (Hrsg.), System und Selbstproduktion: Zur Erschließung
eines neuen Paradigmas in den Sozialwissenschaften, Frankfurt 1986, S. 166 –
191.

[3] Dies zu: Wilfried von Bredow/Rudolf H. Brocke, Krise und Protest: Ur-
sprünge und Elemente der Friedensbewegung in Westeuropa, Opladen 1987.
Es ist dann freilich immer noch die Frage, ob im Nachzeichnen der Gründe,
die die Protestbewegung sieht und mit denen sie sich selbst erklärt, eine
ausreichende soziologische Erklärung liegt.

[4] Hier fällt auf, daß deren Naturbegriff von dem abweicht, was die einst
zuständige Physik formulieren könnte. Ein Physiker könnte gar nicht auf die

Sprachgebrauch der Funktionssysteme und der alltagsnäheren Semantik der Protestbewegungen so verschärft, daß eine Kommunikation
sich auf konkreteren Ebenen an Themen orientieren muß.[5] Das macht
die Protestbewegungen erst recht von selbstgewählten Themen abhängig.[6] Aber Themen haben eine Eigendynamik, die diese Bedingung
nicht zwangsläufig erfüllt. Sie können den Bewegungen entgleiten, ja
ihnen aus der Hand genommen werden. Man muß hier auf eine sehr
tief liegende Logik des Wiederholens von Kommunikation achten. Sie
erfordert einerseits eine Kondensierung des Themas. Es muß – nicht
bei der Ersterwähnung, aber in der Wiederholung – als Dasselbe
erkennbar sein. Außerdem muß das Thema sich in immer neuen
Situationen bestätigen lassen, es muß seine Relevanz behalten, muß
generalisiert, muß mit verweisungsreichem Sinn angereichert werden.
Es nimmt soziale Bezüge, Erfahrungen mit Freunden und Feinden,
nimmt Geschichte in sich auf. Das aber bedeutet, daß alternde Themen
verschieden gesehen werden können und an organisierender Kraft
verlieren. Eine Revolte wird für Zwecke einer religiösen Bewegung,
eine religiöse Bewegung für politische Zwecke mitbenutzt, um auf das
frühe 16. Jahrhundert anzuspielen. Sobald es die Druckpresse gibt,
wird all dies zugleich sichtbar, und es liegt dann nahe, daß die Protestbewegung sich spaltet, um das Verhältnis von Themen und Anhängern
neu zu adjustieren.

Protestbewegungen sind und bleiben auf Differenzerhaltung ange-
wiesen. Wenn sie Erfolg haben, muß die Differenz von Thema und
Protest eingezogen werden. Wenn sie keinen Erfolg haben, besteht die
Gefahr, daß sie Teilnehmer verlieren oder zumindest keinen Nach-

---

Idee kommen, daß technisch ausgelöste Katastrophen, Umweltverschmutzun-
gen etc. der Natur von außen aufgezwungen werden. Sie müssen doch
jedenfalls physikalisch und chemisch möglich sein. Im ganzen zeichnen die
heutigen Naturwissenschaften denn auch ein emotional wenig ansprechendes
Bild von Natur, was den ökologischen Bewegungen die Chance gibt, das
damit geräumte semantische Terrain neu zu besetzen.

[5] Das Ausweichen in die ebenfalls sehr unspezifische Rede von „Ethik" ist ein
weiterer Aspekt dieser Kommunikationsverlegenheit.

[6] Siehe Klaus P. Japp, Neue soziale Bewegungen und die Kontinuität der
Moderne, in: Johannes Berger (Hrsg.), Die Moderne – Kontinuitäten und
Zäsuren, Soziale Welt Sonderband 4, Göttingen, S. 311–333.

wuchs mehr rekrutieren können. Ihre Fähigkeit, „Ressourcen zu mobilisieren" (ein wichtiges Beschreibungsmerkmal der Theorie sozialer Bewegungen) nimmt ab. Unter diesen Bedingungen ist eine nur temporäre Systembildung zu erwarten. Die Bewegung läßt sich nicht in die Form einer normalen Organisation bringen. Ihre Autokatalyse erfordert den Protest als eine Form, die sich nicht in die ganz andere Form eines Zweckes bringen läßt, denn das Protestieren kann nicht gut als Ziel der Bewegung deklariert werden. Themen und auch Teilnehmer verlassen das System, die Themen werden in der Umwelt mehr und mehr beachtet, sie dringen in normale politische Agenden ein. Die Teilnehmer suchen feste Anstellungen in Organisationen. Sie machen mit Hilfe der Bewegung Karriere – oder sie stehen als Einzelpersonen mit Dauerprotestbereitschaft für andere Themen und andere Bewegungen zur Verfügung. Als Sediment erloschener sozialer Bewegungen entstehen organisierte, planstellendefinierte Entscheidungskompetenzen auf der einen Seite und brachliegende Protestpotentiale auf der anderen sowie, zur Vermittlung gleichsam, nostalgische Rückblicke auf die civic virtue des public man.[7]

II.

Angesichts der Reichhaltigkeit möglicher Themen für Proteste und angesichts der Situationsabhängigkeit einer erfolgreichen Kopplung von Thema und Protest dürfte es schwer fallen, von den Themen her einen Überblick oder gar eine aufschlußreiche Typologie von Protestbewegungen zu gewinnen. Wir versuchen statt dessen, vom oben bereits vorgestellten Problem der sozialen Kosten von Zeitbindungen auszugehen. Jedenfalls wird es eine Dauerquelle möglicher Proteste sein, daß jede Festlegung einer bestimmten Zukunft sozial diskriminie-

---

[7] Siehe nur: Richard Sennet, The Fall of Public Man, New York 1979; Alasdair MacIntyre, After Virtue: A Study in Moral Theory, London 1981, oder mit historischen Reminiszenzen John G. A. Pocock, The Machiavellian Moment: Florentine Political Thought and the Atlantic Republican Tradition, Princeton 1975; Istvan Hont/Michael Ignatieff (Hrsg.), Wealth and Virtue: The Shaping of Political Economy in the Scottish Enlightenment, Cambridge Engl. 1983.

rend wirkt, also nicht alle gleich begünstigt bzw. belastet. Zugleich ist
dieses Bezugsproblem so allgemein formuliert, daß es allein nicht
ausreicht, um das Auftreten von Protestbewegungen zu erklären. Zusätzlich muß man daher immer auch auf historische Situationen und
Gelegenheiten achten, die als Fremdauslöser der Selbstauslösung von
Protestbewegungen dienen.

In den traditionellen Gesellschaften gehen viele Unruhen, Revolten,
Widerstandsbewegungen auf Konflikte zurück, die sich an normativen
Erwartungen entzünden. Ohne deutliche Trennung von Recht und
Moral geht es um Recht und Unrecht. Die am Existenzminimum
lebende Schicht von Landarbeitern und Kleinbauern erwartet von den
Grundeigentümern eine Sicherung ihrer Lebensmöglichkeiten auf wie
immer definiertem, jedenfalls durch Tradition bestimmtem Niveau.
Änderungen schlagen sehr rasch in Subsistenzgefährdungen um. An-
sprüche auf Schutz und Fürsorge liegen dann auf der Hand, und zwar
unabhängig von den konkreten Ursachen wie Mißernten, Kriege oder
auch vordringende Geldwirtschaft, die das Problem haben akut werden
lassen. Die neuere Literatur nennt dieses Syndrom „moral economy".[8]
Aus unserer Sicht ist entscheidend, daß die Reichweite normativer
Bindungen umstritten ist und bleibt.

Aber dies ist nur die eine Seite der Medaille. Innerhalb der Ober-
schichten entstand das gleiche Problem. Hier nahm, vor allem in
Europa, der Adel das Recht in Anspruch, über Recht und Unrecht
selbst entscheiden zu können. Voraussetzung dafür war eine vom
römischen Zivilrecht ausgehende, vergleichsweise dichte Durchdrin-
gung der Lebensverhältnisse mit Rechtsnormen, und dies sowohl im
Feudalrecht und im kanonischen Recht als auch unter städtischen
Lebensbedingungen. Das machte es relativ leicht, Rechtsbrüche festzu-
stellen oder auch nur zu behaupten. Die Herrschaft war vom Recht
keineswegs ausgenommen, ja die Gesellschaft selbst wurde als Rechtsinstitut begriffen; und folglich kam es zur Anerkennung eines Widerstandsrechts gegen Usurpation oder unrechtmäßigen Machtgebrauch.
Ein unrechtmäßig handelnder Fürst war nach dem Verständnis der

---

[8] So im Anschluß an E. P. Thompson, The Moral Economy of the English
Crowd in the 18th Century, Past and Present 50 (1971), S. 76–136. Vgl.
auch James C. Scott, The Moral Economy of the Peasant: Rebellion and
Subsistence in Southeast Asia, New Haven Conn. 1976.

Zeit gar kein Fürst, sondern ein Tyrann. Er nahm sein Amt der „iurisdictio" nicht wahr (denn wie kann man es rechtswidrig wahrnehmen?) und verlor damit jeden Anspruch auf Gehorsam.

Auch wenn man von einem Widerstandsrecht des Volkes sprach: als Volk kamen praktisch nur Adelige in Betracht und seit dem Spätmittelalter auch Amtsträger anderer Art, vor allem als Vertreter von Korporationen. Es waren also im Rahmen einer stratifizierten Gesellschaft nur kleine Teile der Bevölkerung, die als populus, als cives, als subditos handeln konnten; und es waren Leute, die etwas zu verlieren hatten und dadurch diszipliniert waren.

Zur Semantik dieses Widerstandsrechts gehörte ein Rechtsbegriff, der eine religiöse und eine moralische Fundierung des Rechts vorsah; ein Rechtsbegriff also, der in seinen Grundlagen nicht auf Setzung, nicht auf Willen bzw. Konsens, sondern auf die Möglichkeit von Erkenntnis und Irrtum eingestellt war.[9] Im Widerstandsrecht kulminierte, könnte man sagen, die negative Seite der Selbstreferenz des Rechts. Denn der Anspruch auf Gehorsam anderer mußte ja selbst als Rechtsanspruch begründet werden, und das ist nur möglich, wenn das, was verlangt wird, rechtmäßig verlangt wird.

Die Fundierung normativer Urteile in einer der Willkür entzogenen erkennbaren Ordnung zerbrach bereits in den religiösen Bürgerkriegen des 16./17. Jahrhunderts, nachdem schon der Buchdruck die Heterogenität möglicher Normen und Begründungen explosionsartig hatte sichtbar werden lassen.[10] Nun schien die einzige Lösung des Problems, wenn schon Willkür gegen Willkür stand, in der Zentrierung der

---

[9] Siehe zum Beispiel (trotz einer schon deutlich souveränitätsbezogenen Fürstenlehre) Jacobus Omphalius, De officio et potestate Principis in Republica bene ac sancte gerenda, libri duo, Basel 1550, S. 21: „non semper malum est, referente Augustino, non obedire Principis praecepto, cum is iubeat ea quae Deo contraria sunt, quibus sane parendis nemo ulla divina, vel humana, vel naturali lege constringitur". Man beachte, daß dies während der sich ausbreitenden, religiösen Bürgerkriege geschrieben wurde. Zum Kontext siehe auch Quentin Skinner, The Foundations of Modern Political Thought Bd. 2: The Age of Reformation, Cambridge Engl. 1978.

[10] Hierzu glänzend: Herschel Baker, The Wars of Truth: Studies in the Decay of Christian Humanism in the Earlier Seventeenth Century, Cambridge Mass. 1952, Nachdruck Gloucester Mass. 1969.

Willkür auf einen Punkt zu liegen: in der Souveränität des Monarchen. Seitdem verblaßt die Semantik des göttlichen und des natürlichen Rechts zu einer bloßen Legitimationsfloskel, während für die reale Limitierung realer Staatspraxis neue Begriffe herhalten müssen, etwa die in den letzten Dekaden des 17. Jahrhunderts aufkommende Vorstellung rein positivrechtlicher „loix fondamentales".[11] Diese sanktionieren, so nimmt man an, sich selbst, da ein Souverän, der sie mißachten würde, seine eigene Herrschaft unterminieren würde. Sie sind also mit einem Verbot jeglichen Widerstandes gegen geltendes Recht kompatibel. Damit verlagert sich das Problem zunächst aber nur von „rechtswidrig" auf „verfassungswidrig" als Wortsignal für die Auslösung von Widerstand. Das Wort „unconstitutional" taucht erstmals im Zusammenhang mit der Korruption des Londoner Parlaments (also des Souveräns) durch Geldmittel der Krone auf.[12] Es gewinnt dann Breitenwirkung im Vorfeld der amerikanischen Unabhängigkeitsbewegung, der letzten großen strikt an Rechtsfragen ausgelösten Protestbewegung.[13] Seitdem ist das Problem, jedenfalls in funktionierenden Demokratien, über politischen Einfluß auf die Gesetzgebung, politische Opposition mit Aussicht auf Regierungswechsel und Verfassungsgerichtsbarkeit entschärft. Die alte, sich auf Recht stützende Praxis des Widerstandes erscheint jetzt, wie Friedrich Schlegel notiert, in der neuartigen Form des „uneigennützigen Verbrechens", während sich zugleich Repräsenta-

---

[11] Zur Wort- und Begriffsgeschichte Heinz Mohnhaupt, Die Lehre von der „lex fundamentalis" und die Hausgesetzgebung europäischer Dynastien, in: Johannes Kunisch (Hrsg.), Der dynastische Fürstenstaat: Zur Bedeutung von Sukzessionsordnungen für die Entstehung des frühmodernen Staates, Berlin 1982, S. 3–33; Harro Höpfl, Fundamental Law and the Constitution in Sixteenth-Century France, in: Roman Schnur (Hrsg.), Die Rolle der Juristen bei der Entstehung des modernen Staates, Berlin 1986, S. 327–356.

[12] Siehe Henry, Viscount Bolingbroke, A Dissertation upon Parties (1735), zit. nach: The Works of Lord Bolingbroke, Philadelphia 1841, Nachdruck Farnborough Hants. 1969, Bd. II, S. 5–172 (S. 11, 118).

[13] Vgl. Gerald Stourzh, Vom Widerstandsrecht zur Verfassungsgerichtsbarkeit: Zum Problem der Verfassungswidrigkeit im 18. Jahrhundert, in ders., Wege zur Grundrechtsdemokratie: Studien zur Begriffs- und Institutionsgeschichte des liberalen Verfassungsstaates, Wien 1989, S. 37–74.

tivverfassungen als „fixierte Unruhe" präsentieren.[14] Ein Protest gegen
normative Bindungen schlechthin kann jetzt nur noch die für das 19.
Jahrhundert typische Form des „Anarchismus" annehmen. Und wenn
es heute noch die uneigennützigen Ordnungswidrigkeiten des „zivilen
Ungehorsams" der Intellektuellen gibt, dann unter dem Schutz jener
Institutionen und als Ausdrucksmittel für andere, nicht primär am
Recht orientierte Protestbewegungen.[15]

III.

Mit der Protestbewegung des „Sozialismus" kommen wir auf historisch
näherliegendes, vertrauteres Gelände und können uns daher kürzer
fassen.[16] Jetzt geht es nicht mehr um Beeinträchtigungen, die daraus
resultieren, daß Normprojektionen die Verhaltensmöglichkeiten einschränken, sondern es geht darum, daß knappe Güter oder Leistungen
ungleich verteilt sind und des einen Mehr des anderen Weniger bedeutet. Im Falle des Normkonfliktes hängt die Beeinträchtigung und damit

---

[14] So in „Signatur des Zeitalters", zit. nach Friedrich Schlegel: Dichtungen und
Aufsätze (Hrsg. Wolfdietrich Rasch), München 1984, S. 593–728, Zitate
S. 598 und 713.

[15] Daß diese Beschreibung der Intention der Beteiligten, ihrer Absicht, Protest
zu „symbolisieren" nicht entspricht, liegt auf der Hand. Günter Frankenberg,
Unordnung kann sein: Versuch über Systeme, Recht und Ungehorsam, in:
Axel Honneth et al. (Hrsg.), Zwischenbetrachtungen: Im Prozeß der Aufklärung: Jürgen Habermas zum 60. Geburtstag, Frankfurt 1988, S. 690–712,
stellt dies seinerseits fest, ohne aber zu klären, wieso ein Recht auf Symbolisieren Unrecht in Recht verwandeln kann.

[16] Zur Wortgeschichte, die bis in die 20er Jahre des 19. Jahrhunderts zurück-
reicht, vgl. Gabriel Deville, Origine des mots „socialisme" et „socialiste" et
de certains autres, La Révolution Française 54 (1908), S. 385–401; Arthur
E. Bestor, The Evolution of the Socialist Vocabulary, Journal of the History
of Ideas 9 (1948), S. 255–302. Sobald die sozialistische Bewegung in Gang
kommt, beginnt sie freilich auch, ihre eigene Geschichte zu schreiben und
nimmt dabei keine Rücksicht auf die Einführung des Begriffs, spricht von
Frühsozialisten, utopischem Sozialismus usw., als ob man vor der Erfindung
des Wortes sich so hätte beschreiben können. Siehe nur Werner Sombart,
Sozialismus und soziale Bewegung, zit. nach der 6. Aufl. Jena 1908.

die Initiative zum Protest davon ab, wer seine Erwartungen als Recht
durchsetzt. Im Falle von Ungleichverteilungen kommt es darauf an,
wer erfolgreich knappe Güter bzw. Leistungen akkumulieren kann und
wem sie infolgedessen dann fehlen.

Wenn es um Knappheit geht, kann der Protest nicht mehr gut als
Kampf um Recht stilisiert werden, denn die Verteilung erfolgt nicht
durch wilden Zugriff, sondern über Eigentum und Vertrag, also im
Einklang mit dem Recht.[17] Seit dem 17./18. Jahrhundert werden Beschränkungen der Eigentumsverwendung allmählich abgebaut, und
zugleich wird die Einklagbarkeit von Verträgen erweitert, bis schließlich im 19. Jahrhundert die bloße Willensübereinstimmung (die freilich
bewiesen werden muß und richterlich interpretiert werden kann) genügt.[18] Entsprechend wird die Grundlage von Ansprüchen und Protesten jetzt aus dem (ohnehin nur noch positiven) Recht herausabstra-
hiert und in einem allgemeinen Wertpostulat der Gleichheit verankert.
Gleichheit besagt jedoch nur, daß Ungleichheit legitimationsbedürftig
ist und daß es nicht mehr genügt, sich darauf zu berufen, daß der
Segen Gottes auf ihr ruhe.[19]

---

[17] „occupatio" im Sinne eines erstmaligen Eigentumserwerbs durch Zugriff auf
herrenlose Güter bleibt zwar ein Thema des juristischen Diskurses, auch
und gerade im 17. und 18. Jahrhundert. Für die Praxis ist dies aber ohne
Bedeutung. An diesem Thema diskutiert man vielmehr die Entstehung und
Legitimation einer Eigentumsordnung schlechthin mit ungleicher Verteilung.
Siehe dazu Niklas Luhmann, Am Anfang war kein Unrecht, in ders., Gesellschaftsstruktur und Semantik Bd. 3, Frankfurt 1989, S. 11 – 64.

[18] Im kontinentalen Recht lagen die Probleme eher im Abbau von „polizeistaat-
lichen" Beschränkungen der Eigentumsverwendung, im common law eher
in der Freigabe von rein auf die Zukunft gerichteten Verträgen. Siehe Dieter
Grimm, Recht und Staat in der bürgerlichen Gesellschaft, Frankfurt 1987,
S. 165 ff. Patrick S. Atiyah, The Rise and Fall of Freedom of Contract,
Oxford 1979. Nur beides zusammen und dazu noch die Entwicklung eines
privaten, von Staatsprivilegien unabhängigen Korporationsrechts konnte bewirken, daß der Staat zunehmend für die Durchsetzung von normativen
Erwartungen eintreten mußte, *deren Entstehung er nicht kontrolliert hatte.*

[19] Ein altes, aristotelisches Argument im übrigen, das besagt, daß eine Ordnung,
die aus Reichen und Armen, Engeln und Steinen, Männern und Frauen
bestehe, perfekter sei als eine Ordnung, die nur beste Positionen enthalte.

Im Zusammenhang mit dieser Umdirigierung der Anlässe für Proteste von normativen Projektionen auf Knappheitsfragen ändert sich im Übergang vom 18. zum 19. Jahrhundert auch der Begriff der Gesellschaft. Die Gesellschaft ist jetzt nicht mehr die Zivilgesellschaft als Rechtsinstitut der als Bürger an ihr Beteiligten und schon gar nicht ein Vertrag. Sie ist vielmehr eine Wirtschaftsordnung, die den Bevorzugungen und Benachteiligungen in der Befriedigung von Bedürfnissen einen Sinn gibt, und zwar den Sinn maximaler wirtschaftlicher Wohlfahrt. Diese Reduktion von Gesellschaft auf Wirtschaft ist jedoch so unrealistisch – allein schon, weil sie Politik außer Acht läßt –, daß sie alsbald durch eine übergeordnete Unterscheidung überformt wird: die Unterscheidung von Gesellschaft und Staat. Erst diese um die Mitte des Jahrhunderts durchgesetzte Unterscheidung[20] gibt der wirtschaftlichen Protestbewegung des Sozialismus den Kontext, in dem sie sich ausdifferenzieren und als die Protestbewegung des Jahrhunderts etablieren kann. Auch auf semantischer Ebene löst sich in den 40er Jahren des 19. Jahrhunderts der Begriff „soziale Bewegung" von Vorstellungen wie Rebellion oder Unruhe und nimmt statt dessen Merkmale eines zielstrebigen Opponierens auf.[21] Die sich „sozialistisch" nennende soziale Bewegung kann angesichts wirtschaftlicher Benachteiligungen an den Staat appellieren, für Abhilfe zu sorgen. Wie man weiß, gibt es die Alternative des Marxismus, es selber zu tun. Aber dann muß man einer unbestimmbaren postrevolutionären Zukunft überlassen, was auf den Protest hin geschehen und wer dafür zuständig sein wird.

Ebensowenig wie der Protest für oder gegen Normen ist der Protest gegen die Inanspruchnahme knapper Güter völlig verschwunden. Auch dieser Typ von Protest hat jedoch seine einstige Zentralstellung einge-

---

[20] Man wird es nicht als Zufall ansehen können, daß das Buch, das mehr als irgendein anderer dazu beigetragen hat, die Unterscheidung von Staat und Gesellschaft aus dem Hegelschen Theoriekontext zu lösen und allgemein verfügbar zu machen, nämlich Lorenz von Steins „Geschichte der sozialen Bewegung in Frankreich von 1789 bis auf unsere Tage" (Leipzig 1850), den Begriff soziale Bewegung im Titel führt. Die Unterscheidung ist in der Tat die Voraussetzung dafür, daß sich das soziale Bewegung genannte Phänomen von der Eigendynamik, sei es der Wirtschaft, sei es der auf den Staat konzentrierten Politik, abheben läßt.

[21] Vgl. Otthein Rammstedt, Soziale Bewegung, Frankfurt 1978, insb. S. 47 ff.

büßt. Das liegt teils an der Entwicklung zum Wohlfahrtsstaat, teils an der Abschaffung des freien Arbeitsmarktes, auf dem sich Löhne nach oben und nach unten bewegen konnten.[22] Immer noch lassen sich Gleichheitsdesiderate und Statistiken zum Nachweis von Schlechterstellungen benutzen (so gegenwärtig vor allem von und für Frauen) und es gibt sporadisch Proteste gegen legale Ausnutzung von Eigentum (Unbewohntlassen von Häusern, Industrieansiedlungen, Straßenbau etc.). All dies sind jedoch Marginalien zum Wohlfahrtsstaat. Sie hängen damit zusammen, daß die Eigentums- und Vertragsfreiheit, gegen die sich einst die sozialistische Bewegung gerichtet hatte, fast nur noch als Prämisse politischer Konditionierung existiert und daß sich folglich Mischformen rechtlich und ökonomisch motivierter Proteste ausbilden, „Bürgerinitiativen" zum Beispiel, die anderen politischen Präferenzen den Vorzug geben und dies geltend zu machen versuchen. Das eigentliche Neue der Protestbewegungen unserer Tage liegt jedoch nicht in diesen zersplitterten Resten einer einst mächtigen Anmahnung von Rechtlichkeit und ökonomischer Solidarität, sondern es liegt in einem neuen Typ von Protest: in der Ablehnung von Situationen, in denen man das Opfer des riskanten Verhaltens anderer werden könnte.

IV.

Im Kontext einer Soziologie des Risikos haben die historischen Rückblicke der letzten beiden Abschnitte keinen Eigenwert. Sie dienen nur dazu, die Frage zu vertiefen, ob die heutigen sozialen Bewegungen dem geschichtlich vorliegenden Muster entsprechen oder ob, und worin, sie sich davon unterscheiden. Daß man von „neuen sozialen Bewegungen" spricht, zeigt Distanzbewußtsein, zugleich aber auch theoretische Verlegenheit an. Üblicherweise wird die Neuheit dieser Bewegungen nur auf einen „Wertewandel" bezogen, also nur in ihren Themen gesehen

---

[22] Daß dem der Euphemismus „soziale Marktwirtschaft", vor allem aber die Unentbehrlichkeit von Schwarzarbeit in einigen Sektoren der Wirtschaft (zum Beispiel Instandhaltung, Renovierung von Häusern, Hausarbeit) entspricht, belegt die Marginalisierung der einst durchgehenden sozialen Benachteiligung von Arbeitern. Im übrigen ist das, was man heute Arbeitsmarkt nennt, fest im Griff zentraler Preisabsprachen.

und allenfalls noch in einer Pluralisierung der Proteste. Die theoretischen Bemühungen konzentrieren sich folglich auf den Nachweis einer *prozessualen* Kontinuität und Einheitlichkeit bei aller Vielfalt der Themen.[23] Aber könnte es nicht sein, daß es eine gewisse metathematische Einheitlichkeit auch in der *Form* gibt, in der solche Bewegungen sich artikulieren? Und könnte es nicht sein, daß diese Frage auch historisch ergiebiger ist als ein bloßer Nachweis von mehr oder weniger osmotischen Kontinuitäten? Jedenfalls leben die neuen Protestbewegungen in ihrer Vielfalt davon, daß das Protestieren inzwischen zu einer etablierten Form geworden ist und von Thema zu Thema überspringen kann.[24] Und entsprechend können Individuen, die an die Ausdrucksform des Protestes gewöhnt oder damit identifiziert sind, sich neue Themen suchen, wenn alte verbraucht sind.

Wie in den Funktionssystemen eine Codierung Programme erfordert, die die Zuweisung der positiven bzw. negativen Werte regeln, so erfordert die Form des Protestes Themen, die spezifizieren, weshalb und wogegen protestiert wird. Und auch für die Erzeugung von Themen haben sich allgemeine Formen bewährt. Man kann in die Gesellschaft die Sonde der Gleichheit einführen und daran die evidente Ungleichheit messen. Dann erzeugt man Verteilungsthemen. Man kann auch die Sonde des externen Gleichgewichts einführen und daran den Ungleichgewichtszustand messen. Dann erzeugt man die Themengruppe Gefahr und Risiko, da es fraglich wird, ob und wie die Gesellschaft sich im Zustande des Ungleichgewichts halten kann. Beide Formen benutzen utopische Vorstellungen, da die Gesellschaft nur qua interner Ungleichheiten (Differenzen) und nur qua ökologischen Ungleichgewichts (Ausdifferenzierung) ein System sein kann. Die The-

---

[23] Dies ist vor allem Anregungen zu danken, die Otthein Rammstedt gegeben hat. Am ausführlichsten jetzt Lothar Rolke, Protestbewegungen in der Bundesrepublik: Eine analytische Sozialgeschichte des politischen Widerspruchs, Opladen 1987.

[24] Siehe auch von Bredow/Brocke a. a. O. S. 61: „Die neuen sozialen Bewegungen sind als Bewegung nur in unspezifischem Protestmilieu und nur in bezug auf gesamtgesellschaftlich relevante Themen einheits- und aktionsfähig. Das macht einerseits ihre Stärke aus. Es macht sie andererseits aber auch abhängig von gesamtgesellschaftlichen Themenvorgaben, deren Konjunkturen in der öffentlichen Meinung ihren Takt mitbestimmen".

menerzeugungsformen garantieren mithin ein unendliches Themenreservoir. Sie garantieren der Gesellschaft die Dauermöglichkeit, sich im Protest gegen sich selbst zu beschreiben. Aber im Verhältnis dieser beiden Formen kann es Schwerpunktverschiebungen geben, und heute dürfte es eine deutliche Präferenz für die Gleichgewicht/Ungleichgewicht-Form geben. (Die Frauen sind, wie so oft, Nachzügler. Ihre berechtigten Gleichheitsforderungen werden rasch befriedigt, verglichen mit dem Zeitbedarf der sozialistischen Bewegung. Und ihre Bewegung befindet sich bereits in der Phase der Erkaltung, empirisch gemessen an der Zahl der Planstellen, die sie bereits errungen hat.)

Folgt man unserer Vermutung, daß Risikofragen eine ganz andere Form der sozialen Belastung durch Zeitbindungen darstellen als Normfragen oder Knappheitsfragen, läßt sich deutlich machen, daß ein sehr viel tieferreichender Bruch vorliegt. Wir stellen die These voran: Die Protestbewegungen unserer Tage greifen nur zum Teil noch Gleichheitsprogramme auf mit einer mehr oder weniger mutigen Propagierung handfester Interessen.[25] Typischer sind Protestbewegungen, die im Sinne des vorigen Kapitels Betroffenheit gegen Entscheidung ausspielen. Das gilt für die ökologische Bewegung im weitesten, gefährliche Technologien einbeziehenden Sinne; aber es gilt auch für die Friedensbewegungen, die mit vielen guten Gründen schon Rüstung – und nicht erst Krieg – für zu riskant halten.

Daß Risiko ein neuer Focus für Proteste geworden ist, erklärt sich aus dem Kontingenzarrangement, das dieser Begriff bezeichnet. Die zeitlichen Kontingenzen im Verhältnis von Entscheidung und Schaden (beides muß nicht sein!) provozieren, hatten wir oben festgestellt[26], soziale Kontingenzen. Sie lassen verschiedene Beobachterperspektiven

---

[25] Daß es in diesen Fällen auf Interessen vor dem Hintergrund des Gleichheitspostulats ankommt, ist denn auch ein zentrales Problem der Semantik solcher Bewegungen, vor allem des Feminismus. Denn Interessen erzeugen Gegeninteressen, und man muß verdecken, daß man Kooperation von denen erwartet, gegen die man konkurriert. Diese Überlegung zeigt zugleich die Problematik und Fragilität einer Protestbewegung, die am Gleichheitsprinzip festhält, aber nicht mehr in der Einheit der sozialen Bewegung des Sozialismus unterkommen kann und so den Bezug auf Strukturprobleme der modernen Gesellschaft verliert.

[26] Siehe Kap. 1, III.

zu, ohne eine erlösende Einheit anzubieten. Die Differenz läßt sich leicht bewußt machen und kommunizieren. Dieser Ausgangspunkt, der die Perspektiven der Beteiligten als different entstehen läßt, wird als solcher aber nicht formuliert, sondern als Paradoxie, als Einheit des Differenten, invisibilisiert. Semantische Leistungen werden nur eingesetzt, um die Standpunkte zu begründen bzw. zu diskreditieren. Der Protest ist eine der sich dafür anbietenden Formen. Wenn überhaupt die Zukunft unter dem Gesichtspunkt des nur Wahrscheinlichen bzw. Unwahrscheinlichen gesehen werden muß, folgt daraus für die Gegenwart die ständig reproduzierte Meinungsverschiedenheit. Sie mag in Desideraten wie: mehr Information, Partizipation, Dialog, Verständigung Ausdruck finden oder eben als Protest.

Für eine genauere Analyse müssen drei verschiedene Unterscheidungen unterschieden werden, nämlich (1) die Tatsache, daß immer wieder riskante Entscheidungen getroffen werden (teils zwangsläufig, teils mutwillig), von denen Nichtbeteiligte betroffen werden; (2) die dadurch ausgelöste Wahrscheinlichkeit, daß es zu Protesten und unter besonderen Bedingungen zu Protestbewegungen kommt, die sich einen Adressaten (oft, aber nicht notwendigerweise, den Entscheider) suchen; und (3) das Thema der Protestbewegung, das eine gewisse organisatorische Kraft und Dauer versprechen muß. Die erste Unterscheidung formuliert eine strukturbedingte Lage, die zweite situationsabhängige Auslöser, die dritte systemgenerierende Erfordernisse, ohne die es bei einer kurzfristigen Verärgerung bleibt.

Die Unterscheidung von Risiko und Gefahr in der besonderen Zuspitzung von riskantem Entscheiden und Betroffensein weist auf gesellschaftsstrukturelle Abhängigkeiten hin. Dabei ist, wie oben gezeigt, vor allem an funktionale Differenzierung der Gesellschaft und an binäre Codierung der Funktionssysteme zu denken. Eine so strukturierte Gesellschaft erzeugt protestaffine Situationen am laufenden Band und setzt dann Selektion ein, um die eine oder andere für Systembildungen im Sinne von sozialen Bewegungen herauszugreifen. Selektion hinterläßt, wenn sie gelingt, das weitere Problem, ob und wie eine situationsabhängig entstandene Protestbewegung ein (wenn auch nur temporäres) System werden, also relativ stabile Formen gewinnen kann. Ein derart komplexes Formbildungsverfahren lenkt die Aufmerksamkeit weg von den konstanten auf die variablen Bedingungen, weg von den gesellschaftsstrukturellen Bedingungen der Möglichkeit von

Protestbewegungen und hin zu den Anlässen und den Fortsetzungsbe-
dingungen. Diese Sichtverschiebung kommt den Protestbewegungen
selbst zugute. Sie erspart es ihnen, ihre eigene gesellschaftsstrukturelle
Bedingtheit zu reflektieren. Sie können sich ganz von ihren Themen,
ihren Zielen, ihren Durchsetzungsschwierigkeiten und ihren zunehmenden internen Problemen her beschreiben und können im Verhältnis zur
Gesellschaft folglich eine Position des „Gegenübers" imaginieren. Sie
protestieren in der Gesellschaft so, als ob es von außen wäre.

Schon die sozialistische Bewegung hatte Schwierigkeiten mit Gesellschaftstheorie. Sie hatte eine bedeutende Theorie der kapitalistischen
Gesellschaft – aber eben nur eine Theorie für die andere Seite. Sie
konnte sich selbst allenfalls anhängen als Beschleuniger eines ohnehin
kommenden Untergangs des Kapitalismus. Wo sie die Staatsmacht
übernahm, blieb sie entsprechend unterreflektiert. Wie sozialistische
Betriebe mit einem Gemeinkostenanteil von 850% (ein Beispiel aus der
DDR) überhaupt wirtschaftlich arbeiten können, das war keine Frage,
die interessierte.

Entsprechendes gilt verstärkt für die zersplitterten neuen sozialen
Bewegungen. Sie halten die Mißstände, gegen die sie protestieren, für
skandalös, ohne die Frage zuzulassen, welche Gründe es dafür gibt,
daß es so ist, wie es ist. Es fehlt jetzt auch an einer Theorie für die
andere Seite, und das gilt als Vorteil, ja als inhärentes Moment des
Protests; denn jede theoretisch angeleitete Problemanalyse, jede Frage
nach Alternativen müßte den Protest schwächen. Die Alternative –
das ist man selber.

Diese Kritik der Selbstbeschreibung von Protestbewegungen greift
jedoch in einer wesentlichen Hinsicht zu kurz, und zwar gerade in
gesellschaftstheoretischer Hinsicht. Die Gesellschaft braucht, wie jedes
System (und man kann sogar sagen: wie die Welt), eine *interne Grenze*,
um sich selbst zu reflektieren. Sie kann nicht von außen beobachtet
und beschrieben werden. Es gibt nur die Möglichkeit einer imaginären
Projektion, mit der eine Selbstbeschreibung für sich selbst einen
fiktiv-externen Standpunkt reklamiert. Sie muß sich dabei auf die
Paradoxie der Einheit von Innen und Außen einlassen und eine Form
finden, die diese Paradoxie verjagt, das heißt: durch eine Unterscheidung ersetzt und dadurch verdeckt. Eben das leistet die Form des
Protestes gegen etwas, das andere besser machen sollen. Die entschei-

dende Frage ist daher: auf was eine Gesellschaft sich einläßt, wenn sie
ihre Selbstbeschreibung in der Form eines Protestes gegen sich selbst
realisiert.

Formal gesehen bestätigen sich damit alte Einsichten der Reflexionsphilosophie, daß Reflexion immer den Blick auf Differentes, Anderes,
Unterschiedenes erfordere, auch und gerade als Reflexion-in-sich.[27]
Soziologisch fällt aber vor allem auf, daß die Form des Protestes
hohe Affinität zu einer über Massenmedien laufenden Kommunikation
aufweist. Sie genügt den strengen Kriterien der Selektion für Aufmerksamkeit und Berichterstattung: Neuheit, Konflikt, lokale Bezüge, Gewalt und Skandalnähe. Das massenhafte Vorführen der Körper bei
Demonstrationen „beweist" die Ernsthaftigkeit, ja Lebensbedrohlich-
keit der Risiken und ist zugleich wie fürs Fernsehen inszeniert. Es gibt
Adressaten der Kommunikation, aber es gibt außerdem noch die
Zuschauer, die öffentliche Meinung, in der sich die Bewegung spiegelt
und die bei allen Reaktionen auf sie mitbedacht werden muß. Dabei
nimmt die öffentliche Meinung nicht, wie man am Ende der rechtsthe-
matischen Proteste im 18. Jahrhundert meinte, eine Richterfunktion
wahr. Sie garantiert und reproduziert nicht Einheit, sondern Differenz.
Ihre Funktion liegt nicht im Sichtbarmachen und Durchsetzen vernünftiger Urteilsgrundlagen, sondern, ähnlich wie im Falle des Marktes,
im Ermöglichen des Beobachtens von Beobachtern. Sie wirkt, was
immer die Einzelnen in sich selber denken mögen, wie ein Spiegel, in
dem der Konflikt sich selbst sehen und in seiner Bedeutung bestätigen
kann. Nicht zuletzt dient sie, dargestellt in den Medien, am Beginn
einer Protestbewegung dem Testen möglicher Resonanz (was nicht
heißen muß: erreichbarer Zustimmung).

Von sich aus haben Massenmedien ein ambivalentes Verhältnis zu
Themen der Technologie, der Ökologie und des Risikos. Sie können
technologische Fortschritte bewundern, ökologische Folgen unterschätzen und dann aus besonderen Anlässen auch wieder alarmierend her-

---

[27] Daß die Reflexionsphilosophie der Moderne im Hinblick auf Bewußtsein
bzw. Geist ausgearbeitet war, macht die Parallele um so interessanter. Offenbar gibt es hier begriffliche und theorietechnische Erfahrungen, die sich auch
dann bewähren, wenn man nicht von Bewußtseinssystemen, sondern vom
Gesellschaftssystem spricht.

vorheben.[28] Das braucht nicht an einer Voreingenommenheit für oder gegen Industrie zu liegen, dazu ist die Medienwelt zu komplex. In gewissem Umfange haben aber auch Protestbewegungen ihren Anteil an der Kreation von Themen – vor allem in ihren aktivistischen Untereinheiten wie Greenpeace, die mit kleinen Schiffchen aufs Meer fahren, um große Schiffe zu bekriegen und schon nach diesem David/ Goliath-Komplex Aufmerksamkeit und Mitgefühl erwecken. Auch die Großdemonstrationen erfüllen schon durch ihre Photographierbarkeit ein wichtiges Selektionskriterium der Medien. Die Kehrseite dieses Zusammenhangs ist: ein hoher Themenverschleiß und eine mangelnde Synchronisation zwischen den Zeitperspektiven der Protestbewegungen und der Massenmedien. Die Massenmedien sorgen für schnelle Resonanz, Themendiffusion, ja geradezu für eine Enteignung der Themen. Sie integrieren den Protest – teils weil sie ihn als Informationslieferanten benötigen oder doch nutzen können, teils weil selbst ein Protest gegen die Medien noch der Medien bedürfte und mit der Kritik die Universalität des Forums bestätigen – oder eben gar nicht vorkommen würde. Demonstrationen folgen dem in den Medien publizierten Modell (sie werden ja nicht von Fall zu Fall neu erfunden) und werden nur so zu einer Form wahrnehmbarer Demokratie.[29] Bestimmte Muster haben sich eingependelt: so Mittelschichtenintelligenz mit dem Witz von Abiturzeitungen und Unterschichtenästhetik, Spontaneität und Disziplin, Unbekümmertheit, aber nicht Verantwortungslosigkeit, und doch mangelnde Kontrolle über das Geschehen. Das alles ändert aber nichts an den zeitlichen Diskrepanzen, an den Zeitnotständen, die sich daraus ergeben, daß immer etwas geschehen muß. Die vielleicht bemerkenswerteste Eigenschaft der Massenmedien ist ihre Rapidität.[30] Das hat nicht nur stilistische Konsequenzen wie Kürze, Szenenwechsel oder auch Monotonie, sondern führt auch zu einem raschen Themen-

---

[28] Einen Überblick dazu gibt Malcolm Peltu, The Role of Communication Media, in: Harry Otway/Malcolm Peltu (Hrsg.), Regulating Industrial Risks: Science, Hazards and Public Protection, London 1985, S. 128 – 148 mit vielen Einzelbelegen.

[29] Siehe dazu Peter Klier, Im Dreieck von Demokratie, Öffentlichkeit und Massenmedien, Berlin 1990, insb. S. 136 ff.

[30] Hierzu unter allgemeineren Gesichtspunkten die zweite der Lezioni Americane von Italo Calvino, Milano 1988, S. 31 ff.

verschleiß mit der Folge, daß Themen nur auf Dauer gestellt werden können, wenn es rechtzeitig gelingt, für sie zuständige Organisationen zu gründen. Nur Ämter bieten die Möglichkeit, sich zu verewigen.[31] Die Protestbewegungen können sich dann das historische Verdienst zuschreiben, Themen entdeckt und ins Gespräch gebracht zu haben. Aber davon können sie nicht leben. Sie müssen ihre Forderungen radikalisieren, Sensibilitäten steigern und auf Positionen zu gelangen versuchen, die nur noch beschränkte Konsenschancen bieten. Oder sie lösen sich auf, hinterlassen einen allgemeinen Bodensatz an Protestbereitschaft, auf dem sich bei günstigen Gelegenheiten neue Bewegungen formieren können. Um dem entgegenzuwirken, bilden sie Klammerformeln, die es erleichtern, sehr verschiedene Bewegungen als verwandt zu erkennen, sofern sie nur „alternativ" sind, und Übergänge oder besser: Übersprünge von einem Protestthema zu einem anderen zu ermöglichen. Dagegen-Sein verpflichtet.[32] Und es reicht auch biographisch aus, um wie ein zirkulierendes Symbol Identität im Wechsel der Proteste zu bewahren.

Mit diesen besonderen Merkmalen leistet die protestierende Reflexion etwas, was sonst nirgends geleistet wird. Sie greift Themen auf, die keines der Funktionssysteme, weder die Politik noch die Wirtschaft, weder die Religion noch das Erziehungswesen, weder die Wissenschaft noch das Recht als eigene erkennen würden. Sie stellt sich quer zu dem, was auf Grund eines Primates funktionaler Differenzierung innerhalb der Funktionssysteme an Selbstbeschreibungen anfällt. Sie ist auch nicht darauf angewiesen, daß diese Gesellschaft irgendwo repräsentativ und verbindlich beschrieben werden kann. Sie kompensiert deutliche Reflexionsdefizite der modernen Gesellschaft – nicht dadurch, daß sie es besser macht; wohl aber dadurch, daß sie es anders macht. Die rasche Durchsetzung von Aufmerksamkeit für ökologische Fragen ist solchen Bewegungen ebenso zu danken wie das zunehmende Infrage-

---

[31] Zu einer relativ späten Erkaltungsphase einer solchen Entwicklung siehe Richard P. Gale, Social Movements and the State: The Environmental Movement, Countermovement, and the Transformation of Government Agencies, Sociological Perspectives 29 (1986), S. 202–240.

[32] Oft im übrigen auf eine politisch fatale Weise, wie Intellektuelle dieser Bewegungen erfahren haben, die sich ein eigenes Qualitätsurteil und Denkredlichkeit zu bewahren versuchen.

stellen des Vertrauens in Technik. Man weiß, daß man heute – so oder so – ohne viel Vertrauen in sichere Zukunftsperspektiven zu leben hat. Eine Gesellschaft, die sich im Protest gegen sich selbst beschreibt, wird sich genau dies nur immer wieder bestätigen können. Das mag man, vom Aufklärungsprojekt der Moderne her, für bedrückend halten.[33] Immerhin aber ist die damit erzeugte Sensibilität für Folgen der Strukturentscheidungen moderner Gesellschaft und für die sozialen Kosten jeder Zeitbindung ein Gewinn, den man nicht unbedingt nur negativ bewerten muß.

Je nach Bewertung kann man also zu einer positiven oder einer negativen Beurteilung kommen. Das ändert aber nichts daran, daß die Protestbewegung – und das sieht man, wenn man sie mit einer Beobachtung zweiter Ordnung beobachtet – an die Form des Protestes gebunden ist. Sie setzen eine andere Seite voraus, gegen deren Verhalten sie protestieren können, und sie können nicht selbst diese andere Seite sein oder werden, ohne daß der Protest und mit ihm diese spezifische Form gesellschaftlicher Selbstbeobachtung erlischt. Wie Wachhunde haben sie das starke Bedürfnis, Ordnung wiederherzustellen oder zumindest eine Verschlimmerung zu verhindern. Und wie Wachhunde haben sie nur die Möglichkeit, zu bellen und zu beißen.

---

[33] So Jürgen Habermas, Die Moderne – ein unvollendetes Projekt, in ders., Kleine politische Schriften I – IV, Frankfurt 1981, S. 444 – 464, der das Problem dann allerdings verdrängt und in die Kritik eines angeblichen „Neokonservativismus" ableitet.

Kapitel 8
Ansprüche an Politik

I.

Das politische System gehört zu denjenigen Funktionssystemen der modernen Gesellschaft, deren Alltagsbetrieb ein hohes Maß an riskantem Entscheiden erfordert und ermöglicht. Und auch hier liegt der steigenden Risikoneigung eine binäre Codierung zu Grunde.

Die in der Ämterstruktur des modernen Staates liegende Eindeutigkeit von Überordnung und Unterordnung macht es möglich, Entscheidungen auch dann zu treffen und durchzusetzen, wenn ihre Folgen nicht überblickt werden können. Das gilt vor allem für regulative Politik, die sich auf andere Funktionssysteme auswirkt, zum Beispiel für Eingriffe in die Wirtschaft durch Inanspruchnahme von Steuern und Krediten, für Änderungen des Patentrechts, für Änderungen des Scheidungsrechts, für Schulpolitik, für Gewährung und Entzug finanzieller Förderung von Forschungsgebieten, für Zulassung bzw. Nichtzulassung von Arzneimitteln (oder auch nur: für die lange Dauer der Prüfverfahren), für Änderungen der Bedingungen der Erstattungsfähigkeit von Krankheitskosten, um nur einige wenige Fälle aus einem unübersehbaren Spektrum zu nennen. Die Unmöglichkeit, andere Systeme vom politischen System aus effektiv mit ausreichender Folgenübersicht und begrenzten Risiken zu steuern, steht in umgekehrtem Verhältnis zur Leichtigkeit, mit der solche Entscheidungen in Geltung gesetzt und, wie immer sporadisch, durchgesetzt werden können. Die erstaunliche Kompetenzerweiterung des Wohlfahrtsstaates läuft auf eine riesige und unkontrollierbare Maschinerie der Steigerung von Risiken hinaus. Weiß irgendjemand, was für Auswirkungen es haben mag, wenn Äpfel mit gewachster Schale in den Verkehr gegeben werden dürfen, nicht aber Äpfel, die einen Mindestdurchmesser von 55 Millimeter nicht erreichen? Nur die schiere Menge von Ignoranz und die oft nicht gerade spektakulären Folgen verhindern, daß diese Risikoneigung zu einem politischen Skandal ersten Ranges hochgerechnet wird.

Entsprechend niedrig liegt die Schwelle der Politisierbarkeit von
Themen. Man braucht nur einen Wert zu nennen, der bei gegebenen
Verhältnissen nur unzureichend erfüllt wird – und im Falle von
Risikopolitik wäre dies „Sicherheit" – und schon ist ein Thema
geboren.[1] Der Rest ist Verhinderungs- oder Verzögerungsarbeit. Oft
wird zur Verstärkung des Anliegens ein „Recht auf ..." erfunden. Dies
ist zwar ein paradoxes Argument, denn wenn es ein solches Recht
gäbe, wäre politische Aktivität ja gerade unnötig; man könnte es vor
den Gerichten geltend machen. Aber in der politischen Rhetorik
kommt es nur darauf an, Formulierungen zu finden, die den, der
widerspricht, in ein ungünstiges Licht setzen; und dann entsteht fast
unvermeidlich der Eindruck, es sei so, wie behauptet wird.

Das Problem verstärkt sich infolge einer zweiten Codierung: der von
Regierung und Opposition. Dieser Code verführt dazu, Entscheidungen
unter dem Gesichtspunkt ihrer Auswirkung auf politische Wahlen zu
treffen. Will man in dieser Hinsicht nichts riskieren, kann das jedoch
in vielen anderen Hinsichten auf eine erhöhte Risikobereitschaft hinauslaufen. Unter wahltaktischen Gesichtspunkten mag es sich empfehlen, in riskante Entwicklungen auf Gebieten wie Forschung, technologische Entwicklungen, industrielle Realisation verhindernd einzugreifen,
ohne die Risiken zu reflektieren, die mit einer solchen Verhinderung
verbunden sind. Und vor allem prämiiert das Prinzip der politischen
Opposition den, der Themen durchsetzt und rasch zur Entscheidungs-
reife bringt, so daß mehr auf Stichworte und auf Präsentation als auf
Folgenvoraussicht geachtet wird. In all diesen Hinsichten bestätigt eine
Analyse des politischen Systems unsere Annahme, daß funktionale
Ausdifferenzierung und binäre Codierung die Prüfperspektiven limitieren und die Risikoneigung fördern.

Während die alte Staatspolitik auf „Staatsräson" setzte und damit
begründete, daß man um der Ziele willen Absichten und gegebenenfalls
auch die Handlungen selbst geheimhalten müsse, stellt sich heute eher
das umgekehrte Problem: Man muß Handlungen sichtbar machen, die
möglicherweise gar nicht stattfinden oder die ihnen zugeschriebenen
Effekte gar nicht haben können. Man muß ständig gesehen werden und
seine Aufmerksamkeit darauf richten, zu beobachten, unter welchen

---

[1] Mit Kettenreaktionen im politischen System, wie Eric Ashby, Reconciling
Man with the Environment, London 1978, herausgearbeitet hat.

Bedingungen und mit welchen Erwartungen man beobachtet wird. Man muß Absichten nicht geheimhalten, sondern ankündigen. Das System spezialisiert sich, wie Nils Brunsson an schwedischen Organisationen herausgefunden hat[2], auf „talk", nämlich auf Darstellung der Bemühungen um rationale Entscheidungen. Und das Risiko besteht dann darin, daß die bloße Verbalakustik zum Aufbau von Erwartungen führt, die man nicht erfüllen kann oder nicht erfüllen will. Diese Umstellung von Staatsgeheimnis auf Öffentlichkeit als Medium der Kommunikation verändert die Risikolage, und zwar in beiden Hinsichten: in der Aufmerksamkeit für gesellschaftlich anfallende Risiken und im Eigenrisiko der Politik.

Das politische System kann riskantes Verhalten beobachten und im Beobachten auf Ursachen oder Strukturen oder auf statistische Häufigkeiten beziehen. Soweit menschliches Verhalten als Ursache identifiziert wird, kann man versuchen, dies Verhalten wegzuregeln – was immer dann statt dessen geschieht. Gegenwärtig hat vor allem die Beobachtung technisch bedingter Risiken und Gefahren politisch Konjunktur. Da Technik strukturell eine erfolgsnotwendige Simplifikation ist und da sie deshalb darauf angewiesen ist, tatsächliche und erst recht nur mögliche Kausalitäten unberücksichtigt zu lassen, hat die Politik in diesem Bereich mit dauernden, sich laufend reproduzierenden Irritationen zu rechnen. Suchet, und ihr werdet finden! Insofern gibt es eine strukturelle Affinität von Technik und Politik im Sinne eines wechselseitigen Reproduktionszusammenhangs, in dem die Politik nicht umhin kommt, Technik zuzulassen und sich selbst dadurch mit Irritationen zu versorgen. Das „demokratisch" offene, vorab thematisch nicht begrenzte Themenrepertoire gibt der Politik eine ihrer Erfahrungseinheiten, in bezug auf die sie lernen, mit Wiederholungen rechnen, Spezialisierungen und Routinen des Umgangs, Personen- und Institutionenkenntnisse entwickeln kann und in ihren Organisationen Präzedentien, Erfolgsmuster, exempla usw. bereithalten kann.

Dies ist jedoch nur ein Aspekt, unter dem Politik für unser Thema relevant wird. Ein zweiter hängt damit zusammen, daß unsere Gesellschaft die Differenz von Entscheidern und Betroffenen laufend reproduziert und für die daraus resultierenden Konflikte keine anderen

---

[2] Siehe: The Organization of Hypocrisy: Talk, Decisions and Actions in Organizations, Chichester 1989.

Lösungen anzubieten hat als politische. Daß das riskante Verhalten
des einen zur Gefahr für andere wird, gehört, wie gezeigt, zu den
Grundproblemen der modernen Gesellschaft, die zunehmen in dem
Maße, als mehr und mehr Zukunft ersichtlich von gegenwärtigen
Entscheidungen abhängt so wie mehr und mehr gegenwärtige Mißstände als „Altlasten" auf vergangene Entscheidungen oder Nichtentscheidungen zurückgeführt werden. Ganz überwiegend wird das politische System von denen (oder im Namen derer) in Anspruch genommen,
die an der Entscheidung nicht beteiligt sind, aber von etwaigen Schadensfolgen betroffen sein würden[3]; und auch dadurch ist vorgezeichnet,
daß es weniger auf Überprüfung der Entscheidungsgrundlagen oder
auf quantitative Kalkulationen ankommt als auf Vertrauen. In dem
Maße, als Protestbewegungen und Massenmedien solche Probleme
aufgreifen, ist das politische System direkt angesprochen, und zugleich
wird deutlich, daß die traditionellen Agenden des Rechtsschutzes und
der korrigierenden Umverteilung dafür nicht ausreichen. Erst recht gilt
dies für den konventionellen Apparat des Verfassungsstaates, für die
Freiheitsrechte und für die rechtsförmige Selbstlimitierung der politischen Gewalten.[4] Dies war für andere Problemlagen erfunden worden.
Und auch das Schema der politischen Parteien reagiert, einstweilen
jedenfalls, noch nicht auf diese neue Dringlichkeit. Noch werden
Namen wie liberal bzw. sozialistisch weitergeführt, die inzwischen ihre
Unterscheidungskraft eingebüßt haben und sich, bei allen Zusatzthe-
men in den Parteiprogrammen, kaum eignen, die Differenz von Entscheidern und Betroffenen als Option für politische Wahlen vorzuschla-
gen. Und wie sollte das auch gehen?

Wie immer aber Politik strukturiert sein wird: im Konflikt von
Entscheidern und Betroffenen ist mit einer quantitativen Analyse von
Risikolagen nicht zu helfen. Man mag zwar ausrechnen, daß die
Gefahr, die einem durch ein neues Kernkraftwerk in der Nachbarschaft
zugemutet wird, nicht größer ist als das Risiko der Entscheidung, drei

---

[3] So auch (für „involuntary risks") Chauncey Starr, Risk Management, Assessment, and Acceptability, in: Vincent T. Covello et al. (Hrsg.), Uncertainty
in Risk Assessment, Risk Management, and Decision Making, New York
1987, S. 63 – 70.
[4] Vgl. dazu, für Änderungen offen, Dieter Grimm, Die Zukunft der Verfassung,
Staatswissenschaften und Staatspraxis 1 (1990), S. 5 – 33.

Kilometer mehr im Jahr Auto zu fahren.[5] Aber die Rechnung wird
kaum jemanden überzeugen, da im einen Falle das Problem als Katastrophe wahrgenommen wird und im anderen Falle nicht; und da
im übrigen die Manipulierbarkeit quantitativer Analysen allgemein
bekannt ist.[6] Schon die Methode enthielte eine Option für die Seite,
die sie jeweils benutzt. Tatsächlich wird die quantitative Analyse immer
dort irrelevant, wo Katastrophen zu befürchten sind. Was als Katastrophe zählt, steht seinerseits nicht auf Grund von sachlichen Kriterien
fest. Für den Einzelnen mag schon der Entzug seines Führerscheins
oder des Zugangs zu Drogen eine Katastrophe sein.[7] Unter Inkaufnahme einer zirkulären Argumentation wollen wir deshalb von Katastrophen immer dann sprechen, wenn die Betroffenen sich weigern,
sich von quantitativen Analysen überzeugen zu lassen.[8/9] Diese Kata-

---

[5] Dies Beispiel bei Mary Douglas, Risk Acceptability According to the Social
Sciences, New York 1985, S. 23. Für eine differenzierte Beurteilung der
Reichweite und der subjektiven, also auch politischen Einflüsse auf Auswahl
und Einschätzung von Faktoren der Risikoanalyse siehe Paul Slovic/Baruch
Fischhoff/Sarah Lichtenstein, Perceived Risk: Psychological Factors and So-
cial Implications, Proceedings of the Royal Society of London A 376 (1981),
S. 17 – 34; Ortwin Renn, Risk Analysis: Scope and Limitations, in: Harry
Otway/Malcolm Peltu (Hrsg.), Regulating Industrial Risks: Science, Hazards
and Public Protection, London 1985, S. 111 – 127.

[6] Manipulierbarkeit, versteht sich, durch Befürworter ebenso wie durch Gegner riskanter Entscheidungen.

[7] Zur geringen Bedeutung des formal exakten Wissens in Fragen, die als lebens-
wichtig empfunden werden, vgl. auch Brian N. R. Baird, Tolerance for Environmental Health Risk: The Influence of Knowledge, Benefits, Voluntariness,
and Environmental Attitudes, Risk Analysis 6 (1986), S. 425 – 435 (430 f).

[8] Ähnlich Nicholas Rescher, Risk: A Philosophical Introduction to the Theory
of Risk Evaluation and Management, Washington 1983, S. 70 ff. mit dem
wichtigen Hinweis, daß Arme und Reiche verschiedene Katastrophenschwel-
len haben (Für den einen ist eine Katastrophe, was für den anderen nur
ein Verlust ist), so daß die Reichen bessere Chancen haben, Risiken mit
Opportunitäten zu verrechnen als die Armen. Zur sozialen Bedingtheit der
Relevanz von Quantitäten und Wahrscheinlichkeiten vgl. auch Steve Rayner/
Robin Cantor, How Fair Is Safe Enough? The Cultural Approach to Societal
Technology Choice, Risk Analysis 7 (1987), S. 3 – 9.

[9] Im Bereich des Entscheiders selbst gibt es ein ähnliches Problem je nachdem,
ob der Entscheider sein Verhalten an Erfolgen oder am Überleben seiner

strophenschwelle wird von der politisch relevanten Bevölkerung und
vor allem von den Massenmedien in sehr unterschiedlicher Weise
festgelegt, und es wird schwer fallen, selbst für Grenzfälle Einverständ-
nis zu erzielen, weil gerade dann der genaue Schadensverlauf mit in
die Zone des Ungewissen fällt. Im Ergebnis heißt dies, daß die Politik
sich nicht auf quantitative Berechnungen eines Risikos stützen kann
und ihr das auch nicht zugemutet werden sollte. Sie muß sich statt
dessen an Mutmaßungen („informed guesses") halten, die die Auswirkungen und vor allem die Akzeptanzfähigkeit *ihrer eigenen Entscheidungen* betreffen.

II.

An dieser Stelle läßt sich ein Exkurs einschalten, ein Rückblick auf
den Mythos des „richtigen Zeitpunktes" für eine Entscheidung. Der
richtige Zeitpunkt ist der beste Zeitpunkt und folglich der Zeitpunkt
für eine Entscheidung ohne Risiko. Er ist definiert durch vorüberge-
hende Gelegenheiten, etwas ohnehin Gewolltes zu realisieren[10] – also
nicht etwa Sache einer momentanen Inspiration. Der Weltlauf mag
gleichwohl ins Unglück führen, aber das ist dann Schicksal und nicht
Folge der Entscheidung, die, wenn man so sagen darf, durch den
Zeitpunkt legitimiert ist, in dem sie getroffen wurde.

Die Denkform des richtigen Zeitpunktes (kairós) hat in der alteuropäischen Theorie der Politik, aber auch immer dort, wo von prudentia
die Rede war, eine erhebliche Rolle gespielt. Ihre Vorgeschichte lag in
altorientalischen Divinationslehren. Eine kosmologische (vor allem:
astrologische) Absicherung gehörte mit in das Syndrom. Der richtige
Zeitpunkt war einerseits der Intuition überlassen, aber auch Ermitt-

Organisation orientiert. Hier hat diese Differenz jedoch keine Auswirkungen
auf die Benutzung quantitativer Methoden und die Frage ist eher, ob Über-
lebensprobleme, die sich ohnehin abzeichnen, die Risikobereitschaft erhöhen
im Vergleich zu gut gepolsterten Firmen. Eine Antwort wird vermutlich von
weiteren Unterscheidungen abhängen, etwa der, ob das Risiko im Bereich
der Technologie liegt oder im Bereich von Organisation und Personal.

[10] Siehe z.B. Ch. B. Bessel, Schmiede deß Politischen Glüks, Frankfurt 1673,
S. 243 ff.

lungsziel einer rationalen Entscheidungspraxis. Weder zu früh noch zu
spät, jetzt oder nie – mit diesem Denkmuster suchte man in Risikolagen zurechtzukommen. Und Fortuna hatte zu helfen, konnte aber auch
ihre Hilfe verweigern oder nur vortäuschen.[11] Sie trat nur in engem
Zusammenhang mit der virtus auf, half und bestätigte damit den
Tüchtigen, und in engem Zusammenhang damit findet man Warnungen vor Unüberlegtheit und Tollkühnheit, vor einem demonstrativen
Gebrauch von Mut und Stärke ohne Rücksicht auf die Situation.

Noch heute hat diese Denkform eine gewisse Plausibilität.[12] Der
richtige Zeitpunkt für eine politische Entscheidung über die Abschaffung von Kernkraftwerken lag in den Tagen nach Tschernobyl – nicht
vorher und nicht nachher. Der richtige Zeitpunkt für ein Vorantreiben
der Wiedervereinigung Deutschlands lag unmittelbar nach der Öffnung
der Grenzen, und nur in diesem Zeitpunkt konnte man auf eine
Erwägung der ökonomischen Risiken verzichten. Der richtige Zeitpunkt für das österreichische Ultimatum an Serbien 1914 lag in den
Tagen nach der Ermordung des österreichischen Thronfolgers in Sara-
jewo. Nur in diesem Moment konnte man von den Kriegsrisiken
absehen. Das faktische Ultimatum kam viel zu spät und konnte dann
nur noch als Provokation und als bewußtes Inkaufnehmen des Risikos
aufgefaßt werden. Dennoch hat die Annahme, daß der richtige Zeitpunkt vom Risiko befreie, heute alle Berechtigung verloren. Man wird
zwar noch sagen können, daß jeder Versuch, rational zu entscheiden,
Zeit in Anspruch nimmt und damit das Risiko läuft, günstige Gelegenheiten zu verpassen oder auch die letzten Möglichkeiten zu versäumen,
unabwendbare Entwicklungen zu verhindern.[13] Aber niemand glaubt

---

[11] Vgl. Rudolf Wittkower, Gelegenheit, Zeit und Tugend (1937/38), in: ders.,
Allegorie und der Wandel der Symbole in Antike und Renaissance, dt. Übers.
Köln 1984, S. 186–206; Klaus Reichert, Fortuna oder die Beständigkeit des
Wechsels, Frankfurt 1985.

[12] Ich erinnere in diesem Zusammenhang ein Gespräch mit Paolo Fabbri.

[13] Siehe dazu Klaus Peter Japp, Das Risiko der Rationalität für technisch-
ökologische Systeme, in: Jost Halfmann/Klaus Peter Japp (Hrsg.), Riskante
Entscheidungen und Katastrophenpotentiale: Elemente einer soziologischen
Risikoforschung, Opladen 1990, S. 34–60. Japp setzt im Anschluß an Nils
Brunsson dieser, wenn man so sagen darf: rationalen Rationalität eine
durchgriffs- und motivstärkere „impressionistische Rationalität" entgegen.

mehr daran, daß die Zeit selbst günstige Zeitpunkte auszeichne, und
wenn die Frau eines amerikanischen Präsidenten astrologischen Rat
einholt, erstaunt und befremdet das jeden anderen. Die Wahl des
Zeitpunktes für eine riskante Entscheidung ist selbst zu einer riskanten
Entscheidung geworden.

Diese Obsoleszenz hat sicher mit der Ausweitung und Intensivierung
des Risikoproblems zu tun, aber auch mit der stärkeren Differenzierung
von Zeitdimension und Sachdimension in der Moderne. Die Zeit als
solche fungiert heute nicht mehr als Repräsentant der im Moment
aktuellen sachlichen Komplexität, sondern diese muß als solche ermittelt bzw. reduziert werden. Vor allem aber ist die Semantik des richtigen
Zeitpunktes inkompatibel mit Demokratisierung. Denn das, was für
die jeweils Regierenden ein günstiger Zeitpunkt ist, wäre eben deshalb
für die Opposition von Nachteil. Die Politik spielt dann mehr mit
Zeitgewinn und Zeitverlust im Hinblick auf den Zeitpunkt der nächsten politischen Wahl. Eine unter heutigen Bedingungen operierende
Politik dürfte also kaum die Chance haben, durch Wahl des richtigen
Zeitpunktes den eigenen Risiken zu entkommen, ganz zu schweigen
von der Möglichkeit, auf diese Weise die Risikolast der Gesellschaft
zu reduzieren. Das heißt keineswegs, daß es nun auf den Entscheidungs-
zeitpunkt nicht mehr ankomme; aber die Wahl des Zeitpunktes ist
nur noch ein Moment des allgemeinen Risikos der Festlegung einer
Entscheidung.

III.

Diese Überlegungen mindern die Hoffnung auf ein Geheimrezept der
Politik, mit dem sie gesellschaftliche Risiken in politische Risiken
überführen und sie mit Eigenmitteln beseitigen oder doch entschärfen
könnte. Das heißt auch, daß die allgemeine Situationsdiskrepanz von
Entscheidern und Betroffenen unvermindert das politische System belastet. Nicht einmal eine allgemeine politische Form ist erkennbar, die
das Verhältnis von Entscheidern und Betroffenen konstruieren könnte

---

Aber das führt nur wieder in die Frage, worin denn die Kernrationalität,
das Gemeinsame dieser beiden Rationalitäten liegt.

(so wie seinerzeit im Verfassungsstaat die Kopplung von politischem System und Rechtssystem durch die Verfassung[14]). Eben deshalb gibt es Überlegungen, die Situation schon im Vorfeld der Politik zu entschärfen und staatliche Politik mit ihrer Kompetenz zu kollektiv bindenden Entscheidungen auch bei fehlendem Konsens nur als letzten Ausweg einzusetzen. Abfangstrategien mit dieser (oft nur latenten) Funktion findet man unter Bezeichnungen wie Partizipation, Information/Kommunikation und Ethik.

Die Semantik der „Partizipation" hat zunächst einmal einen ideologischen appeal, und es hat damit einen gewissen Selbstbefriedigungswert, Partizipation zu verlangen und die andere Seite damit in eine Situation zu bringen, in der sie das Verlangen nicht, oder nur schwer, oder nur mit Ausflüchten, ablehnen kann. Politisch gesehen handelt es sich zunächst um ein Kampfmittel, um ein Instrument zur Erzeugung von Begründungsverlegenheiten. Diese Analyse bleibt jedoch auf der Ebene der politischen Rhetorik. Achtet man mehr auf die Systempraxis, so findet man, daß das Rechtssystem, indem es eine Frage als „politisch" charakterisiert, sich von einer inhaltlichen Prüfung weitestgehend zurückzieht, und statt dessen das Verfahren prüft.[15] Davon ausgehend, liegt es dann politisch nahe, diese Disposition im Rechtssystem zu benutzen, um Partizipation der Betroffenen zu fordern und durchzusetzen.[16] Aber was wird damit erreicht?

Wenn das Problem in einer strukturell reproduzierten Diskrepanz von Entscheidern und Betroffenen liegt, läuft das Rezept der Partizipation auf eine Leugnung des Problems, bestenfalls auf Zeitgewinn durch Vertagung hinaus.[17] Aber: kann man erwarten, daß die Teilnehmer an

[14] Hierzu Niklas Luhmann, Verfassung als evolutionäre Errungenschaft, Rechtshistorisches Journal 9 (1990), S. 176 – 220.

[15] Siehe z. B. das Buschhaus-Urteil des Oberverwaltungsgerichts Lüneburg vom 28. 2. 1985, Neue Zeitschrift für Verwaltungsrecht 4 (1985), S. 357 – 359.

[16] Man sieht dies deutlich am Beispiel der Grenzwertediskussion. Vgl. z. B. Barbara Zeschmar-Lahl/Uwe Lahl, Wie wissenschaftlich ist die Toxikologie? Zur Problematik der Grenzwertfindung, Zeitschrift für Umweltpolitik und Umweltrecht 10 (1987), S. 43 – 64.

[17] Eine eher skeptische Beurteilung bisheriger Erfahrungen mit Partizipation findet man auch bei Dorothy Nelkin/Michael Pollak, Public Participation in

solchen Veranstaltungen anders zufriedengestellt werden können als dadurch, daß die Entscheidung in ihrem Sinne ausfällt? Möglicherweise nützt eine Zerlegung von Komplexentscheidungen in Teilentscheidungen mit der Folge, daß mal die eine Seite und mal die andere ihre Ziele erreichen kann. Insofern leistet Partizipation dann einen Beitrag zur Bürokratisierung. Vermutlich wird sie auch die Grenzlinie zwischen interner und externer Kommunikation, bezogen auf das politische System, nachziehen und verstärken. Die im Verfahren der Partizipation gewonnenen Entscheidungen müssen nach außen als „so gut wie erreichbar" erläutert werden. An der politisch relevanten Differenz von Entscheidern und Betroffenen läßt sich dadurch aber nichts ändern. Sie ist allen organisatorischen Bemühungen vorgegeben. Die Risikolage der Entscheider und die Gefahrlage der Betroffenen divergieren. Des einen Risiko ist des anderen Gefahr. Partizipation der Betroffenen am Entscheidungsprozeß könnte diese mit der Unvermeidbarkeit des Risikos konfrontieren. Das könnte im Ergebnis auf eine Entscheidung mit einem anderen Folgenmix von bekannten bzw. unbekannten, gewissen bzw. ungewissen Vorteilen und Nachteilen führen. Wenn sich das Risiko dadurch verschiebt, müßte erneut auf Partizipation zurückgegriffen werden. Jetzt kämen die nunmehr Gefährdeten zu Wort – etwa die Arztwitwen, die auf regelmäßige Einkünfte aus angelegtem Vermögen angewiesen sind; oder die Forscher, die ihre Arbeitsplätze verlieren könnten; oder die Hochhausbewohner, die befürchten müßten, bei einer nicht überreichlich gesicherten Stromversorgung gegebenenfalls im Lift stecken zu bleiben. Ein Forcieren von Partizipation hat keine Grenzen; oder allenfalls praktische Grenzen insofern, als es nur organisationsfähige Betroffene einbezieht. Man könnte es für eine Funktionärsideologie halten.

Für das politische System zählt aber nur organisierte Kommunikation. Organisationen kommunizieren mit Organisationen. Nur auf diesem Wege können Kollektive zur Kommunikation im Namen größe-

Technological Decisions: Reality or Grand Illusion?, Technology Review Aug./Sept. 1979, S. 55 – 64, und Michael Pollak, Public Participation, in: Harry Otway/Malcolm Peltu (Hrsg.), Regulating Industrial Risks: Science, Hazards and Public Protection, London 1985, S. 76 – 93. Die seitdem aufgelaufenen Erfahrungen dürften kaum zu einer anderen Beurteilung führen.

rer Betroffenenkreise gebracht werden.[18] Im übrigen gilt es nur, Skandale zu vermeiden. In diesem begrenzten Verständnis kann das politische System in der Tat Partizipation benutzen, um Proteste in Paragraphen zu verwandeln. Auf dieser Ebene können sich auch „gag rules" einspielen[19], das heißt Verständigungen über Nichtthematisierung von auf diesem Wege unlösbaren Problemen, etwa Fragen an die Legitimation der Funktionäre oder Vermeidung von Durchgriffen in ihre Clientele. Darauf beruht der „Neokorporativismus". Politisch ist das nicht zu unterschätzen, auch wenn man sich fragen wird, wie weit das ausreicht, um Betroffene zu beschwichtigen, die sich tatsächlich gefährdet fühlen.

Partizipation funktioniert, in welchen Grenzen immer, nur als Kommunikation, aber das Postulat der umfassenden Information der Öffentlichkeit über Risiken und Gefahren geht weit darüber hinaus. Man mag die Hoffnung hegen, durch aufrichtige, vollständige Information Vertrauen zu gewinnen. Aber Vertrauen wozu? — wenn nichts verschwiegen wird. Vermutlich ist denn auch der Wunsch, besser informiert zu werden, eher ein Anzeichen für zunehmenden Vertrauensverlust als ein Mittel, Vertrauen zu gewinnen.[20] Auch in anderer Hinsicht ergibt sich eine auffällige Ambivalenz. Eine Kommunikation öffnet, wenn verstanden, immer die Möglichkeit der Annahme oder der Ablehnung des angebotenen Sinnes. Wieso sollte dann durch mehr Kommunikation der Empfänger eher bereit sein, anzunehmen als abzulehnen? Man müßte schon die Wahrheit und die Aufrichtigkeit mitkommunizieren können. Aber das ist, wie man seit langem weiß, unmöglich. Wahrscheinlich ist unter diesen Umständen, daß die Kommunikation eine ohnehin bestehende Disposition verstärkt. Wenn also der Betroffene Wahrscheinlichkeiten, Schadensumfang usw. anders einschätzt als der Entscheider, wird sich das durch Kommunikation nicht ändern

---

[18] Dazu bereits oben S. 127.

[19] Zu entsprechenden Funktionsbedingungen des Verfassungsstaates siehe Stephen Holmes, Gag Rules or the Politics of Omission, in: Jon Elster/Rune Slagstadt (Hrsg.), Constitutionalism and Democracy, Cambridge Engl. 1988, S. 19 – 58.

[20] Vgl. zum Stand der Diskussion Ortwin Renn/Debra Levine, Trust and Credibility in Risk Communication, in: Helmut Jungermann et al. (Hrsg.), Risk Communication, Jülich 1988, S. 51 – 81.

lassen. Allenfalls eine Beseitigung schlichter Irrtümer ließe sich erwarten, aber in den normalerweise hochkomplexen Gemengelagen von Ursachen und Wirkungen wird dies selten auf die Einstellung zur Entscheidung Einfluß haben. Man traut dem Thorium-Reaktor nicht, auch wenn man die Gründe kennt und akzeptiert, aus denen er als aus physikalischen Gründen sicher bezeichnet wird.

Forcierte Kommunikation verwickelt sich unter diesen Umständen in Paradoxien.[21] Sie erzeugt Verdacht gegen den, der sich so bemüht. Nicht zuletzt würde sie ja auch eine Information über all die Unsicherheiten des Entscheiders erfordern und damit den Zündstoff für Zweifel und Widerstand selber liefern müssen. Denn: daß man nicht genug weiß, ist ja gerade das Typische an Risikolagen. Eine ganz andere Frage ist: daß man Informationen, wenn verlangt, nicht verweigern sollte, denn das muß zwangsläufig übertriebene Befürchtungen wecken. Daß man viel falsch machen kann, besagt aber noch nicht, daß man es auch richtig machen kann.

Diese Situation bringt die Politik in ein Darstellungsproblem. Sie hat keine ausreichende Weltkenntnis, sie kennt vor allem die Zukunft nicht. Sie muß also riskant entscheiden. Wenn es aber um den politisierten Konflikt von Entscheidern und Betroffenen geht, kann sie ihre eigene Entscheidung nicht gut als das darstellen, was sie ist: als riskant. Gerade in dieser Situation ist „Entscheidungsfreude" kaum ein geeignetes Rezept. Die Politik muß für ihre Selbstdarstellung andere Formen wählen. Sie spezialisiert sich, wie schon einmal gesagt, auf „talk". Man könnte an eine Darstellung als rationale Entscheidung denken, als eine Entscheidung, die Alternativen ermittelt, abwägt und dann die beste von ihnen auswählt. Aber es ist bekannt, daß man so nicht entscheiden kann, und der politische Prozeß, was immer er verbirgt, ist transparent genug, um eine solche Darstellung scheitern zu lassen. Es gibt zu viele, „rational begründbare" Kriterien, die jeweils andere Entscheidungen nahelegen. Man steht vor der Notwendigkeit, Bemühungen um Information aus Zeit- und Kostengründen einzuschränken. Man ist auf Mitwirkungsmotive angewiesen, die man nicht mittels rationaler Durchleuchtung abschrecken darf. Außerdem gilt gerade für Politik, daß das, was rational sein mag, wenn einige es tun, nicht mehr rational

---

[21] Dazu Harry Otway/Brian Wynne, Risk Communication: Paradigm and Paradoxes, Risk Analysis 9 (1989), S. 141 – 145.

ist, wenn alle es tun, so daß kollektiv bindendes Entscheiden die eigenen handlungstheoretischen Ausgangspunkte laufend untergräbt. Sie muß sich durch unbeabsichtigte Nebeneffekte ihrer eigenen Generalisierungen belehren lassen, *nachdem* sie sich festgelegt hatte.[22] Und vor allem ist jede Entscheidung nur ein Ereignis, das einen bestimmten Zeitpunkt wählen muß, während der nächste schon wieder Anlaß geben kann, zu anderen Beurteilungen zu kommen; und dies gerade deshalb, weil die Entscheidung sich auf etwas festlegt, was dann beobachtet werden kann. Rationalisierung erzeugt Zeitdruck, sei es beabsichtigt, sei es unbeabsichtigt. Zeitdruck verändert die Anforderungen an Rationalität und führt schließlich zu „impressionistischen" Entscheidungen oder zu Entscheidungen, die mit dem Zeitdruckargument auf alle Fälle postrationalisiert werden können[23] – und auch dies entweder unbeabsichtigt oder beabsichtigt. Sehr typisch verständigt man sich dann politisch auf Entscheidungen mit dem geringstmöglichen Koordinationsaufwand: auf Geldzahlungen.

Wenn aber die beiden Formen der Darstellung von Politik, an die man zunächst denken könnte, nämlich „Mut zur Entscheidung" und „Rationalität" ausfallen: welche Möglichkeiten der Kommunikation stehen dann noch zur Verfügung? Vielleicht eine sorgfältige Differenzierung zwischen der Entscheidung selbst und ihrer Kommunikation? Oder eine vorbehaltsreiche planmäßige Unschärfe in beiden Hinsichten? Gefällt dann der Politiker, der sich zum Entsetzen der Journalisten und Intellektuellen als simple minded zu erkennen gibt? Oder der mit dem höchsten Unterhaltungswert?

Diese skeptische Einschätzung von Rahmenbedingungen muß einen „Risikodialog" nicht ausschließen.[24] Sie läßt, im Gegenteil, erkennen,

---

[22] Dies Argument findet man typisch in system- und in evolutionstheoretischen Analysen. Siehe z. B. Louis Boon, Variation and Selection: Scientific Progress Without Rationality, in: Werner Callebaut/Rik Pinxten (Hrsg.), Evolutionary Epistemology: A Multiparadigm Program, Dordrecht 1987, S. 159–177.

[23] Vgl. Klaus P. Japp, Das Risiko der Rationalität für technisch-ökologische Systeme, in: Jost Halfmann/Klaus Peter Japp (Hrsg.), Riskante Entscheidungen und Katastrophenpotentiale: Elemente einer soziologischen Risikoforschung, Opladen 1990, S. 34–60.

[24] Siehe zu diesem, vor allem in St. Gallen gepflegten Konzept aus der Sicht des Risikomanagements der Unternehmen Matthias Haller, Risikodialog, in:

daß eher unwahrscheinliche Bedingungen erfüllt sein müssen (aber auch erfüllt werden können), wenn es zu einer Zusammenarbeit mit Erfolgsaussichten kommen soll. Dazu gehört vor allem die Anerkennung des Risikos als Grundlage des Dialogs.[25] Auf der einen Seite muß die Vorstellung einer „praktisch ausreichenden Sicherheit" (Stichwort „Restrisiko") aufgegeben werden. Auf der anderen Seite muß man in Betracht ziehen können, mit Risiken zu leben. Beide Seiten müssen, anders gesagt, die Wahrnehmung des Problems im Schema Risiko/Sicherheit aufgeben, denn sonst kommt es unweigerlich zu einer Divergenz in der Frage, ob die erreichbare Sicherheit ausreicht oder nicht. Ebenso muß man auf die Vorstellung verzichten (und sei es nur über die hypothetische Annahme des Gegenteils), daß zu irgendeinem Zeitpunkt richtig entschieden werden könne. Statt dessen müßte es um eine ständige Neuformierung der Position im Verhältnis zum Risiko gehen, wobei der Umstand, daß man sich auf das Risiko einläßt, zur wichtigsten Informationsquelle wird. Statt in aller Naivität auf die Überzeugungskraft der eigenen Argumente oder gar auf evidenzartige Sachverhalte zu vertrauen, kann man nur auf die „Selbstfesselung des Diskurspartners"[26] hoffen und versuchen, sich selbst genügend Chancen zum Prämissenwechsel offen zu halten.

Während die bisher behandelten Vorfeldstrategien ihre Hoffnung auf Kommunikation setzten, also auf Operationen im Kontext institutioneller Normalformen, werden unter der Bezeichnung „Ethik" Hoffnungen diskutiert, die sich eher auf Regeln und deren moralische Sanktionierung richten. Seit fast zwei Jahrzehnten wird vermehrt über Ethik diskutiert und durchweg in Zusammenhängen, in denen es um Risiken geht. Der Trend geht gegen ein vermeintlich rücksichtsloses Ausnutzen von Chancen und wird, auf einer sehr oberflächlichen Ebene, beflügelt durch die Vorstellung eines Gegensatzes von Egoismus

---

Roswita Königswieser/Christian Lutz (Hrsg.), Das systemisch evolutionäre Management, Wien 1990, S. 322 – 341.

[25] So argumentiert auch Karl-Heinz Ladeur, Die Akzeptanz von Ungewißheit – Ein Schritt auf dem Weg zu einem „ökologischen" Rechtskonzept, in: Rüdiger Voigt (Hrsg.), Recht als Instrument der Politik, Opladen 1986, S. 60 – 85 (78).

[26] Eine Formulierung von Josef Esser, Juristisches Argumentieren im Wandel des Rechtsfindungskonzeptes unseres Jahrhunderts, Heidelberg 1979, S. 18. Im übrigen kann Essers Text geradezu als Pflichtlektüre vor jedem Sicheinlassen auf Risikodialoge empfohlen werden, denn er stellt die juristische Argumentationslehre dezidiert von Wahrheitsfindung auf Rechtbekommen um.

und Altruismus. Wo immer moralische Schwachstellen der Gesellschaft vermutet werden, wird Ethik reklamiert – sei es für die Forschung, sei es für die Wirtschaft, sei es für die Medizin, sei es für die Politik. Wer sich für Ethik einsetzt, kann auf Wohlwollen rechnen, wer sein Geld in Ethikfonds anlegt, kann gutes Geld mit gutem Gewissen verdienen.[27] Er besetzt, in der Sprache der Rhetorik formuliert, eine Position, die nur mit Einsatz- oder Gesichtsverlusten (oder allenfalls: mit praktisch unerträglichen analytischen Anstrengungen) angegriffen werden kann.

Schon bei oberflächlicher Durchsicht fällt auf, daß der Kontakt mit dem Themenkreis, der in der akademischen Tradition unter dem Titel Ethik behandelt worden war, abgerissen ist. Weder wird beachtet, daß man die Entgegensetzung von Egoismus und Altruismus bereits im 18. Jahrhundert aufgegeben hat. Noch werden die spezifischen Theorieprobleme registriert, geschweige denn auf neuartige Weise gelöst, die in den Hauptströmungen der transzendentalphilosophischen bzw. der utilitaristischen Ethik seit dem Ende des 18. Jahrhunderts sichtbar geworden sind – also etwa die deduktive Unergiebigkeit des kantischen Sittengesetzes oder die mangelnde Instruktivität einer materialen Wertethik für die Lösung von Wertkonflikten (fehlende Transitivität von Wertordnungen), die logischen Probleme beim Aggregieren individueller zu sozialen Präferenzen oder die Unterscheidung von Handlungsnutzen und Regelnutzen. An allen Fronten hat die seriös geführte Diskussion sich in Unterscheidungen festgelaufen. Auf diesen Sachstand reagiert man außerhalb der engeren akademischen Diskussion[28] durch Unterbrechung des Traditionszusammenhangs und durch öffentlichkeitswirksame Neuheit des Rufes nach Ethik. Ethik dient als Reaktionsform in Problemlagen, gestützt auf unbestreitbar gute Absichten. Aber: „Die Profis selbst halten sich auffallend zurück".[29]

---

[27] „Ethik-Fonds: Gutes Geld mit gutem Gewissen verdienen", so überschreibt Wolfram Weimer einen Bericht in der Frankfurter Allgemeinen Zeitung vom 13. Februar 1990, S. 25.

[28] Innerhalb der akademischen Diskussion nicht selten durch Beiseiteschieben der neuzeitlichen Ethik-Probleme und durch Rückkehr zur Ethos-Ethik des Aristoteles, die in der Tat vorausgesetzt hatte, daß ethische Tugend *unmittelbar* als Politik wirksam werde. Einen Anachronismus dieser Art braucht man als Soziologe nicht zu kommentieren.

[29] Konstatiert Dieter Simon, Zukunft und Selbstverständnis der Geisteswissenschaften, Rechtshistorisches Journal 8 (1989), S. 209 – 230 (224), speziell zur Ethikdiskussion.

Äußerungen, die sich unmittelbar auf eine Risikoethik beziehen,
bestätigen diese Skepsis. Sie tendieren dazu, dem Problem zu widersprechen, statt eine Lösung anzubieten, für welche die moralische Qualität
„gut" in Anspruch genommen werden kann. Man empfiehlt, verantwortlich zu handeln. Aber wie das, wenn das Problem gerade darin
liegt, daß die Folgen unbekannt sind?[30] Oder man bekennt sich zu der
Maxime, daß man riskant handeln dürfe, soweit andere davon nicht
betroffen sind[31]; aber damit wird nur ein Fall geregelt, den es gar nicht
gibt; oder jedenfalls insoweit nicht gibt, als man das Problem in den
sozialen Kosten von Zeitbindungen sieht.[32]

Man wird nicht fehlgehen, wenn man das pure Faktum dieser
Hoffnung auf Ethik (und um ein Faktum handelt es sich ohne Zweifel)
als Symptom für etwas anderes nimmt. Auch eine mehr zur Sache
selbst kommende Beobachtung könnte helfen. Die Ethikdiskussion
selbst hat, mit all den genannten Verwerfungen innerhalb des transzen-
dentaltheoretischen, des wertethischen und des utilitaristischen

---

[30] Daß man leichtfertiges, verantwortungsloses Verhalten moralisch verurteilen
kann (und zwar auch dann, wenn es gut gegangen ist), ist ein alter topos
der Adelsethik, der auch hier zählt. Nur fehlt ihm die Form, das heißt eine
Markierung der Grenze zwischen leichtfertig und verantwortungsbewußt.
Und es fehlen heute auch soziale Konventionen, die es erleichtern würden,
diese Grenze zu ziehen.

[31] So mit der Überzeugung, etwas zum Thema sagen zu können, Nicholas
Rescher, Risk: A Philosophical Introduction to the Theory of Risk Evaluation
and Management, Washington 1983, S. 161: „Morally speaking, an agent is
only entitled to „run a calculated risk" *on his own account* but not for
others".

[32] Auch vor dem Akutwerden der Risikothematik gab es bereits eine ähnliche
Diskussion. Dabei ging es um die Frage, die sich aus Anlaß der Freigabe
homosexuellen Verhaltens unter konsentierenden Erwachsenen gestellt hatte,
ob man jedes Verhalten zu akzeptieren habe, das nicht in Rechte anderer
eingreife; oder ob die Moral selbst ein ausreichender Grund sei, mit gesetzli-
chen Regulierungen einzugreifen. Vgl. Patrick Devlin, The Enforcement of
Morals, London 1965, und Herbert L. A. Hart, Law, Liberty, and Morality,
London 1963. Die Reichweite dieser Kontroverse blieb jedoch begrenzt,
wenngleich die aufgewandte Diskussionsenergie zeigt, wie sehr das Problem
in allgemeine Vorstellungen über Recht, Politik und gesellschaftliche Ordnung eingreift.

Zweigs, jedenfalls eines verdeutlicht: das Angewiesensein auf zusätzliche Entscheidungen, die sich nicht aus den Regeln oder Maximen
oder Wertmustern ergeben, sondern hinzugesetzt werden müssen.[33]
Diesen in sie eingebauten hiatus kann die Ethik selbst nicht überbrük-
ken. Sie führt nicht, wie im aristotelischen Kontext, zu der Einsicht in
gute und schlechte Ziele, sondern nur zu der Einsicht, daß man
weitere Entscheidungen braucht, um auf der Grundlage von Ethik mit
Anspruch auf Moralität kommunizieren zu können. Die Politik, die
von Ethik Entscheidungshilfe erwartet, wird auf sich selbst zurückver-
wiesen; und praktisch weiterverwiesen an Organisationen, die in der
Lage sind, Beschlüsse zu fassen, abzustimmen und die Ergebnisse zu
kommunizieren. Das Vorfeld der Politik wird mit Ethikkommissionen
besetzt. Daß in Sachen Ethik nur Pseudokompetenz angeboten wird,
muß aber nicht bedeuten, daß nach der Eigenlogik des politischen
Systems damit nichts anzufangen ist.

IV.

Aus strukturellen wie aus semantischen Gründen wird das politische
System heute dazu gedrängt, Risiken zu politisieren, aus welcher Ecke
immer sie kommen. Es kann sich um Emissionen von Industriebetrie-
ben handeln oder um AIDS, um Raser im Straßenverkehr oder um
übermüdete Bus- oder Lastwagenfahrer, um gentechnologisch variierte
und verbreitungsfähige Formen des Lebens oder um das Pflegefallri-
siko, soweit es bisher nicht durch Krankenversicherung gedeckt ist.
Und was tun Ferienorte, denen die Touristen ausbleiben, oder Land-
wirte, die ihre Produkte zu Marktpreisen nicht absetzen können?
Sie wenden sich an die Politik um Hilfe, sobald das Problem eine
Größenordnung erreicht hat, die eigene Risikovorsorge als unzumutbar
erscheinen läßt. Vergeblich wird man nach einem eingeschränkten
Katalog von Staatsaufgaben suchen oder nach qua Natur oder Gesellschaft feststehenden Grenzen der Staatstätigkeit: die Politisierung von
Problemen ist Sache der Politik. Das politische System ist ein selbstreferentiell geschlossenes System, und was immer es als Politik definiert,

---

[33] Vgl. Wolfgang Kluxen, Moralische Aspekte der Energie- und Umweltfrage,
Handbuch der christlichen Ethik Bd. 3, Freiburg/Brsg. 1982, S. 379 – 424.

ist damit Politik.[34] Und genau diese Geschlossenheit macht sie empfind-
lich für alle möglichen Zumutungen. Fast wehrlos findet sich die Politik
daher auch der Forderung ausgesetzt, präventiv tätig zu werden, und
die Logik der Argumentation spricht dafür: es sei besser, das Entstehen
von Schäden zu verhindern, als sie nachträglich zu beseitigen. Nur läßt
sich Prävention, wenn ernst genommen, kaum mit gesellschaftlicher
Differenzierung vereinbaren, da sie einen Ersatz von Mitteln erfordern
würde, die einschneidend in andere Funktionskreise eingreifen.[35]

Selbstreferentielle Geschlossenheit besagt nicht, daß das politische
System tun oder lassen könnte, was ihm beliebt. Gemeint ist, daß das
System nur mit eigenen (eben: politischen) Operationen definieren
kann, was als Politik Beachtung und Fortsetzung findet. Das „Willkür"-
Moment in der Definition von Souveränität war nach dem Denkmodell
von Wille und Handlung formuliert worden. Aber das politische System kann nicht handeln, es ist kein kollektiver Akteur.[36] Natürlich
läßt es sich als Handlungssystem beschreiben, aber das heißt nur: daß
es aus Handlungen besteht, nicht aber: daß es als Einheit handeln
kann. Für eine Kollektivzurechnung von Handlungen bedarf es der
Organisation. Das politische System enthält zwar eine als Staat organisierte Entscheidungs- und Wirkungseinheit (Heller), aber Politik ist viel
mehr als nur Staatstätigkeit. Jede Kommunikation, die Staatsorgane als
Adresse verwendet, ist schon dadurch politische Kommunikation. Alle
politischen Parteien und jede Art von politischer Lobby, alle politisch
positiv oder negativ selegierte Information in Presse, Hörfunk oder
Fernsehen, jede bedachte oder unbedachte inoffizielle Äußerung höhe-

---

[34] Vgl. Niklas Luhmann, Politische Theorie im Wohlfahrtsstaat, München 1981.
[35] Entsprechend naiv wirken engagierte Forderungen nach präventiver Politik,
die sich selbst dann mit einer ethischen Begründung begnügen. Vgl. z. B.
Bernhard Glaeser, Umweltpolitik zwischen Reparatur und Vorbeugung: Eine
Einführung am Beispiel der Bundesrepublik im internationalen Kontext,
Opladen 1989, insb. S. 126 ff.
[36] Die Verlegenheiten, die daraus für die politische Wissenschaft resultieren,
werden gegenwärtig anscheinend mit dem Begriff der Institution überbrückt,
der man Macht, Ohnmacht und alle möglichen Wirkungen zurechnen kann.
Siehe als Thema des 17. Wissenschaftlichen Kongresses der Deutschen Verei-
nigung für politische Wissenschaft (1988): „Macht und Ohnmacht politischer
Institutionen" und den entsprechenden Tagungsband, hrsg. von Hans-Her-
mann Hartwich, Opladen 1989.

rer Funktionäre oder Politiker, viele Arten von Intrigen, das Sichzeigen oder Sichnichtzeigen bei bestimmten Anlässen, das Fördern oder Nichtfördern politischer Karrieren und natürlich die politische Wahl mit all dem, was sie vermeintlich oder tatsächlich beeinflußt, ist Politik.

Außerdem muß man beachten, daß Politik nicht einfach ein Netzwerk von Handlungen ist, die einander beeinflussen. Vielmehr ist Politik in einem basalen Sinne zunächst einmal Kommunikation, das heißt eine laufende Synthese von Information, Mitteilung und Verstehen, die das System von Moment zu Moment reproduziert. Beachtet man nur das kommunikative Handeln, verliert man aus dem Blick, daß dieses Handeln, wenn identifiziert, immer auch beobachtet und zugerechnet wird und somit nahezu gleichzeitig Wirkungen erzeugt, die gänzlich außerhalb der Intentionen des Handelnden liegen können. Von Moment zu Moment werden politische Nachrichten Allgemeinwissen; oder zumindest operiert das System unter der Fiktion, daß dies so sei; und jeder, der beteiligt sein und bleiben will, tut gut daran, informiert zu sein oder zu scheinen, ganz unabhängig davon, welche Absichten er sich als eigenes Handeln zurechnen lassen will.

Ein politisches System der heutigen Gesellschaft gleicht eher einer nervösen Masse als einer Exekutivhierarchie. Aber wir brauchen Extreme dieser Art nicht zu bemühen: die Wahrheit liegt irgendwo zwischen Rauch und Kristall, nämlich bei einer Kombination von sehr hoher Varietät und sehr hoher Redundanz.[37] So erklärt sich die durchgehende Personalisierung politischer Kommunikation in dem doppelten Sinne, daß sowohl Personen als auch Personenkenntnisse zählen und beides als „Eigenwerte" des politischen Systems, das heißt als in der rekursiven Anwendung politischer Kommunikation auf Resultate politischer Kommunikation entstandene Stabilitäten.[38] Das Ausweichen auf personifizierte Identitäten gibt die thematische Variabilität in hohem Maße frei, auch wenn Einzelpersonen ihre persönliche Linie nicht beliebig ändern können, ohne ihre Glaubwürdigkeit zu verlieren.

---

[37] Vgl. Henri Atlan, Entre le cristal et la fumée, Paris 1979.
[38] Ein Sonderaspekt dieser Form von Stabilisierung durch rekursiv gewonnene personale Identitäten ist die Neigung, auf Enttäuschung mit Personen moralisch zu reagieren – so als ob man es sich nicht selber zurechnen müßte, sie nicht besser gekannt zu haben.

Bei aller operativen Geschlossenheit prozessiert dieses System immer zugleich selbstreferentiell und fremdreferentiell. Es macht Politik nur um der Politik willen (was immer einzelne Politiker sich als ihr persönliches Verdienst zurechnen mögen), aber es sucht zugleich immer die Umwelt ab auf Themen, mit denen man Politik machen kann. Gerade weil das System operativ geschlossen ist, öffnet es sich für Anregungen aus der Umwelt, die aber nur intern, nur in der Form von Politik verarbeitet werden können. Das führt dazu, daß Irritationen durch die Umwelt, etwa zunehmende Empfindlichkeit weiter Kreise in bezug auf Inflation oder Arbeitslosigkeit, sich langfristig in Strukturtrends umsetzen, obwohl das System die eigenen Strukturen nur durch eigene Operationen ändern kann.[39] Das heißt weder, daß das System sich mehr und mehr der Umwelt anpaßt, noch daß es der Umwelt immer ähnlicher wird im Sinne eines Trends zur Entdifferenzierung. Das Gegenteil trifft zu. Die Differenzierung nimmt, wenn das System seine Selbstdetermination fortsetzen kann, zu, weil die Irritationen, auf die es reagiert, immer Eigenzustände des Systems sind und nicht etwa Zustände der Umwelt, die in das System importiert werden.[40] Ob zunehmende Inflation für das politische System zum Problem wird – sei es, daß man mit Hilfe von Inflation Verteilungskonflikte abschwächen, sei es daß man Besorgnissen in der Bevölkerung begegnen muß – ist keine wirtschaftliche, sondern eine politische Frage.

Man darf daher annehmen, daß auch die Irritation durch die Erwartung, eine risikofreie Gesellschaft garantieren zu können, oder auch nur durch eine öffentliche Meinung, die striktere Regulierungen fordert, als Entscheider und Experten für rational halten würden[41], die Struktur-

---

[39] Wir wiederholen hier nur eine ganz allgemein geltende Aussage über Beziehungen zwischen Systemautonomie, strukturellen Kopplungen, Irritationshäufungen und morphogenetischen Tendenzen, wie sie zum Beispiel auch für die Evolutionstheorie, die Sozialisationsforschung und für zahllose innergesellschaftliche Entwicklungsabhängigkeiten formuliert werden können.

[40] Nur so ist denn auch zu erklären, daß die Evolution des Lebens auf Grund einer biochemischen Einmalerfindung zur Artendifferenzierung führt; und nur so läßt sich der offensichtliche Zusammenhang zwischen Sozialisation (inclusive absichtlicher Erziehung) und Individualisierung psychischer Systeme begreifen.

[41] Siehe für Technologierisiken Gerald T. Gardner/Leroy C. Gould, Public Perceptions of the Risks and Benefits of Technology, Risk Analysis 9 (1989),

entwicklung des politischen Systems, langfristig gesehen, beeinflussen
wird. Um ahnen zu können, wie dies geschieht (wir sehen keine
Möglichkeit, vorauszusagen, was dabei herauskommt), muß man zwei
Seiten unterscheiden. Nach außen hin nimmt das politische System
Steuerungskompetenz in Anspruch. Es versucht, Entscheidungen zu
treffen, die die aufgefallenen Risiken beseitigen oder doch unter
Grenzwerte drücken, sie in tolerable Risiken verwandeln. Auf dieser
Ebene reproduziert das politische System die eigene Ansprechbarkeit,
die eigene Offenheit für Themen dieser Art. Dabei profitiert es von
der Engführung der momentan aktuellen Themen unter Ausblendung
anderer Risiken. Und es profitiert von der relativen Leichtigkeit, von
der nur intern komplizierten Möglichkeit, zu kollektiv bindenden
Entscheidungen zu kommen. Man hat dies auch „symbolische Politik"
genannt. Die Entscheidung selbst gilt im Alltagsgeschäft der Politik
bereits als Erfolgsausweis. Man hat sie formulieren und durchsetzen
können. Man kann sie in Rechenschaftsberichten über die zu Ende
gehende Legislaturperiode erwähnen, und es ist nicht unrealistisch,
anzunehmen, daß sie ändernd in die Verhältnisse eingreift. Die Frage
ist nur: mit welchen Wirkungen?

Intern gesehen ist der vielleicht wichtigste Aspekt dieses Prozessie-
rens eine Transformation von Risiken, eine Umwandlung aufgefallener
in andere Risiken. Hier ist in erster Linie an das spezifisch politische
Risiko zu denken: daß eine bestimmte, Risiken einschränkende Politik
politisch nicht honoriert wird, sich nicht in Wahlgewinnen auszahlt,
zum Beispiel weil inzwischen andere Themen von überrollender Dringlichkeit die öffentliche Meinung bestimmen. Außerdem kann und muß
jede risikobezogene Politik als eine Art naturales Experiment begriffen
werden. Erst ihre Durchführung macht erkennbar, welche Folgen eintreten, welche Entscheidungen Beobachter dieser Politik treffen und
wohin sich dadurch Risiken verlagern. Dann ist man zumeist aber nicht
mehr frei, die Ausgangsentscheidung zu revidieren und Geschehenes
ungeschehen zu machen. Man sieht sich mit Sachlagen konfrontiert,

---

S. 225 – 242 (S. 236 Tab. VII). Auch die AIDS-Forschung scheint mit Diskre-
panzen zwischen der Bereitschaft, eigenes Verhalten zu ändern, und der
Forschung nach staatlichen Eingriffen auf ein ähnliches Problem überzogener
Ansprüche an Politik zu stoßen.

die als „neu" definiert werden und muß entsprechend erneut nach
politischen Auswegen suchen.

Diese Überlegungen führen zu dem Schluß, daß im Risikomanagement der Zeitlauf eine wichtige und politisch vielleicht die ausschlagge-
bende Rolle spielt. Anstelle des unerfaßbaren „Zugleich" aller wichtigen Gesichtspunkte tritt eine Sequenz von Entscheidungen. Diese Sequenz wird durch die Zeitstrukturen des politischen Systems inter-
punktiert – also etwa durch den Rhythmus der politischen Wahlen,
der Legislaturperioden, der Stabilität oder Instabilität von Regierun-
gen; aber auch durch den absehbaren Zeitverbrauch von Entschei-
dungs- und Konsensfindungsprozessen, der durch Strategien des
Dringlichmachens oder der Verzögerung modifiziert, aber nicht beliebig komprimiert oder ausgedehnt werden kann. Dabei unterscheidet
sich diese „Eigenzeit" des politischen Systems[42] von derjenigen Zeit,
die im Gesellschaftssystem und dessen Umwelt Sequenzen ordnet. Die
Eigenzeit des politischen Systems schützt daher nicht vor Überraschungen. Allein schon durch die eigene Zeitordnung ist das politische
System einer Dauerirritation durch die Umwelt ausgesetzt, und es
bedarf einer gewissen Robustheit oder Indifferenz, um herausgreifen
zu können, auf was man reagieren will. Aber nochmals: dies ist nicht
als Entscheidungsfreiheit eines Akteurs zu verstehen. Es ergibt sich
zwangsläufig daraus, daß das politische System nur als operativ geschlossenes, sich durch eigene Strukturen determinierendes System,
nur als nicht-triviale historische Maschine, nur auf Grund von selbstor-
ganisierter Rekursivität arbeiten kann.

V.

Als voll temporalisiertes System ist das politische System nicht in der
Lage, die ihm aufgedrängte Risikolast zu behalten und sich dauernd
mit denselben Fällen herumzuschlagen. Politik arbeitet in Episoden,

---

[42] Helga Nowotny würde von „ausgedehnter Gegenwart" sprechen, um zu
bezeichnen, daß gewisse Themen über eine begrenzte Zeitdauer hinweg als
gegenwärtig aktuell behandelt werden können. Siehe: Eigenzeit: Entstehung
und Strukturierung eines Zeitgefühls, Frankfurt 1989. Wichtig ist jedoch,
daß während dieser sehr spezifischen Gegenwart die Welt nicht stillhält,
sondern sich gleichzeitig ändert, so daß die ausgedehnte Gegenwart nicht
auf eine weltzeitliche Gegenwart hochgerechnet werden kann.

in Kleingeschichten, an deren Ende jeweils eine kollektiv bindende Entscheidung, eine symbolische Abschlußgeste steht. So ist das politische System frei, sich neuen Themen zuzuwenden bzw. auf Rückkopplungen aus alten Themen zu warten. Aber was geschieht mit den Risiken?

In den meisten Fällen werden sie an das Rechtssystem abgegeben und sehr oft durch das Rechtssystem an das Wirtschaftssystem weitergereicht. Das geschieht zumeist in der Rechtsform von Verboten oder auch von Verboten mit Erlaubnisvorbehalt (Genehmigungspflicht). Eine eigens dafür erfundene Rechtsform von großer praktischer Bedeutung ist die Festlegung von „Grenzwerten".[43] Wenn zum Beispiel feststeht oder doch gefordert werden kann, daß die äußere Schale von Äpfeln möglichst glatt sein sollte, damit Bakterien nicht so leicht Fuß fassen können, sondern abrutschen, wäre an eine Verordnung zu denken, die die Runzeltiefe von Äpfeln festlegt, die noch auf dem Markt angeboten werden dürfen. Ein solcher Grenzwert digitalisiert das Problem, er ist eine Form mit zwei Seiten, deren eine den Bereich des Verbotenen, deren andere den Bereich des Erlaubten bezeichnet. Auf geschickte Weise wird dadurch das Verbotene und das Erlaubte in einer einzigen Markierung zusammengefaßt, und diese Markierung kann zudem verschoben werden, wenn Veränderungen des Erkenntnisstandes oder politische Pressionen dies nahelegen.

Durch Regulierungen dieser oder ähnlicher Art ist das politische System das Problem einstweilen los, fixiert zugleich aber die Bedingungen einer möglichen Repolitisierung. Das Rechtssystem kann sich, wenn eine als geltendes Recht erkennbare Regelung getroffen ist, die zum Beispiel ein „Restrisiko" für akzeptabel hält[44], auf die Entschei-

---

[43] Viel Literatur, besonders zu den Problemen einzelner konkreter Grenzwerte. Zusammenfassend etwa Gerd Winter (Hrsg.), Grenzwerte: Interdisziplinäre Untersuchungen zu einer Rechtsfigur des Umwelt-, Arbeits- und Lebensmittelschutzes, Düsseldorf 1986; Andreas Kortenkamp et al. (Hrsg.), Die Grenzenlosigkeit der Grenzwerte: Zur Problematik eines politischen Instruments im Umweltschutz, Karlsruhe 1989. Zum Thema Grenzwerte als Form auch Niklas Luhmann, Grenzwerte der ökologischen Politik: Eine Form von Risikomanagement, Ms. 1991.

[44] Im angelsächsischen Recht spricht man auch von einer „de minimis" Regel (wobei allerdings das römischrechtliche „de minimis non curat praetor"

dung „demokratisch legitimierter Staatsorgane" berufen[45] – und das
Problem damit verdrängen. Die Systemdifferenzierung löst das Pro-
blem. Es schläft sozusagen auf der Ritze, bis das eine oder das andere
System auf Grund interner Anstöße es wieder aufgreift.

Um diesen Sachverhalt angemessen begreifen zu können, müssen
wir die Vorstellung eines Herrschaftsverhältnisses zwischen Politik und
Recht im Sinne einer hierarchischen Autorität, einer übergeordneten
politischen Gewalt aufgeben. Diese Vorstellung hatte sich zwar aus
der mittelalterlichen Quasi-Einheit von imperium (potestas) und iurisdictio[46] in der Reifungsphase des Territorialstaates (Suárez, Hobbes,
Pufendorf) entwickelt und sich vor allem in der Rechtsquellenlehre
des Rechtspositivismus im 19. Jahrhundert gegen alle Rückgriffe auf
Naturrecht durchgesetzt. Sie ist jedoch empirisch unhaltbar, denn dafür
sind sowohl das politische System als auch das Rechtssystem viel zu
stark durch eigene Komplexität determiniert. Wir ersetzen sie deshalb
durch den Begriff der „strukturellen Kopplung".

Auf etwas andere Weise wird das Rechtssystem politisch benutzt,
wenn es, quasi analog zum Eigentum, der Festigung von Verhand-
lungspositionen öffentlicher Instanzen dient. Entsprechende Rechtsnormen sehen dann immer noch so aus, als ob sie zur Anwendung
bestimmt seien, und das Rechtssystem wird sie auch so lesen. Faktisch,
und wohl zunehmend auch der Intention nach, dienen sie jedoch der
Erzeugung von Verhandlungsmacht derjenigen Stellen, die befugt sind,
das Recht durchzusetzen. Diese Stellen können mit strikter Rechtsanwendung oder mit entsprechendem Ermessensgebrauch drohen, um

---

andere Problemlagen vor Augen hatte). Siehe hierzu Miller B. Spangler,
Policy Issues Related to Worst Case Risk Analysis and the Establishment of
Acceptable Standards of De Minimis Risk, in: Vincent T. Covello et al.
(Hrsg.), Uncertainty in Risk Assessment, Risk Management, and Decision
Making, New York 1987, S. 1 – 26.

[45] Siehe z.B. B. Bender, Das Risiko technischer Anlagen als Rechtsproblem des
Verwaltungsrechts, in: Sylvius Hartwig (Hrsg.), Große technische Gefahrenpotentiale: Risikoanalysen und Sicherheitsfragen, Berlin 1983, S. 217 – 237 (218).

[46] Hierzu siehe Pietro Costa, Iurisdictio: Semantica del potere politico nella
pubblicistica medievale, Milano 1969; Brian Tierney, Religion, Law, and the
Growth of Constitutional Thought 1150 – 1650, Cambridge Engl. 1982,
S. 30 ff.

Gefügigkeit der Abhängigen in anderen, nicht direkt erzwingbaren Hinsichten zu erreichen. Oft kommt es dann zu einer Art paktierter Rechtsanwendung, mit der zugleich die Gefahr der Anrufung der Gerichte durch Verständigung ausgeräumt wird.[47] Faktisch handelt es sich um eine inoffizielle Form der Delegation und Steigerung politischer Macht mit Durchgriff aufs Detail und damit zugleich um eine Delegation der Entscheidung über Risiken.

Das Rechtssystem wird in all diesen Fällen durch eigene Strukturen (vor allem: Verfassungen) auf die besondere Bedeutung politischer Prozesse hingewiesen. Dies bedeutet nicht, daß irgendeine politische Entscheidung, die nicht zugleich schon Rechtsentscheidung (zum Beispiel eine Abstimmung im Parlament) ist, dem Rechtssystem eine Weisung erteilen könnte. Allein schon die Zulassung politischer Opposition und unwägbarer politischer Interessenteneinflüsse (lobby) ließe das nicht zu. Wohl aber ist das Rechtssystem durch das politische System in besonderer Weise irritierbar. Darin liegt nicht zuletzt auch eine Ausgrenzung gesellschaftlicher Direkteinflüsse auf das Recht. Sie können im Rechtssystem unbeachtet bleiben, solange sie nicht politische Form annehmen, das heißt: zu kollektiv bindenden Entscheidungen gerinnen.[48] Diese Kanalisierung verdichtet dank ihrer Ausgrenzungsleistung Irritationswahrscheinlichkeiten – so wie wir es auch am Verhältnis des politischen Systems zu gesteigerten gesellschaftlichen Risikolagen und Risikoempfindlichkeiten gesehen hatten. Aber das ändert nichts daran, daß die Irritationen selbst mitsamt den darauf folgenden Reaktionen (Piaget würde von Assimilation und Akkommodation sprechen) rein systeminterne Zustände sind.

Ungeachtet aller autopoietischen Autonomie und operativen Schließung des Rechtssystems setzen sich über solche strukturellen Kopplungen Langfristtrends des strukturellen Wandels durch, die ein Beobachter, wenn seine eigene Theorie ihn dazu disponiert, auf externe Ursachen zurechnen kann. Wir vermuten deshalb, daß das Rechtssystem

---

[47] Vgl. zur rechtsstaatlichen Vertretbarkeit Wolfgang Hoffmann-Riem, Konfliktmittler in Verwaltungsverhandlungen, Heidelberg 1989.

[48] Oder, müssen wir hinzufügen, die strukturellen Kopplungen zwischen Rechtssystem und Wirtschaftssystem benutzen, also Transaktionen in die Form von Verträgen bringen, die Eigentumsverhältnisse ändern oder Rechtsansprüche erzeugen.

unter genauer beschreibbaren Deformationsdruck gerät, wenn das politische System die eigene Empfindlichkeit für Risikofragen an das Rechtssystem weiterleitet.

Dieser Prozeß gewinnt vor allem dadurch Bedeutung – und deshalb war vorgreifend von „Deformation" die Rede gewesen –, daß Risikolagen, wie oben erörtert, nicht genuin normative Problemlagen sind, sondern auf andere Formen der Sozialbelastung durch Zeitbindung hinauslaufen. Man kann dies an spezifisch juristischen Entscheidungsschwierigkeiten erkennen, auf die keine Rücksicht mehr genommen werden kann, wenn das politische System sich selbst dadurch salviert, daß es die Weiterbehandlung von Risiken dem Rechtssystem zumutet. Dessen Reaktionsfähigkeit wird heute sehr unterschiedlich beurteilt.[49] Das gilt zum Beispiel:

(1) für Probleme der Kausalität bei zeitlich langfristigen Fernwirkungen und bei einer unübersehbar hohen Zahl von mitwirkenden Ursachen;

(2) für den Übergang von Verschuldenshaftung zu Gefährdungshaftung zur Lösung des Problems der Schadensverteilung bei *rechtmäßigem* Handeln[50];

(3) für Probleme der Klagbefugnis bei Interessen- und Gefährdungslagen, die nicht in die Form der Verletzung eines (eo ipso einklagbaren) subjektiven Rechts gebracht werden können;

(4) für Beweislastregelungen, die früher nur aushilfsweise eingesetzt wurden, um dem Verbot der Justizverweigerung Rechnung zu

---

[49] Jedenfalls reicht es nicht aus, ein erkennbares Zögern schlicht auf „Angst des Richters" oder auf seine bürgerlich-ideologischen Voreingenommenheiten zurückzuführen, wie Gerd Winter, Die Angst des Richters bei der Technikbewertung, Zeitschrift für Rechtspolitik (1987), S. 425 – 431, es tut, ohne den strukturellen Beschränkungen der Transformation des Rechtssystems Aufmerksamkeit zu schenken. Auf die Klage über den Immobilismus des Rechts kann man nur erwidern, daß tiefgreifende Änderungen in Systemen mit hoher strukturierter Komplexität Konsequenzen haben, die weit über das hinausgehen, was die Änderung zu ändern beabsichtigt. Das kann man als ein Risiko in Kauf nehmen, aber nicht, ohne dadurch neue Betroffenheiten zu erzeugen.

[50] Vgl. dazu ausführlicher oben Kap. 3, S. 69 f.

tragen, heute aber mehr und mehr in die Kernstruktur der Normprogramme selbst vordringen[51];
(5) für Ausweitung der administrativ-regulatorischen Tätigkeit mit
zahlreichen Konsequenzen, etwa Haftungsfragen bei Fehlern oder
bei Lernprozessen der Verwaltung, die zeitlich mit Investitionsent-
scheidungen der Umwelt nicht abgestimmt sein können; zunehmende Strapazierung der Fiktion, das Recht sei bekannt; zuneh-
mender Bedarf für paktierte Gesamtlösungen unter Inkaufnahme
partieller Illegalität[52], um nur einiges zu nennen;
(6) für das Ausmaß, in dem Risikoprävention des Rechtssystems in die
Eigendynamik anderer Funktionssysteme (vor allem des politischen
Systems und des Wirtschaftssystems) zurückwirkt und dort Risikoübernahmen um der mit ihnen verbundenen Vorteile willen
blockiert.[53]

In all diesen Fällen kommt komplizierend hinzu, daß das Rechtssystem
nicht nur auf dem Umweg über das politische System, sondern auch
direkt durch Inanspruchnahme der Gerichte mit Risikoproblemen konfrontiert wird. So ist zum Beispiel der Übergang vom Verschuldensprinzip zum Gefährdungsprinzip (vor allem im Geltungsbereich des common law, aber auch in Japan[54]) weitgehend durch die Rechtsprechung
vollzogen und durch die Rechtslehre dogmatisiert worden, so daß

---

[51] Zu damit zusammenhängenden Fragen des Prozeßrisikos und zu dessen
Auswirkungen auf die Rechtsentwicklung siehe W. Kip Viscusi, Product
Liability Litigation with Risk Aversion, Journal of Legal Studies 17 (1988),
S. 111 – 121.
[52] Vgl. Gerd Winter, Bartering Rationality in Regulation, Law and Society
Review 19 (1985), S. 219 – 250; Georg Hermes/Joachim Wieland, Die staatliche Duldung rechtswidrigen Verhaltens, Heidelberg 1988.
[53] Siehe allgemein Udo Ernst Simonis (Hrsg.), Präventive Umweltpolitik, Frankfurt 1988. Juristisch taucht dieses Argument in der Form auf, daß das Recht
bestimmte Entscheidungen dem politischen System oder dem Markt überläßt,
weil die entsprechenden Risiken in diesen Systemen sachnäher und verant-
wortlicher eingeschätzt werden können. Hinweise bei Winter a. a. O. (1987),
S. 425 f. Soziologisch gesehen geht es hier um den Einbau der Rücksicht auf
funktionale Differenzierung in ein funktional ausdifferenziertes System.
[54] Speziell hierzu: Shigeto Tsutu/Helmut Weidner, Ein Modell für uns: Die
Erfolge der japanischen Umweltpolitik, Köln 1985.

das politische System beim Anregen entsprechender Regelungen auf
Vorarbeiten im Rechtssystem und auf schon vorliegende Fallerfahrun-
gen zurückgreifen kann. George Priest spricht geradezu von einer
dramatischen Änderung des Zivilrechts der USA durch die Rechtsprechung unter Leitgesichtspunkten wie Risikokontrolle und Internalisie-
rung von Kosten als Alternative zur bürokratisch zu schwerfälligen,
von politischen Impulsen abhängigen „regulatory agencies" mit be-
grenztem Budget und begrenzten Kompetenzen.[55] Offenbar werden im
Rechtssystem selbst die Vorteile und die Nachteile des an Politik
gebundenen Weges der Gesetzgebung registriert und als Alternative
dazu sehr viel drastischere, politisch nicht zu verantwortende (aber
eventuell über Gesetzgebung korrigierbare) Umstellungen auf neue
Formen der Zukunftswahrnehmung ausgelöst. Das auf Individuen
bezogene Verschuldensprinzip tritt zurück, die Anforderungen an den
Nachweis von Verantwortung für Schäden werden drastisch herabge-
setzt und die Verantwortung wird dorthin gelegt, wo Alternativen
kalkuliert (und bezahlt!) werden können. Die Sanktionierung von
riskantem Verhalten läuft mehr über Haftungsrecht als über Strafrecht,
greift also nur, wenn tatsächlich ein Schaden eingetreten ist, löst aber
gerade damit ein auf Risiken achtendes, vorsorgliches In-Rechnung-
Stellen dieser Möglichkeit und ihrer unkontrollierbaren Ausmaße aus.
Dieser Fall zeigt im übrigen, daß und wie die Problemlage erneut
über Systemgrenzen abgeschoben wird, teils auf Privatfirmen, teils
auf Kommunalverwaltungen, teils auf den Versicherungsmarkt des
Wirtschaftssystems. Und diese Systeme reagieren durch Reduktion
ihrer Angebotspalette, durch Streichung von Programmen, deren Risikolast als untragbar erscheint.[56]
    Soweit das politische System selbst die Form einer rechtlichen Regu-
lierung wählt, um das Problem dadurch zu entpolitisieren und in einen
anderen Systemkontext zu überführen, muß die Rechtmäßigkeit der
Entscheidung geprüft werden. Anders als der juristische Staatsbegriff
suggerieren könnte, versteht sich keineswegs von selbst, daß das, was

---

[55] So George L. Priest, The New Legal Structure of Risk Control, Daedalus
   119/4 (1990), S. 207 – 227.
[56] Siehe die Umfrageergebnisse bei E. Patrick McGuire, The Impact of Product
   Liability, New York 1988. Vgl. auch Nathan Weber, Product Liability: The
   Corporate Response, New York 1987.

politisch konveniert, auch rechtmäßig ist; denn darüber hat ein anderes System, eben das Rechtssystem zu befinden. Unter rechtsstaatlichen Bedingungen wird das politische System im allgemeinen nicht dazu neigen, eklatant rechtswidrig zu handeln, also das Rechtssystem offen zu provozieren; denn das wäre im Normalfalle dann zugleich ein politischer Mißerfolg. Sehr typisch sind dagegen die Fälle, in denen der rechtliche Bestand einer Entscheidung, wenn sie politisch beschlossen wird, noch nicht zweifelsfrei feststeht. Typisch ist also der Fall, daß das politische System sich bei dem, was politisch herauskommt, auf ein rechtliches Risiko einlassen muß. Auch in dieser Hinsicht betreibt die Politik mithin Risikotransformation. Sie verändert das Risiko für sich selbst und für die Beteiligten, indem es in einen anderen Kontext verschoben wird, in dem mit anderen Waffen gefochten wird und andere Einsätze auf dem Spiel stehen. Mit einer sorgfältigen rechtlichen Prüfung kann vorab der politische Entscheidungsspielraum eingeschränkt werden. Aber nicht selten läßt man sich um politisch zufriedenstellender, oft kompromißhafter Lösungen willen auch sehr bewußt einem Rechtsrisiko aus. Man muß dann eine „vertretbare" Rechtskonstruktion vorzeigen können und kann sich, wenn die Gerichte anders entscheiden, damit trösten, einen politisch vernünftigen Ausweg wenigstens versucht zu haben. In dem Maße, als das Rechtssystem sich selbst durch Abwägungsformeln verunsichert, wird die Situation eines politischen Rechtsrisikos normal werden und vorwurfsfrei praktiziert werden können; denn vorauszusehen sind die Rechtsentscheidungen dann ohnehin nicht mehr und gute Argumente hat man auf jeden Fall gehabt – allein schon dadurch, daß man vertretbare Interessen vertritt.

Ein sich heute bereits abzeichnender Gesamteindruck ist: daß das Rechtssystem, teils auf politische Vorgaben hin, teils in der Konsequenz eigener Rechtsprechungsentwicklungen, mehr und mehr darauf verzichtet, die Voraussehbarkeit der rechtlichen Konsequenzen des eigenen Verhaltens als Bedingung und Grenze in die Normprogramme einzubauen. Das heißt: auch die Selbstfestlegung in Rechtsangelegenheiten schützt vor Überraschungen nicht, auch sie wird riskant, und mehr und mehr scheint man davon auszugehen, daß dies in einer in hohem Maße durchorganisierten Gesellschaft zumutbar ist, weil ohnehin genügend Möglichkeiten der organisierten Vorsorge oder Nachsorge für solche Fälle gegeben sind.

Viele Wege des Weiterleitens von Risiken münden letztlich in das
Wirtschaftssystem ein. Das Wirtschaftssystem ist durch gute Kalkula-
tionsmöglichkeiten und durch ein schlechtes Gedächtnis ausgezeichnet.
Haushalte und Unternehmen können zwar kalkulieren, was in ihrer
eigenen Wirtschaftsrechnung geschieht, wenn sie auf dem einen oder
anderen Konto mehr Ausgaben verbuchen müssen. Zugleich sind aber
die Folgen im Geldstrom selbst, also bei denen, die das Geld deshalb
erhalten, und bei denen, die es deshalb nicht erhalten, schwer zu tracie-
ren, denn das Geld mischt sich bei jedem Zahlungsvorgang neu. Man
mag erkennen, daß es zu erheblichen Zuwachsraten bei Versicherern
kommt, daß Versicherer ins Bankgeschäft und Banken ins Versicherungs-
geschäft drängen. Aber wer wollte dies auf bestimmte rechtspolitische
Maßnahmen einer bestimmten Regierung zurückführen? Das Geld erinnert nicht, weshalb es gezahlt worden ist. Die Folgen einer Risikoabwäl-
zungspolitik mögen so letztlich in einer vermeintlich reichen, jedenfalls
geldreichen Wirtschaft versickern – nur weil dieses System keine Möglichkeit hat, die eigenen Opportunitätskosten politisch geltend zu machen. Wir kommen im nächsten Kapitel darauf zurück.

VI.

Bisher sind wir davon ausgegangen, daß das politische System auf
Risikolagen in seiner Umwelt durch Entscheidungen reagiert, die Abhilfe schaffen oder die im Risiko liegenden Gefahren wenigstens abschwächen sollen. Tatsächlich hat das politische System jedoch zwei
Möglichkeiten, denn anderenfalls würde es sich nicht um Entscheidungen handeln, nämlich einzugreifen oder nicht einzugreifen. Mit beiden
Möglichkeiten läßt die Politik sich auf ein eigenes Risiko ein.

Nach außen wird Politik als ein erfolgreicher oder weniger erfolgreicher, jedenfalls planmäßiger Versuch dargestellt, die Gefahren zu reduzieren, die aus riskantem Verhalten resultieren können. Die Politik
präsentiert sich als System gesellschaftlicher Steuerung. Allein das
schon mag zur Präferenz für Handeln und zur Dispräferenzierung von
Untätigkeit führen. Man findet selten, daß bloßes Nichthandeln in
den Erfolgsbilanzen einer Regierung aufgeführt wird. Diese Version
korrigiert sich in dem Maße, als Skepsis in bezug auf Steuerungsmög-
lichkeiten zunimmt. Man könnte dann zu der Auffassung kommen,

daß ein durch Risiken dauernd irritiertes politisches System, realistisch gesehen, nur die Chance hat, externe Risiken in interne Risiken, in Risiken eigenen Entscheidens zu transformieren – auf gut Glück sozusagen. Dann nimmt das eigene Risiko zwei Formen an: Entweder entschließt man sich zu einer Regelung und zieht damit die Verantwortung für Folgen auf sich. Oder man wartet ab, fordert weitere Gutachten an und findet sich dann entweder mit einer abflauenden Dramatisierung der Situation oder mit einer zunehmenden Verschärfung, mit wachsenden Kosten, mit geringeren zeitlichen Spielräumen konfrontiert.

Die Doppelmöglichkeit, zu handeln oder nicht zu handeln, entspricht der Zeitpunktabhängigkeit des politischen Entscheidens, der Abhängigkeit von günstigen Augenblicken (kairós) mit dem Risiko, zu früh oder zu spät zu reagieren. Einst wurde das unter dem Namen „prudentia" als Individualtugend des Fürsten gelehrt und in seiner moralischen Komplexität durchleuchtet. Auch heute ist man zumindest darüber einig, daß dies Problem nicht in ein Problem rationalen Entscheidens aufgelöst werden kann, da ja allein schon die Ermittlung der Bedingungen von Rationalität zu viel Zeit (und im Prinzip: endlose Zeit) benötigt und damit auf eine Vertagung hinausläuft. Rationalität ist nicht zeitneutral zu gewinnen. Sie ist unter solchen Umständen der Abhängigkeit von Zeit und Gelegenheit nur eine Darstellungsform für die Absicht, nicht (oder zumindest: vorläufig nicht) zu entscheiden. Man fragt statt dessen Experten oder bemüht sich um Konsens. Ebenso falsch wäre es freilich, aus diesen Gründen auf eine prinzipielle Irrationalität von Politik zu schließen, also zur Gegenseite der Form überzusetzen. Die Frage ist vielmehr, ob das Formschema rational/irrational sich überhaupt eignet, diese Bedingung der Zeitabhängigkeit, die reflexiv in sich selbst zurückkehrt, zu erfassen. Und manches spricht dafür, *statt dessen* politisches Entscheiden als Risiko zu beobachten. Und dies auch und gerade dann, wenn die Politik, wie oben vermutet, nicht in der Lage ist, sich selbst als riskantes Entscheiden zu präsentieren.

Die Rationalität des politikeigenen Risikomanagements könnte unter diesen Umständen darin liegen, die Entscheidungsrisiken des einen bzw. anderen Pfades gegeneinander abzuwägen, nicht zuletzt auch im Hinblick auf die Protestaffinität der Sekundärfolgen und auf die Stimmkraft der Betroffenen. Und je nach Option für den einen oder anderen Ausweg mag es sich dann empfehlen, die Möglichkeiten oder die Schwierigkeiten eines steuernden Eingriffs herauszustellen.

Kapitel 9
Risiken im Wirtschaftssystem

I.

Während das politische System Risiken aus allen Bereichen der Gesellschaft anzieht, um sie teils als politische Risiken der Überreaktion oder der Nichtberücksichtigung zu absorbieren und teils wieder in die Gesellschaft zurückzuleiten, dient das Wirtschaftssystem eher als letzter Sammelplatz von Risiken, die von überall her dort hinströmen – vor allem natürlich in der Weise, daß man sich gegen sie unter Aufwendung von Kosten versichert.

Als wirtschaftliche Risiken wollen wir nur solche ansehen, die mit Zeitdifferenzen bei der Verwendung von Geld zu tun haben, also vor allem Investitions- und Kreditrisiken. Diese Entscheidung ist durch unsere Unterscheidung von Risiko und Gefahr diktiert. Denn das Problem der Mißernten in der Landwirtschaft oder des Produktionsfehlers ist nur eine Gefahr – es sei denn, daß man Derartiges unter dem Gesichtspunkt der Fehlinvestition von Kapital und Arbeitskraft betrachtet, die anderweit lukrativ hätten eingesetzt werden können. Im folgenden handelt es sich also immer um das Risiko, daß erwartete Zahlungen (aus Verkäufen, Vermietungen, Darlehn usw.) nicht eintreffen. Insofern ist das Risikoproblem der Wirtschaft strikt ein geldwirtschaftliches Problem. Und Risiken hängen deshalb nicht zuletzt von der Möglichkeit ab, den Bereich der zu bilanzierenden Folgen einzuschränken (oder: wie oft, aber unzutreffend formuliert wird, „Kosten" zu externalisieren).[1]

---

[1] Die oft vorgetragene Kritik solcher Externalisierungen geht aus sehr prinzipiellen Gründen fehl. Denn jede Maßnahme zur Re-internalisierung von „Kosten" würde ihrerseits ihre „Kosten" externalisieren – oder eben auf jede Kontrolle wirtschaftlicher Rationalität verzichten müssen. Ein politisches Programm zur Erhöhung von Sicherheit und zur Minderung von Risiken (etwa im Bereich des Konsumentenschutzes) ließe sich wirtschaftlich nicht kalkulieren, wenn nicht zahllose Folgen außer Acht blieben. „A final, and

Es sind denn auch vor allem Eigenarten des symbolisch generalisierten Kommunikationsmediums Geld, die die Wirtschaft befähigen, Risiken zu übernehmen – und sich selbst zu gefährden. Geld kann in praktisch beliebiger Stückelung verwendet werden. Kleine Zahlungen können kapitalbildend gespeichert werden und große Geldsummen können in kleinere Beträge zerlegt und für verschiedene Zwecke an verschiedene Empfänger ausgegeben werden. Dabei wird nichts gewonnen und geht nichts verloren, was nicht jeweils in der Zahlung selbst übertragen wird. Man kann also mit Hilfe von unternehmensspezifischen Bilanzen oder mit Hilfe von haushaltsspezifischen Budgets kalkulieren. Es gibt, anders gesagt, keine holistischen Qualitäten der Geldmenge, die man gewinnen oder verlieren könnte – abgesehen natürlich von der aggregierten Kaufkraft oder dem Zugang zum Kreditmarkt, den größere Geldsummen eröffnen.

Zu dieser Reduktion auf Quantität kommt die Abstraktheit des Geldes, die die Merkmale von Situationen, die Zahlungsmotive, die Art der in der Transaktion momentan mit der Zahlung gekoppelten Gegenleistung beim Zahlungsvorgang hinter sich zurückläßt. Das Geld kann in jeder Hand wie neu verwendet werden – selbst dann, wenn es betrügerisch erworben oder gestohlen war. Es operiert ohne Gedächtnis. Es vergißt also auch die Risiken, auf die man sich beim Erwerben oder beim Ausgeben von Geld eingelassen hatte, im nächsten Schritt. Das heißt natürlich nicht, daß die Wirtschaft praktisch risikofrei arbeiten könnte; wohl aber, daß die Risiken an den „Modulen", den Unternehmen und Haushalten, hängen bleiben, die über Geldverwendung entscheiden. Sie werden gegebenenfalls die Zahlung bereuen – aber das hat keine Auswirkung auf den Empfänger. Das Risiko wird nicht, wie beim Erwerb von Waren, mitübernommen. Stellt man sich die Wirtschaft als ein Netzwerk von Transaktionen vor, so heißt dies, daß die Risiken nur in der einen Richtung, aber nicht in der anderen Richtung fließen, also nur in der Richtung, in der Waren bzw. Ansprüche auf Leistungen erworben und mit preismäßig entsprechender Zahlungsfähigkeit bezahlt werden. Der glückliche Empfänger des Geldes ist frei, sich neuen Risiken zu stellen.

---

very important, externalities argument emerges when we consider the production of safety itself", liest man bei Peter Asch, Consumer Safety Regulation: Putting a Price on Life and Limb, Oxford 1988, S. 46.

Mit diesen Eigenschaften des Geldmediums kann die Wirtschaft als ein Riesenumschlagplatz für Risiken angesehen werden. Das heißt aber nicht, daß das Risiko hier laufend und restlos zu objektspezifischen Risiken verkleinert werden kann wie beim Gebrauchtwagenkauf. Es bleibt ein Restrisiko, ein Zentralrisiko zurück, nämlich das *Risiko der Nichtwiederherstellung von Zahlungsfähigkeit*. Es kann sein, daß derjenige, der Geld ausgegeben hatte, nicht in der Lage ist, es sich wiederzubeschaffen, weil sich entsprechende Aussichten als Fehlspekulation erweisen. Es kann auch sein, daß die Zahlungsempfänger, denen man die Annahme von Geld zu einem späteren Zeitpunkt zumuten will, höhere Ansprüche stellen, höhere Preise verlangen oder im Extremfalle überhaupt nicht mehr bereit sind, sich auf Zahlungsversprechen einzulassen. Selbst wenn man Zahlungsfähigkeit regenerieren kann, ist dann Geld später weniger oder überhaupt nichts mehr wert. Während im erstgenannten Falle das Risiko in der Ausgabe von Geld liegt, liegt es im zweiten Falle in der Annahme von Geld. In beiden Fällen ist es ein dem Zahlungsvorgang inhärentes Risiko. Der erste Fall kann, wenn er nicht zu häufig auftritt, vom Wirtschaftssystem als Ausscheiden von Teilnehmern behandelt und so neutralisiert werden. Wer kein Geld hat und sich keines beschaffen kann, nimmt nicht mehr teil. Nur bei einer weiten Verbreitung solcher Fälle kommt es zu einer durchgehenden Preissenkung. Die Wirtschaft reagiert, solange es geht, mit Deflation. Im zweiten Fall geht es um den (nicht genau symmetrisch gebildeten) Gegenfall der Inflation. Die Wirtschaft wehrt sich durch Preissteigerungen, um Geldannahmebereitschaft zu erzeugen.

Deflationen und Inflationen sind in gewisser Weise Immunreaktionen des Wirtschaftssystems, mit denen dieses auf eine zu hohe Risikobelastung reagiert. Sie sind, wie Reaktionen des Immunsystems durchweg, in sich selbst nicht ungefährlich. Sobald sie an Preisen sichtbar werden, verstärken sie das Problem, auf das sie reagieren. Wer noch Geld hat, wird es unter der Bedingung von Deflation um so weniger (oder allenfalls später) ausgeben. Wer auf Annahme von Geld angewiesen ist, wird unter der Bedingung von Inflation dazu tendieren, selbst zur Preissteigerung beizutragen. Dieser Selbstverstärkungseffekt ist jedoch nicht Teil des Entscheidungsrisikos auf Seite des Zahlenden oder des Zahlungsempfängers. Er ist eher auf einer Ebene höherer Aggregation eine Gefahr, mit der das Wirtschaftssystem sich selbst konfrontiert. In dieser Terminologie kann man also formulieren, daß

das Wirtschaftssystem dazu tendiert, allzu massive, durchgehende, vor
allem extern induzierte Risiken in Selbstgefährdung zu verwandeln.

Schließlich sind die Bedingungen der Risikokalkulation von Wirt-
schaftsteilnehmern, inclusive Banken, zu bedenken. In erster Linie geht
es auch hier, wie üblich, um eine Abwägung von Chancen und Risiken.
Dabei scheinen vor allem etwaige Liquiditätsprobleme wie eine Art
Katastrophenschwelle zu wirken, in deren Nähe man weniger oder
nicht mehr risikobereit ist.[2] Andererseits führt aber der Konkurrenz-
druck dazu, daß Risiken übernommen werden müssen mit der einzigen
Alternative, das Geschäftsvolumen zu verkleinern oder letztlich aus
dem Markt auszuscheiden. Das gilt für Lieferantenkredite ebenso wie
für Bankenkredite und von Geschäftsbereich zu Geschäftsbereich sowie
je nach Geschäftsumfang des Schuldners in sehr unterschiedlicher
Weise. Man denke an die Kredite, die Brauereien oder neuerdings
Spielautomatenaufsteller Gastwirten gewähren oder Stoffproduzenten
den mehr oder weniger modeabhängigen Konfektionären. Oft handelt
es sich einfach um die Inkaufnahme einer Verzögerung des Forderungs-
ausgleichs. Der vielleicht spektakulärste Fall sind die hohen Länderkre-
dite der Geschäftsbanken, die auf einen erheblichen Geldüberhang und
auf die mangelnde Kreditnachfrage in Industrieländern in den 70er
Jahren zurückzuführen sind, aber eben auch auf die Notwendigkeit
des Beteiligtbleibens. Formal kann man auch solche Fälle unter Risikokalkulation subsumieren, wenn man das Ausscheiden aus dem Markt
als ein zu vermeidendes Risiko von Risikoaversion ansieht. Aber die
Struktur des Problems ist doch eine andere: Das Risiko des Marktverlu-
stes ist eine fast sichere Folge von Risikoaversion, und das gesamte
Problem ergibt sich nicht aus einer Prüfung und etwaigen Fehleinschät-
zung der Kreditwürdigkeit des Schuldners, sondern aus einer Beobachtung des Marktes; das heißt: einer Beobachtung der Konkurrenten;
das heißt: einer Beobachtung zweiter Ordnung.[3]

Ebenso wie beim Thema Deflation/Inflation stoßen wir auch hier
auf strukturelle Effekte, mit denen man in ausdifferenzierten Funktionssystemen rechnen muß. In dem Maße, als das System komplex

---

[2] Vgl. Peter Lorange/Victor D. Norman, Risk Preference in Scandinavian
Shipping, Applied Economics 5 (1973), S. 49 – 59.

[3] Vgl. hierzu grundsätzlich Dirk Baecker, Information und Risiko in der
Marktwirtschaft, Frankfurt 1988, insb. S. 198 ff.

und dadurch für sich selbst intransparent wird, weicht man auf ein Beobachten von Beobachtern aus.[4] Auf dieser Ebene der Beobachtung zweiter Ordnung, die viele hier nicht behandelte Probleme aufwirft, wird die Direktanalyse der Risikosituation ersetzt durch eine Beobachtung anderer Beobachter, ohne daß man unterstellen könnte, diese hätten den Sachverhalt unmittelbar geprüft. Wenn sie risikobereit sind, muß man mitziehen oder die Folgen einer Zurückhaltung in Kauf nehmen.[5]

Was in einer Hinsicht, quasi individualpsychologisch, als Zwang zur Leichtfertigkeit gesehen werden könnte, ist in anderer Hinsicht, nämlich bezogen auf das Wirtschaftssystem im ganzen, eine Erhöhung der Risikobereitschaft. In dem Maße, als das System auf der Ebene der Beobachtung zweiter Ordnung zu operieren beginnt und alle alles von da her sehen, kommt es auch zu höheren Risiken, indem Teilnehmer die Risikobereitschaft der anderen copieren, obwohl gerade dadurch die Gesamtverschuldung und damit das Gesamtrisiko erhöht wird.

---

[4] Für das Wissenschaftssystem gilt dies in der Form der Orientierung an Publikationen. Siehe zum Beispiel Charles Bazerman, Shaping Written Knowledge: The Genre and Activity of the Experimental Article in Science, Madison Wisc. 1988. Die Komplexität des Systems zwingt hier zum Verzicht auf ein gemeinsames Beobachten des Experiments selbst durch Personen mit hohem Sozialprestige (gelegentlich König und Königin), wie es in der Frühzeit der Royal Society of London üblich war, und zum Risiko der Orientierung an bloßen Publikationen, die sich dadurch legitimieren, das sie sich selbst im Kontext anderer Publikationen einen Platz anweisen. – Für das politische System liegt die Parallele in einer Orientierung der Politik an der Beobachtung der Politik durch das, was (ebenfalls seit dem 18. Jahrhundert) als „öffentliche Meinung" etabliert ist mit einer ebenfalls hausgemachten Garantie durch Presse- und Meinungsfreiheit. Siehe dazu Niklas Luhmann, Gesellschaftliche Komplexität und öffentliche Meinung, in ders., Soziologische Aufklärung Bd. 5, Opladen 1990, S. 170–182.

[5] Bei einer Diskussion mit Wiener Bankmanagern über die Hintergründe der Überschuldung des coop-Konzerns fiel die Bemerkung: Man habe sich nur daran orientiert, welche anderen Banken ebenfalls Kredite gewähren, und man hätte besser getan, sich daran zu orientieren, welche Banken *keine* Kredite gewähren. Angesichts der Unmöglichkeit, den Sachverhalt selbst zu durchleuchten (der Konzern galt als unsinkbares Schiff), handelt es sich aber in beiden Blickrichtungen um eine Beobachtung zweiter Ordnung.

Entsprechend werden neuartige Einrichtungen der Absicherung entwik-
kelt. Es entstehen Finanzmärkte, auf denen Banken, die in momentane
Schwierigkeiten geraten, sich refinanzieren können und dann nur das
Risiko von Verlusten durch höhere Zinsen für Refinanzierungen zu
tragen haben. Und Versicherungsgesellschaften bilden komplexe Systeme der Rückversicherung etwaiger eigener Verluste aus.

Insgesamt stellt die Wirtschaft sich darauf ein, daß es weder für
Unternehmen noch für Banken und heute nicht einmal für Privathaus-
halte rational ist, alle Zahlungen aus aufgesparten Eigenmitteln zu
bestreiten. Entsprechend wächst der Verschuldensquotient. Dafür gibt
es dann freilich keine klare Grenze, weil es von zu vielen unvorherseh-
baren Faktoren abhängt, ob erwartete Zahlungen tatsächlich geleistet
werden. Ähnlich wie im Falle der ökologischen Folgen technischer
Produktion entsteht so aus zahllosen Einzelentscheidungen eine auf sie
nicht mehr zurechenbare Gesamtgefährdung, die, von unserer Unterscheidung Risiko/Gefahr her gesehen, im strengen Sinne paradox ist,
weil sie sowohl zurechenbar als auch nicht zurechenbar ist. Und dann
hängt es davon ab, wer die Lage beobachtet und beurteilt, ob die
Bedrohung als zurechenbares Risiko (mit schwer identifizierbaren Entscheidern) oder als durch Systemstrukturen ausgelöste Gefährdung
aller angesehen wird.

II.

Das Thema Risiko im Wirtschaftssystem, aber auch die Entwicklung
der Wirtschaft insgesamt und besonders in diesem Jahrhundert, gibt
Anlaß, den Blick auf das Bankensystem zu richten. Während die
klassischen Wirtschaftstheorien unter Leitbegriffen wie Produktion,
Tausch oder Verteilung die Wirtschaft von Produktion und Konsum
oder vom Handel her interpretiert hatten, liegt es für eine soziologische
Theorie, die die innergesellschaftliche Ausdifferenzierung des Wirtschaftssystems auf das symbolisch generalisierte Kommunikationsme-
dium Geld zurückführt[6], eher nahe, den Banken (und nicht der Industrie) eine Zentralstellung zuzuweisen.

---

[6] Vgl. Niklas Luhmann, Die Wirtschaft der Gesellschaft, Frankfurt 1988.

Ähnlich wie die Gerichte im Rechtssystem[7] haben die Banken im Wirtschaftssystem ihren Platz im Zentrum.[8] Von ihnen aus gesehen gehört alles, was sonst an wirtschaftlichen Operationen abläuft, zur Peripherie des Systems. Nur die Banken bilden mit der Differenzierung von Zentralbank, Geschäftsbanken und Bankkunden eine Hierarchie (und wieder: wie die Gerichte im Rechtssystem oder die Staatsorganisation im politischen System). Und schließlich kann man die Funktion der Banken (anders als die Funktion der Produktion) als eine Verdichtung der Funktion des Wirtschaftssystems schlechthin begreifen.

Denn den Banken obliegt es, die Wirtschaft mit jederzeitiger Zahlungsfähigkeit zu versorgen. Sie ermöglichen Zahlungen auch dort, wo Unternehmen oder Haushalte nicht über die notwendigen Eigenmittel verfügen oder wo sie es vorziehen würden, investiertes, in Sachgütern festgelegtes Geld nicht zu liquidieren und trotzdem Zahlungen tätigen zu können. Mit Hilfe der Banken kommt es also zu einer für die Autopoiesis der Wirtschaft ausreichenden Differenz von Sachwerten bzw. Arbeitsbereitschaften auf der einen Seite und Geldmitteln auf der anderen. Erst dadurch können Transaktionen in einem Umfange vollzogen werden, der es lohnend macht, Märkte zu differenzieren und für Märkte (statt für Eigenbedarf) zu produzieren. So entsteht eine Differenzierung von Eigentumscode (bezogen auf Sachwerte und Verfügung über eigene Arbeitsmotive) und Geldcode; nur so entsteht eine Zweitcodierung des Eigentums durch das Geld. Der Name für diese Funktion, der jedoch mehr verdeckt als verrät, lautet Kredit.

In der Übergangszeit, die vor viertausend Jahren in den Handelsmetropolen Mesopotamiens beginnt und[9] bis ins 18. Jahrhundert reicht,

---

[7] Vgl. Niklas Luhmann, Die Stellung der Gerichte im Rechtssystem, Rechtstheorie 21 (1990), S. 459 – 473.

[8] Der Vergleich hat freilich Grenzen und scheitert, wenn man ihn auf die Geschichte ausdehnt. Gerichte gehören zu den ältesten Einrichtungen des Rechtssystems, sie erzeugen die Ausdifferenzierung des Rechts, während die Banken, was immer man von altgriechischen oder sogar mesopotamischen Sonderfällen halten mag, erst in der Neuzeit ihre heutige Bedeutung gewinnen.

[9] Hier aber wohl noch nicht mit der ausdifferenzierten Form von Depositenbanken. Zu deren Geschichte siehe Raymond Bogaert, Ursprung und Entwicklung der Depositenbank im Altertum und im Mittelalter, in ders. und

gibt es durchaus funktional äquivalente Einrichtungen, die die Wirtschaft auf das Entstehen eines Bankensystems vorbereiten. Das gilt vor
allem für das Handelskapital und, besonders im 18. Jahrhundert, für
die Staatsverschuldung. Auch heute dient die Staatsverschuldung in
immer noch erheblichem Umfange der Geldschöpfung und überschnei-
det sich insofern mit den Aufgaben der Banken. Das zeigt sich am
problematischen Verhältnis der politischen Entscheidungszentren zu
den Zentralbanken. In dem Maße allerdings, in dem das Problem der
Inflation zu einem erstrangigen Problem auch der Politik wird, und in
dem Maße, als weltweit operierende Finanzmärkte entstehen, übernehmen die Banken diese Funktion der Erzeugung und Verteilung von
Zahlungsfähigkeit. Zugleich damit entsteht den Banken jedoch eine
neue Konkurrenz in größerer Nähe des Bankgeschäfts: eine Konkurrenz
durch Versicherungen, Bausparkassen, Rentenfonds, Kreditkartenorga-
nisationen, Wertpapierhändler oder auch eine Konkurrenz durch die
Großkunden selbst, die kräftig genug sind, um einen eigenen Zugang
zum Finanzmarkt zu finden.

Von ihrer Funktion und von ihrer Systemstellung her sind Banken
mit den Risiken der Wirtschaft befaßt. Es gehört nur wenig Übertrei-
bung dazu, um zu sagen, daß Risikotransformation das eigentliche
Geschäft der Banken ist. Das lassen sie sich, um es tun zu können,
bezahlen. Ihre Funktion weist sie an, für jederzeitige Zahlungsfähigkeit
in der Wirtschaft zu sorgen, also einen gewissen Zeitausgleich zwischen
Zahlungsmöglichkeiten und Zahlungsfähigkeiten herbeizuführen. Das
geschieht durch gegenwärtige Festlegung künftiger Zahlungen in einer
gegenwärtig schon verwendbaren Form. Man wartet nicht einfach
tatenlos, ob der Schuldner die Forderung erfüllen wird, sondern man
gibt der Forderung eine gegenwärtig bereits handelsfähige Form. Vor
allem aber lassen die Banken sich Geld geben gegen das Versprechen,
es künftig zurückzuzahlen, und nutzen dann ihrerseits die Zeitspanne
aus, um Geld auszuleihen, das heißt: ihrerseits Zahlungsversprechen
zu erwerben. Banken handeln also mit Zahlungsversprechen.[10] Falls

Peter Claus Hartmann, Essays zur historischen Entwicklung des Bankensystems, Mannheim 1980, S. 9 – 26.
[10] So Maurice Allais, The Credit Mechanism and its Implications, in: G. R.
Feiwel (Hrsg.), Arrow and the Foundations of the Theory of Economic
Policy, London 1987, S. 491 – 561; und jetzt vor allem Dirk Baecker, Womit

dabei eigene Liquiditätsprobleme auftreten, können sie ihre eigene Zahlungsfähigkeit in gewissen Grenzen am Interbankenmarkt auffrischen. Auf diese Weise werden unterschiedliche Risiken ausgeglichen und verteilt; oder auch so markiert, daß höhere Risikofreude mit höheren (aber eben riskanten) Gewinnchancen kombiniert wird. Zusätzlich zum eigenen Risikomanagement übernehmen Banken nun auch Beratungsaufgaben und dosieren damit Geldanlagen entsprechend der Risikofreude oder auch der Informationsverarbeitungskapazität ihrer Kunden.

Dies Geschäft mit Risiken hat zwei Voraussetzungen. Die eine ist: daß man die Welt nicht kennen und deshalb Marktgeschehen, modifiziert durch Zeithorizonte, als Zufallsgeschehen behandeln muß. Wenngleich Banken oder funktional ähnlich situierte Risikohändler in manchen Fällen besser informiert sein mögen als ihre Kunden, müssen sie ihr Geschäft im Prinzip auf Zufall einstellen. Sie können Risiken in gewissem Umfange durch Wissen einschränken oder auch vermeiden, nicht aber aufheben. Einstellung auf „Zufall" schafft dabei eine fiktionale Realität, eine Realität zweiter Ordnung, eine verdoppelte Realität, denn in der Wirklichkeit gibt es natürlich keine Zufälle. Diese Verdoppelung ist die Voraussetzung jedes statistischen Kalküls.[11] Aber auch die Statistik hilft den Banken nicht, denn ihr Tätigkeitsfeld ist zu stark strukturiert und, zeitlich gesehen, zu turbulent. Die Banken sind auf intern entwickelte Instrumente des Risikomanagements angewiesen, und dabei erweist es sich als ein Vorteil und als ein Hindernis, daß sie Organisationen sind.[12]

Die zweite Voraussetzung liegt im Ungenügen rechtlicher Sicherungen. Deshalb spricht man von Zahlungsversprechen und nicht mit einem juristischen Begriff von Forderungen. Das Recht kann gewährleisten, daß man im Recht ist und im Recht bleibt, auch wenn der Schuldner die Forderung nicht erfüllt. Es kann helfen, Außenstände einzutreiben. Es kann nicht sicherstellen, daß das Geld tatsächlich

---

handeln Banken? Eine Untersuchung zur Risikoverarbeitung in der Wirtschaft, Frankfurt 1991.

[11] Vgl. dazu George Spencer Brown, Probability and Scientific Inference, London 1957.

[12] Hierauf kommen wir unter allgemeineren Gesichtspunkten in folgenden Kapitel zurück.

eingeht. Es versagt angesichts von Insolvenzen. Als Fixierung von Normen verteilt das Recht zwar auf eigene Weise die Soziallasten von Zeitbindungen, aber es kann nicht von Risiken, nicht einmal von sozialen Risiken freistellen.

Schließlich müssen wir, um ein Gesamtbild zu gewinnen, auf die dreistufige Hierarchie des Bankensystems zurückkommen, denn auch sie dient der Risikoverteilung. Ebenso wie ihre Kunden sind auch die Geschäftsbanken insolvenzfähig. Sie müssen bei auswegloser Zahlungsunfähigkeit bankrott erklären. Die Praxis der Geschäftsbanken verteilt das Insolvenzrisiko zwischen sich selbst und den Kunden (was es riskant macht und zu einem typischen Bankrottanlaß werden läßt, zu sehr von einzelnen Großkunden oder einzelnen Marktsegmenten abhängig zu sein). Die Zentralbank dagegen nimmt eine Ausnahmestellung ein. Sie kann als Notenbank nicht insolvent sein und ihre Geldmarktpolitik daher auch nicht am eigenen Insolvenzrisiko kontrollieren. Statt dessen muß sie das internationale „standing" der eigenen Währung, die Refinanziermöglichkeiten auf internationalen Finanzmärkten und den Preis von Devisen im Auge behalten. Das erfordert eine Geldmengenpolitik, die wiederum eine Beobachtung des gesamten Wirtschaftssystems erforderlich macht. Alle geldpolitischen Eingriffe sind dann ihrerseits riskant, weil sie in diesem komplexen Kontext nicht erfolgssicher, sondern allenfalls kurzfristig und reaktionsschnell gehandhabt werden können.

Nach all dem kann man sagen, daß mit Hilfe des Bankensystems die Wirtschaft die Möglichkeit hat, sich selbst unter dem Gesichtspunkt des Risikos zu beobachten, also eine hochspezifische Form der Selbstbeobachtung zu wählen. Die Differenz zwischen dem Bankgeschäft und anderen Geschäften hat genau diese Funktion, eine Grenze zu ziehen, über die hinweg ein Beobachter andere Beobachter und damit auch sich selbst beobachten kann; und zwar in diesem Falle unter dem spezifischen Aspekt des Risikos. Für Banken ist das Verhalten anderer Wirtschaftsteilnehmer nur unter dem Aspekt des Risikos relevant, und zwar des bankeigenen Risikos, das unter anderem davon abhängt, wie riskant die Geschäftspartner operieren, wie diese ihren Markt beobachten und wie sie ihrerseits durch andere Marktteilnehmer und nicht zuletzt auch durch die Börse beobachtet werden. Im Operationsbereich der Banken wird das Wirtschaftsrisiko auf der Ebene der

Beobachtung zweiter Ordnung selbstreferentiell.[13] Das heißt vor allem: daß es für Banken nur Risikokommunikation und keine Sicherheit gibt. Selbst ihr organisationseigenes Risikomanagement reicht nicht aus, um ihnen Sicherheit zu gewähren; es dient nur dem bestmöglichen Umgang mit Unsicherheit. Und ihr Geschäft mit Risiken ist folglich ein Geschäft mit der Transformation von Risiken in Risiken anderen Zuschnitts oder anderer Risikoträger, aber nicht ein Geschäft der Transformation von Risiko in Sicherheit.

III.

Entsprechend den vorherrschenden Perspektiven sind wir bisher davon ausgegangen, daß es den Banken als Organisationen bzw. dem Bankensystem als institutioneller Hierarchie im Zentrum des Wirtschaftssystems obliegt, die Risiken zu bearbeiten und in akzeptable Formen zu bringen, die sich aus der zeitlichen Streckung des Wirtschaftsgeschehens ergeben. In jüngster Zeit haben sich jedoch auf den Finanzmärkten neuartige Finanzinstrumente entwickelt, die mehr oder weniger risikoreiche Finanzierungen oder auch Risikoübernahmen weniger über das Vertrauen in große, finanzkräftige, jedenfalls zahlungsfähige Organisationen lösen, sondern mehr auf die Spezifizität der besonderen Geschäftsbedingungen abstellen. Zu denken ist vor dem Hintergrund an rascher Änderbarkeit (Volatilität) von Warenpreisen, Aktienkursen, Zinssätzen und Währungsrelationen an Terminkontrakte der verschiedensten Art, an Handel mit Optionen und an Formen der Aufteilung des Risikos. Damit werden Risiken dezentralisiert und stärker den besonderen Interessen der Geschäftspartner angepaßt. Je nach Geschäftstyp und je nach der konkreten Formenkombination können Risiken auf diese Weise besser verteilt werden, als wenn sie, wie im klassischen Schema des Bankgeschäfts, nur entweder die Bank (Kreditausfallrisiko) oder der Kunde (Einlagenrisiko) zu tragen hätte. Bereitschaften zur Risikoübernahme können sich dann wechselseitig konditionieren – wenn Du, dann ich auch – und die Orientierung am Markt verlagert sich von klassischen Rationalitätsunterstellungen

---

[13] So Baecker a. a. O. (1991), Kapitel III.

ins Testen von Risikobereitschaften.[14] Spekulation orientiert sich an
Spekulation. Anders gesagt: die Beobachtung der Beobachtung des
Marktes richtet sich mehr und mehr nach den Prognosen anderer und
nicht nur nach der Form, in der sie ihr eigenes Geschäftsergebnis
kalkulieren.

Solche Finanzinstrumente kommen selbstverständlich nicht ohne
Mitwirkung von Banken zustande. Aber soweit sie sich durchsetzen,
läßt sich die allgemeine Form der Risikoübernahme nicht mehr gut als
Hierarchie beschreiben. Eher handelt es sich um eine „Heterarchie"[15],
um eine „modulare" Organisation, die einzelne Informationsverarbei-
tungszentren vernetzt, das heißt: mit jeweils benachbarten Zentren
verknüpft, ohne dafür vom Gesamtsystem her ein Ordnungsschema
vorzugeben.[16] Ein solches System ist nicht nur insgesamt und für
Außenbeobachter eine black box, sondern auch in seinen „Modulen",
seinen Unternehmen, seinen Haushalten. Um so mehr könnte die
Standardisierung der Geschäftstypen, die sich als Finanzinstrumente
und als Mechanismen der Risikoverlagerung bewähren, zu einer gewissen internen Transparenz beitragen. Wenigstens weiß man dann, wenn
man sich verständigt, auf was. Allerdings wird man die Illusion,
eine Beobachtung der Spitze (und Beobachtung schließt in unserem
Sprachgebrauch Behandlung, Beeinflussung, Steuerung ein) würde für

---

[14] Vgl. Dirk Baecker, Rationalität oder Risiko?, in: Manfred Glagow/Helmut
Willke/Helmut Wiesenthal (Hrsg.), Gesellschaftliche Steuerungsrationalität
und partikulare Handlungsstrategien, Pfaffenweiler 1989, S. 31 – 54.

[15] Zur Entstehung dieses Begriffs im Kontext neurophysiologischer Forschungen siehe Warren S. McCulloch, The Embodiments of Mind, Cambridge
Mass. 1965, S. 40 ff.

[16] Joseph A. Goguen/Francisco J. Varela, Systems and Distinctions: Duality
and Complementarity, International Journal of General Systems 5 (1979),
S. 31 – 43 (41) meinen, daß eine solche Ordnung stärker „ganzheitlich"
ausgerichtet ist als eine bloße Hierarchie. Vgl. auch Francisco Varela, On
the Conceptual Skeleton of Current Cognitive Science, in: Niklas Luhmann
et al., Beobachter: Konvergenz der Erkenntnistheorien?, München 1990,
S. 13 – 23 (20 f.). Für ein solches Urteil müßten jedoch erstmal klare Kriterien
entwickelt werden. Ungeachtet dessen sind Hierarchien sicher anfälliger für
die Willkür von Einzelentscheidungen und für kontingente Umweltkontakte
der Spitze, zum Beispiel politische Rücksichtnahmen in der Zentralbank.

eine wenigstens grobe Beschreibung des Systems ausreichen, aufgeben müssen.

Die finanztechnischen Innovationen, von denen wir sprechen, sind so neu, daß eine abschließende Beurteilung nicht möglich ist. Ihre Entwicklung ist bei weitem noch nicht abgeschlossen (wenn sie es überhaupt je sein wird), und noch fehlt jeder Test in gravierenden Wirtschaftskrisen. Um so mehr besteht Anlaß, die Tendenz, alle Risiken letztlich auf die Wirtschaft abzuladen und dort hinter dem Schleier des in großen Mengen vorhandenen Geldes verschwinden zu lassen, für nicht unbedenklich zu halten. Die ökologischen Risiken, auf die das Gesellschaftssystem sich einläßt, haben den Charakter unvorhersehbarer Effektakkumulationen, Schwellenüberschreitungen, plötzlich eintretender Irreversibilitäten und nicht mehr kontrollierbarer Katastrophen. Genau das Gleiche gilt vermutlich auch für die ökonomischen Risiken. Aber diese greifen im Ernstfalle viel unmittelbarer und schneller in das gesellschaftliche Leben ein.

Kapitel 10
Risikoverhalten in Organisationen

I.

Die bisherigen Analysen hatten das Sozialsystem der modernen Gesellschaft vor Augen, auch wenn es in den letzten Kapiteln um gesellschaftliche Funktionssysteme ging. Mit dem Titel Organisation tauchen wir in eine andere Welt, eine Welt kleineren Zuschnitts mit distinkten eigenen Formen, vor allem eigenen Formen der Systembildung. Wir finden hier anders zugeschnittene Formen der Normalität und deshalb, um die Terminologie unserer Einleitung wieder aufzugreifen, auch andere Formen, Unheil zu befürchten, zu beschreiben, zu vermeiden.

Die in diesem Kapitel interessierenden Phänomene kann man sicher nicht mit einer Ermittlung individueller Entscheidungspräferenzen erfassen, auch dann nicht, wenn man die Verschiedenheit individueller Präferenzen berücksichtigt und sie über Datenaggregation neutralisiert; und auch dann nicht, wenn man meint, erkennen zu können, daß Organisationen tatsächlich durch Individuen geführt werden, also wie ein Individuum behandelt werden können.[1] Aber auch in der Soziologie, die individuelle Einstellungsunterschiede zu neutralisieren (oder wie man sagt: zu kontrollieren) versucht, ist es eher ungewöhnlich, so hart zwischen den Systemformen Gesellschaft und Organisation zu unterscheiden. Man erspart sich ein Herausstellen dieser Differenz nicht zuletzt deshalb, weil Organisationssoziologie eine Spezialsoziologie geworden ist, die ihren Gegenstand als solchen behandelt – und nicht in seinem Verhältnis zur ihn umgebenden und ihn einschließenden Gesellschaft. Andererseits kann bei einiger Überlegung nicht gut bestritten werden, daß weder die Gesellschaft im ganzen noch eines ihrer

---

[1] Bei Untersuchungen über Einstellung des Management zu Risiken verläßt man sich oft auf die eine oder die andere Art, Organisationsstrukturen unberücksichtigt zu lassen. Siehe zum Beispiel Peter Lorange/Victor D. Norman, Risk Preference in Scandinavian Shipping, Applied Economics 5 (1973), S. 49 – 59.

primären Teilsysteme als organisiertes System aufgefaßt werden kann.
Die Gesellschaft und ihre Funktionssysteme produzieren ihre eigene
Einheit durch Vernetzung und rekursive Reproduktion von Kommunikationen, die sie in Vorgriffen und Rückgriffen als eigene in Anspruch
nehmen. Dazu bedarf es keiner förmlichen Organisation. Es genügen
im System kursierende Erkennungssignale, die es ermöglichen, festzu-
stellen, ob eine Kommunikation als Forschung oder als Politik, als
Erziehung oder als Krankenbehandlung, als wirtschaftliche Transaktion oder als Änderung bzw. Anwendung von Recht anzusehen ist.

Davon zu unterscheiden sind formal organisierte Sozialsysteme (und
nur in diesem Sinne wollen wir von „Organisationen" sprechen), die
ihre Grenzen und damit den Modus ihrer Reproduktion dadurch
markieren, daß sie zwischen Mitgliedern und Nichtmitgliedern unterscheiden. Diese Differenz fungiert als das organisationstypische Erken-
nungssignal. Organisationen erkennen nur Kommunikationen ihrer
Mitglieder als eigene an, und nur, wenn sie qua Mitgliedschaft kommunizieren. Vor allem aber können sie diese Differenz benutzen, um
Mitgliederverhalten im Unterschied zu Nichtmitgliederverhalten zu
konditionieren. Sie können schon Eintritt bzw. Austritt (Einstellung
bzw. Entlassung) unter Bedingungen stellen und infolgedessen als Entscheidungen darstellen. Die Entscheidung über Mitgliedschaft ist dann
zugleich eine Entscheidung zur Anerkennung von Bedingungen der
Mitgliedschaft, und das heißt: eine Entscheidung zum Akzeptieren von
Entscheidungsprämissen, inclusive Bedingungen der legitimen Änderung oder Respezifikation solcher Entscheidungsprämissen.

Diese Ausgangslage kontingenter, entscheidungsabhängiger Mitgliedschaft ermöglicht die Bildung autopoietischer Systeme besonderer
Art. Es handelt sich um Systeme, deren elementare Operationen in
Entscheidungen bestehen und die alles, was sie mit Entscheidungen
berühren, zu Entscheidungen machen.[2] Entscheidungen werden durch
Erwartungen provoziert, zu denen man sich positiv oder negativ einstellen kann. Wie weit Alternativen in den Blick kommen und wie weit
es zur Entscheidung gehört, sie geprüft zu haben, ist eine zweite Frage.

---

[2] Siehe ausführlicher Niklas Luhmann, Organisation, in: Willi Küpper/Gün-
ther Ortmann (Hrsg.), Mikropolitik: Rationalität, Macht und Spiele in
Organisationen, Opladen 1988, S. 165 – 185.

Das Problem liegt nicht so sehr in einer umfassenden, rationalen Prüfung, die zu einzig richtigen Entscheidungen führt; es liegt schon darin, daß Verhalten überhaupt im Netzwerk von Entscheidungen als Entscheidung behandelt wird, und dies unabhängig von der Aufmerksamkeitsspanne und von den Kriterien der Rationalität. Entscheidungen brauchen, um Entscheidungen sein zu können, andere Entscheidungen; und wenn sie als solche, was Bewußtseinslage und Kommunikation betrifft, nicht aufzufinden sind, werden sie fingiert. Dadurch werden auch Unterlassungen zu Entscheidungen, und Nullwerte gewinnen Kausalität. Man hatte vergessen, rechtzeitig Nachschub zu bestellen, eine Frist zu beachten, einen Auftrag zu notieren, eine Entwicklung in der Umwelt zu melden. All diese Nichtentscheidungen können unversehens zu Entscheidungen werden, wenn spätere Entscheidungen darauf angewiesen sind. Das Netzwerk produziert in jedem Moment eine Entscheidungsgeschichte und Entscheidungsperspektiven für die Zukunft, um deretwillen jetzt schon etwas zu entscheiden ist oder umgekehrt: jetzt noch nicht entschieden werden kann.

Wenn überhaupt etwas „in den Geschäftsgang gegeben wird" (und was soll man mit Anregungen, die von draußen kommen, anderes tun?), ist schon das eine Entscheidung, die weiteres Entscheiden wie eine Kettenreaktion nach sich zieht. Sehr oft kommt es dann zu einem Verlauf, in dessen erster Hälfte man freudig auf Ergebnisse hofft, während es in der zweiten Hälfte, in der man den Zwang zum Entscheiden nicht mehr los wird, darum geht, zu retten, was noch zu retten ist.[3]

Angesichts der Unmöglichkeit perfekt rationalen (optimalen) Entscheidens und angesichts der Unmöglichkeit, vorauszusehen, was eine Entscheidung gewesen sein wird, wird jede Kommunikation zum Risiko, etwas nicht beachtet zu haben, was nachträglich als beachtenswert erscheint, oder in einer Weise entschieden zu haben, die nachträglich als verkehrt oder als sonstwie vorwerfbar erscheint. Auch Nichtkommunikation schützt vor diesem Risiko nicht, da auch sie als Unterlassung zur Entscheidung gemacht werden kann.

---

[3] Hann Trier berichtet mir (brieflich), daß auch beim Malen von Bildern eine ähnliche Zwei-Phasen-Struktur zu beobachten ist.

Wesentliche Züge des kommunikativen Verhaltens in Organisationen – und unter diesem Gesichtspunkt spricht man oft auch von
Bürokratien – erklären sich aus dieser Überlagerung des Entscheidens
mit Risiken. Die Breite des Phänomens schließt die Ausdifferenzierung
eines „Risikomanagements" als Sonderaufgabe bestimmter Stellen oder
Abteilungen aus.[4] Eher handelt es sich um eine Sonderperspektive der
kritischen Überwachung aller Entscheidungen in der Sichtweise eines
Beobachters zweiter Ordnung. Dabei unterscheidet sich die Risikora-
tionalität von der Zweckrationalität[5], indem sie davon ausgeht, daß
die Erreichbarkeit der Zwecke bei möglicherweise explosiven Nebenwirkungen unsicher ist, so daß selbst die Zweckmäßigkeit der Zwecke
nachträglich in Zweifel gezogen werden kann.

Es muß sich dabei nicht um weltbewegende Dinge handeln; aber
die Sensibilität ist so geschärft, daß auch Kleingedrucktes wichtig
genommen wird und durchweg für den Fall der Fälle auf Darstellbar-
keit geachtet wird. Bürokratisches Verhalten ist in extremem Maße
risikoavers, das ist bekannt.[6] Die oberste Regel ist: keine Überraschungen zuzulassen. Aber man muß zunächst einmal sehen, daß dies eine
Reaktionsform auf an sich ungewöhnliche Dauerriskanz ist.

Zahllose Strategien der Risikominderung beziehen sich auf dieses
Problem. Dazu gehört die strenge Beachtung von Zuständigkeiten und
Unzuständigkeiten, die Schriftlichkeit ebenso wie das Vermeiden von

---

[4] So auch Matthias Haller, Risikodialog, in: Roswita Königswieser/Christian
   Lutz (Hrsg.), Das systemisch evolutionäre Management: Der neue Horizont
   für Unternehmer, Wien 1990, S. 322 – 341.

[5] Diese Begriffe kontrastiert Ulrich Beck – vielleicht mit einem etwas anderen
   Verständnis. Siehe: Die Selbstwiderlegung der Bürokratie: Über Gefahrenver-
   waltung und Verwaltungsgefährdung, Merkur 42 (1988), S. 629 – 646. Vgl.
   auch die scharfe Kontrastierung von Risiko und Rationalität bei Klaus P.
   Japp, Soziologische Risikoforschung, Ms. 1990, im Sinne von Festlegung und
   Nichtfestlegung angesichts einer ungewissen Zukunft. Diese Unterscheidung
   macht das organisatorische Interesse an Rationalität (= Nichtfestlegung =
   Reversibilität = Umschuldungsfähigkeit) besonders deutlich.

[6] Siehe etwa J. Ward Wright, The Bureaucratic Dimension of Risk Analysis:
   The Ultimate Uncertainty, in: Vincent T. Covello et al. (Hrsg.), Uncertainty
   in Risk Assessment, Risk Management, and Decision Making, New York
   1987, S. 135 – 143, – eine der wenigen direkt einschlägigen Untersuchungen
   (Behandlung von Mülldeponien).

Schriftlichkeit, die gezielte Offenlegung und Verdeckung des Entscheidungsganges im Hinblick auf Erleichterung und Erschwerung künftiger Rekonstruktion, und vor allem: das Beteiligen anderer zwecks Erzeugung von Mitwisserschaft und gegebenenfalls Mitschuld. Auch die bürokratische Sprache erinnert ständig an den Entscheidungsvorgang: Man stellt Anträge, trifft Entscheidungen, erteilt eine Erlaubnis, legt Beschwerde ein, nimmt Einsicht usw. Die schlichte Tätigkeit wird auf die Hochform einer Entscheidung zur Tätigkeit gebracht. Die Sprache mahnt so auch in Bagatellangelegenheiten ein ständiges Aufpassen an, das aber dann doch, wie es für Sicherheitsvorkehrungen typisch ist, zur Routine wird und Versehen nicht wirksam ausschließt.

Zu den folgenreichsten Umformungen, die sich für Organisationen empfehlen, gehört die Auflösung einer Entscheidung in eine Vielzahl von Entscheidungen und deren Sequenzierung. Auch Hierarchisierung läuft letztlich auf Sequenzierung hinaus. Wenn mehrere Entscheidungen für nötig gehalten werden, können diese nicht gleichzeitig erfolgen, weil Gleichzeitiges sich nicht koordinieren läßt. Sie müssen zeitlich nacheinander getroffen werden, wenn auch in jedem Einzelfall mit rekursivem Rückgriff auf schon Entschiedenes und mit Vorgriff auf noch zu Entscheidendes. So kann die Bürokratie das gefährliche Experimentieren mit großtechnologischen Anlagen, die gebaut werden müssen, damit man Risiken erkennen und möglichst ausschalten kann, mit Teilgenehmigungen begleiten. Aber auch in weniger bedeutsamen Fällen sequenziert die Bürokratie ihren Entscheidungsvorgang und läßt ihre Festlegung damit allmählich irreversibel werden. Solche Verfahren lassen sich von der Illusion tragen, als ob man am *Ende* noch frei sei, über das *Ganze* zu entscheiden. Die Endentscheidung wird hinausgeschoben, darin findet jeder Entscheidungsbeitrag sein Alibi, um schließlich nur noch in der Form möglich zu sein, daß man akzeptiert, was sich ergeben hat, oder mit hohen Kosten an Entmutigung (alles vergeblich!), Vertrauensverlust und eventuell an Schadensersatz das Angefangene abbricht.

Soweit man zu einer Entscheidung unter Risikoübernahme kommen muß – und das Risiko kann in der Annahme ebenso wie in der Ablehnung eines Entscheidungsvorschlags liegen –, wird die Organisation dazu tendieren, die Wahrscheinlichkeiten in Richtung auf höhere Wahrscheinlichkeit und/oder die Unwahrscheinlichkeiten in Richtung

auf höhere Unwahrscheinlichkeit zu verdichten.[7] Zeichen von Sicherheit werden überbewertet – sei es in Richtung auf „so gut wie sicher",
sei es in Richtung auf „äußerst unwahrscheinlich". In gemeinsamer
Entscheidungsarbeit oder aber auch in der Form von Projektdarstellun-
gen durch die Protagonisten wird die Unsicherheit reduziert. Zu der
Lösung, die man anfangs favorisiert, kommen Argumente hinzu, die
ein Restrisiko als erträglich erscheinen lassen. Externe Ressourcen,
Experten, von außen herangetragenes Lieferantenrenommé oder eigene
Untersuchungen mögen helfen, Unsicherheit zu absorbieren. Das kann
bis zu der Illusion führen, Risiken vor der Entscheidung kontrolliert
zu haben. Jedenfalls erleichtert die hier aufgewandte Arbeit die Darstellung von größtmöglicher Umsicht und Vorsicht für den Fall, daß die
Entscheidung nachträglich in Frage gestellt wird.

Der vorherrschende Eindruck ist mithin: Beruhigung im Kleinformat.
Dazu gehört auch ein detailliertes Netzwerk von durchstilisierten Erwartungen in der Form von Regeln oder Formularen, die mit dem, was
sie sagen, laufendes Entscheiden provozieren, aber mit dem gleichen
Instrument auch verhindern, daß man über den Rand hinausblickt und
Ungewöhnliches bemerkt. Das gilt im übrigen nicht nur für Routine
im engeren Sinne, sondern auch für Neuigkeiten, die von oben oder
von außen kommen: Künftig sei auf dies und das zu achten, hier etwas
zu melden, dort etwas zu erfragen. Also dies, folgert die Bürokratie –
und nichts anderes. Um Entscheidungen provozieren zu können, müs-

---

[7] Das ist auch durch Untersuchungen zu belegen, die zeigen, daß Manager
dazu tendieren, ihre Kontrolle über den Bereich der Entscheidungsfolgen im
Betrieb zu überschätzen. Siehe die Hinweise bei James G. March/Zur Sha-
pira, Managerial Perspectives on Risk and Risk Taking, Management
Science 33 (1987), S. 1404 – 1418 (1410 f.). Zu „Euphorieeffekten" innerhalb
von Organisationen (Banken) vgl. ferner Dirk Baecker, Womit handeln
Banken? Eine Untersuchung über Risikoverarbeitung in der Wirtschaft,
Frankfurt 1991 (Umbruch S. 113): „Die leichtgängige Kommunikation unter
Eingeweihten, der reibungslose Ablauf der Geschäfte, kann darüber hinweg-
täuschen, daß die Voraussetzungen schon längst nicht mehr so sind, wie sie
einmal waren". Die psychologische Forschung unterstützt diese Annahme
und zeigt, daß es besonders unter Bedingungen wie familiarity, involvement,
competition, choice zu Illusionen über die Reichweite der eigenen Kontrolle
kommt. Siehe Ellen J. Langer, The Illusion of Control, Journal of Personality
and Social Psychology 32 (1975), S. 311 – 328.

sen Erwartungen spezifiziert sein. Der Bankvorstand kann nicht einfach
verlangen, daß man künftig bei Kreditwürdigkeitsprüfungen sorgfälti-
ger vorgehen sollte. Er mag limits vorgeben oder aus Anlaß des coop-
Skandals darauf hinweisen, daß es in der Wirtschaft keine unsinkbaren
Schiffe gibt. Aber immer haben Direktiven Ränder, jenseits derer
weitere Risiken lauern.

Das System findet also Lösungen für die Probleme, die es seiner
eigenen Autopoiesis verdankt, also selbst erst erzeugt hat. Aber Lösungen Finden heißt nicht, daß alles nunmehr wie am Schnürchen klappt.
Das System hilft sich mit Transformationen, und wir werden noch
sehen, daß die für Organisationen typischen Strategien des Umgangs
mit Risiken auf die Umwelt als Risiko des Umgangs mit Organisationen
zurückfallen können.

II.

Zu den wichtigsten Erfahrungen mit Risiken, und zwar Alltagserfahrungen mehr als Forschungsresultaten, gehört: daß ein Bewertungsum-
schlag eintritt, wenn sich gegen Hoffnung und Berechnung der für
unwahrscheinlich gehaltene Schaden dann doch einstellt. Schon allgemein gilt, daß Momente wie Hoffnung, Chance, Unsicherheit, Offenheit, die die Entscheidungslagen bestimmen, bei der nachträglichen
Rekonstruktion einer Entscheidung verschwinden oder doch unterschätzt werden; die Zukunft einer vergangenen Gegenwart ist eben
schwer als Zukunft zu rekonstruieren, nachdem sie bereits zur Vergangenheit geworden ist. Man kann inzwischen eingetretene Ereignisse
kaum außer Acht lassen. Der Kalkül ist nicht indifferent gegen die
Realität, die Einschätzung wird nachträglich revidiert, auch wenn
das wahrscheinlichkeitstheoretisch nicht zulässig ist. Harrisburg und
Tschernobyl haben das Urteil über die Sicherheit der Kernkraftwerke
ins Negative verändert, obwohl man ebensogut genau gegenteilig argumentieren könnte, daß man aus solchen Erfahrungen lernt und Wiederholungen mit hoher Wahrscheinlichkeit ausschließen kann. Jedenfalls
ist das Urteil nicht zeitstabil – und genau das muß man in Organisationen fürchten.

Seit Harrison und March wird dieses Problem auch in der Organisa-
tionswissenschaft beachtet und hat den Namen „postdecision surprise"

oder „postdecisional regret" erhalten.[8] Die im Kommunikationssystem,
wenn nicht schon im statistischen Verfahren der Entscheidungskalkulation liegende Tendenz, den angestrebten Gesamtzustand positiv zu
beurteilen, wirkt als Steigerung der Wahrscheinlichkeit von enttäu-
schenden Überraschungen nach der Entscheidung. Wenn es zu solchen
Überraschungen kommt, regen sie die gezielte Suche nach Ursachen an,
verändern die zurechnungsrelevante Kausalkonstellation und erzeugen
dadurch Sekundärüberraschungen, vor allem durch eine nachträgliche
Klärung von Entscheidungsinhalten und Verantwortungen. In gravierenden Fällen setzt man Kommissionen ein, um in dem, was als Zufall
erfahren werden mußte, Ordnung wiederzufinden. Das zeigt, daß
sich die individualpsychologisch wahrscheinliche Erinnerungsfälschung
(Man hat es kommen sehen) in organisierten Entscheidungszusammen-
hängen nicht ungestört entfalten kann; sie bedarf ihrerseits der Organisation.

Wenn schon das, was entschieden war, wird und werden wird, sich
mit der Entscheidungsarbeit verändert, Alternativen hinzukommen
oder verblassen, Unwichtiges wichtig und Wichtiges unwichtig werden
kann, sollten wenigstens die Kriterien, nach denen geurteilt wird,
dieselben bleiben oder, wenn sie geändert werden, dann explizit und
nicht rückwirkend geändert werden. Man sieht das Problem der Son-
dermülldeponien heute anders als früher, und fast unvermeidlich gelten
heute deshalb frühere Entscheidungen als falsch. Aber jeder Bürokratie
geht dies gegen den Strich, weil sie bei fluktuierenden Entscheidungs-
kontexten, und ständig variierenden Rückwärts- und Vorwärtsthemati-
sierungen feste Anhaltspunkte braucht. Gerade wenn man sich änder-
baren Gesetzen, Reglements, Programmen und Präferenzen zu unter-

---

[8] Siehe J. Richard Harrison/James G. March, Decision Making and Postdecision Surprises, Administrative Science Quarterly 29 (1984), S. 26–42. Vgl.
auch Bernard Goitein, The Danger of Disappearing Postdecision Surprise:
Comment on Harrison and March „Decision Making and Postdecision
Surprises", Administrative Science Quarterly 29 (1984), S. 410–413. Siehe für
die Probleme der quantitativen Kalkulation auch David E. Bell, Risk Premi-
ums for Decision Regret, Management Science 29 (1983), S. 1156–1166.
Ferner allgemein zum „Ambiguity of the Past", das im Falle von Überraschungen aktuell werden kann, James G. March/Johan P. Olsen, Ambiguity
and Choice in Organizations, Bergen 1976, insb. S. 58 f.

werfen hat, kann nicht auch noch nachträglich geändert werden, was jeweils gegolten hat. Man möchte nicht nur gegenwärtig wissen, was gilt, sondern auch sicher sein, daß künftig nicht etwas anderes gegolten haben wird. Aber dieses natürliche und verständige Desiderat kollidiert mit der ebenso natürlichen Neigung, bei Risiken und vor allem bei dramatischen Schadensentwicklungen ergebnisabhängig zu urteilen und Rückwärtskorrekturen vorzunehmen. Die Organisation wird, wenn nicht durch sich selbst oder durch ihre Führung, dann durch die Öffentlichkeit zu Irrtumsbekenntnissen und zu Trauerarbeit verurteilt. Aber selbst dann ist die vorherrschende Tendenz, bei Entscheidungen, die man bereits getroffen hat, zu bleiben; und das Problem ist mehr, die Linie, die man verfolgt hat, erneut zu legitimieren[9], als neue Ansätze für neu auftretende Probleme zu suchen. Statt neue Zwecke zu setzen, versucht man zu klären, was man immer schon gewollt hat und die Memoiren des Systems dem anzupassen.

In diesem Zusammenhang ist es nicht unwichtig, daß die Zuständigkeiten von Organisationseinheiten im Unglücksfalle ganz andere sind als in der Situation, in denen sich eine Organisation auf ein Risiko einläßt. Das gilt natürlich auch bei Katastrophen, die ganz ohne Beteiligung der dann zuständigen Organisationen zustandekommen[10]; und es gilt in dem Maße mehr, als die Unglücksgeschichte auch die auslösende Organisation berührt oder in der Unglücksbekämpfung selbst Risiken stecken, die man auf die Organisationen und ihre bewährten Verfahren verteilen muß.

---

[9] Siehe hierzu die Analyse eines Einzelfalls (chemische Kontamination eines Gebäudes) bei Lee Clarke, Explaining Choices Among Technological Risks, Social Problems 35 (1988), S. 22–35.

[10] So gesteht ein ehemaliger Minister seine Überraschung und Hilflosigkeit im aktuellen Fall von Tschernobyl: „Ich mußte dort zum ersten Mal erleben, was Zuständigkeitsregelungen, was formale Regelsysteme, was rechtliche Regelsysteme innerhalb einer Landesregierung an Macht bedeuten" – so Joschka Fischer, Ökologischer Realismus: Die Definition des Unverzichtbaren, in: ders. (Hrsg.), Ökologie im Endspiel, München 1989, S. 17–30 (25 f.). Anläßlich eines anderen Falles, eines Moorbrandes im Grenzgebiet zweier Landkreise, wurde berichtet, daß die Kreisfeuerwehren erst ausrücken konnten, nachdem das Feuer sichergestellt hatte, daß beide Kreise betroffen waren.

Wenn später erkennbare Entwicklungen nicht nur veranschlagte
Kosten vergrößern, sondern dazu führen, daß die Entscheidung bedauert werden muß: welche Möglichkeiten der Reaktion stehen dann zu
Gebote? Die wohl harmloseste ist: ein rituelles Opfer. Ein Verantwort-
licher wird gesucht und gefunden und mit der ganzen Schuld belastet.
Das Ritual geht so weit, daß jemand, der nach offizieller Verständigung
persönlich ganz unschuldig ist, „die Verantwortung übernimmt" und
geht. Welche Konsequenzen ein Führungswechsel für die Leistungsfähigkeit einer Organisation hat, muß hier offen bleiben.[11] Im Sonderfall
des postdecision regret kann man vermuten, daß die Organisation es
auf diese Weise vermeiden kann, aus dem unglücklichen Verlauf zu
lernen.

Lernen würde heißen: aus einem für unwahrscheinlich gehaltenen
und vermutlich auch weiterhin unwahrscheinlichen Einzelfall Konsequenzen zu ziehen und die für alle Fälle geltenden Entscheidungspro-
gramme zu ändern. Die Folgen eines solchen Lernens würden vermutlich sein: gründlichere Prüfung, länger dauernde Entscheidungspro-
zesse, Tendenz zum Verzicht auf Chancen zugunsten von weniger
riskanten Entscheidungen. Banken wären vermutlich schlecht beraten,
wollten sie Einzelfälle von notleidenden Schuldern in Regeln der Kre-
ditvergabe umformen. Bad cases make bad laws. Organisationen, die
stärker unter dem Druck der öffentlichen Meinung und politischer
Rücksichten stehen wie vor allem Staats- und Kommunalverwaltungen,
fühlen sich dagegen versucht, genau diesen Ausweg zu wählen. Laufende Irritation durch Fälle, in denen etwas schief gegangen ist, setzt
sich so, langfristig gesehen, in programmierte Vorsicht um. Das Ergebnis mag dann für die Umwelt des Systems die Risiken vergrößern: die
Risiken vergeblicher Planungen, vergeblicher Anträge, langedauernder
Prüfprozesse und vor allem die Risiken der Nichtausnutzung von
Chancen. Die Organisation wälzt damit die für sie selbst unerträglichen

---

[11] Die Forschung liefert bisher keine schlüssigen Ergebnisse, vielleicht deshalb,
weil die Frage zu allgemein gestellt ist. Das gilt auch dann, wenn man den
Sündenbock-Mechanismus mit in Betracht zieht. Siehe z. B. M. Craig Brown,
Administrative Succession and Organizational Performance: The Succession
Effect, Administrative Science Quarterly 27 (1982), S. 1 – 16.

Risiken auf ihre Umwelt ab. Die Risikoaversion der Organisation wird zur Gefahr für die Betroffenen in ihrer Umwelt.[12]

Wie immer diese Vermutung sich empirisch bewähren wird: man wird nicht damit rechnen können, daß Organisationen ihre Risiken rational berechnen in einem Sinne, den Statistiker für das Beste halten würden.[13] Die Katastrophe kommt immer als Einzelfall, und zum Einzelfall kann eine Organisation kein ausgewogenes Verhältnis finden. Das führt zu der Frage, auf was eine Gesellschaft sich einläßt, die riskante Entscheidungen mehr und mehr durch Organisationen treffen läßt, und zwar durch Organisationen, die sich selbst durch Entscheidungen reproduzieren und die Ergebnisse ihrer Entscheidungen in weitere Entscheidungen aufnehmen müssen. Mit Sicherheit gibt es unter diesen Umständen kein ausrechenbares Gleichgewicht zwischen Chancen und Risiken.

III.

Zu den bewährten, auch in Organisationen bewährten Mitteln der Bearbeitung von Problemen gehören Faktorisierung und Differenzierung. Wenn überall in Organisationen gilt, daß die Kriterien, nach denen Entscheidungen zu beurteilen sind, nicht nachträglich geändert werden sollten, so kann man die Frage stellen, ob nicht in genau diesem Punkte eine Differenz eingerichtet werden sollte. Muß das, was für die Bürokratie gilt, auch für ihre Leitung gelten? Oder ist die höchste Spitze anderen Beurteilungen unterworfen? Daß zwischen Führung und Verwaltung unterschieden wird, ist nicht neu, aber man kann sich neu überlegen, was denn den Unterschied ausmacht.

---

[12] Siehe dazu die Fallstudie von Janet M. Fitchen/Jennifer S. Heath/June Fessenden-Raden, Risk Perception in a Community Context: A Case Study, in: Branden B. Johnson/Vincent T. Covello (Hrsg.), The Social and Cultural Construction of Risk Selection and Perception, Dordrecht 1987, S. 31 – 54. Wright a. a. O. (1987) spricht geradezu von ultimate uncertainty, die eintritt, wenn Bürokratien zur Entscheidung über gravierende Risiken genötigt sind. Was sie selbst nicht berechnen können, macht sie unberechenbar.

[13] Das zumindest zeigen auch empirische Forschungen über Perspektiven und Verhalten von Managern mit hoher Eindeutigkeit. Siehe für einen Überblick March/Shapira a. a. O. (1987).

Von der Führung des Systems erwartet man Entscheidungen von
größerer Reichweite. Ihr kommt die Letztentscheidung von internen
Konflikten zu. Sie hat die bedeutsameren Außenkontakte wahrzunehmen. Und in all diesen Hinsichten fällt Entscheiden ebenso wie Nichtentscheiden in ihre Kompetenz. Diese Liste könnte man ergänzen
durch Unterschiede in der Konfrontation mit Risiken. Man könnte
postulieren, daß für die Führung nicht gilt, was für alle anderen gilt:
daß ein entweder nicht gesehenes oder für unwahrscheinlich gehaltenes
Risiko im Falle des Schadenseintritts die Entscheidung diskreditiert.
Selbst wenn man bei rückblickender Analyse Verständnis für die dama-
lige Entscheidung aufbringen kann: die Führung haftet auch und gerade
für Unschuld. Es geht hier nicht um Gerechtigkeit, sondern um Erfolg.

Soweit es hierzu empirische Forschung gibt, zeigt sie in der Tat,
daß Risikoübernahme als Rollenbestandteil des höheren Management
erwartet wird.[14] Diese Erwartung bezieht sich eindeutig nicht auf
eine möglichst umfassende statistische Analyse der Verteilung von
möglichen Ergebnissen nach Wahrscheinlichkeit und positivem oder
negativem Ertrag. Sie bezieht sich überhaupt nicht auf Ergebnisse, die
ja in dem Moment, wo die Erwartung greifen soll, noch unbekannt
sind, sondern auf die Rolle selbst. Und das heißt nicht zuletzt, daß
auch inkonsistente Erwartungen untergebracht werden können, etwa
im Sinne von: Risiko ja, aber bitte ohne Schaden für uns.

Selbstverständlich kann ein solches Konzept nichts daran ändern,
daß auch die Leitung des Systems im System tätig ist, daß auch Planung
und Kursentscheidungen nur im System stattfinden, also reflexiv sich
selbst einbeziehen müssen als ein Faktor unter anderen, der, weil er
planen muß, geplant werden muß.[15] Unbestritten bleibt die kommunikative, „dialoghafte" Vernetzung von Vorgesetzten und Untergebe-

---

[14] Vgl. March/Shapira a. a. O. (1987), insb. S. 1409.
[15] Siehe vom Standpunkt der neueren kybernetischen Theorie Heinz von Foerster, Principles of Self-Organization – In a Socio-Managerial Context, in:
Hans Ulrich/Gilbert J. B. Probst (Hrsg.), Self-Organization and Management
of Social Systems: Insights, Promises, Doubts, and Questions, Berlin 1984,
S. 2–24; Rudolf Wimmer, Die Steuerung komplexer Organisationen: Ein
Reformulierungsversuch der Führungsproblematik aus systemischer Sicht,
in: Karl Sandner (Hrsg.), Politische Prozesse in Unternehmen, Berlin 1989,
S. 131–156.

nen.[16] Auch die viel diskutierten Fragen des „Führungsstils" bleiben davon unberührt. Selbstverständlich muß auch die Spitze einer Organisation beobachten, wie sie beobachtet wird; anders kann sie sich nicht auf Bedingungen erfolgreicher Kommunikation einstellen. Ungeachtet all dieser Erkenntnisse neuerer Führungstheorien bleibt zu klären, worin eigentlich die Differenz besteht, die Führungsfunktionen von anderen Funktionen unterscheidet, wenn man nicht einfach die Hierarchisierung der Positionen und die entsprechende Differenzierung der Kompetenzen als Antwort genügen läßt.

Klassische Führungstheorien hatten ihren Schwerpunkt im Zweck/Mittel-Schema. Danach war es die Aufgabe der Führung, für die Realisierung der im Organisationszweck zum Ausdruck kommenden Werte zu sorgen.[17] Diese strikt asymmetrische, an der Hierarchie abgelesene Aufgabenbestimmung wird jedoch fragwürdig in dem Maße, als faktische Führung auf zirkuläre Modelle verwiesen wird; und auch unter Bedingungen, in denen relevante Information über Veränderungen in der Umwelt nicht mehr oben, sondern relativ weit unten eingehen − etwa auf der Referatsebene der Ministerialbürokratie oder über das Vertreternetz von Industrieunternehmen. Nicht zuletzt ist zu bedenken, daß „Autorität" nicht mehr, wie in alten Zeiten, durch schichtspezifische Rekrutierung des Führungspersonals begründet werden kann (was Versagen, Enttäuschungen, Ablehnung etc. natürlich nie ausgeschlossen hatte). Auch das entzieht einer in Anlehnung an die Gesellschaftsstruktur vorausgesetzten Hierarchie den Boden. All dies spricht für einen Bedarf an Neuorientierung, und die unterschiedliche Einstellung zum Risiko könnte dafür einen Ausgangspunkt bilden.

Eine Organisation, die sich in Risikolagen versetzt findet − und das wird unter modernen Bedingungen eher die Regel als die Ausnahme

---

[16] Siehe für die politische Bürokratie Renate Mayntz/Fritz Scharpf, Policy-Making in the German Federal Bureaucracy, Amsterdam 1975.

[17] „*Originäre Führungsaufgabe* ist die zweck- und zielorientierte, inter- wie intrasystemisch wirkende *Harmonisation* des arbeitsteiligen sozialen Systems Unternehmung, um die Erfüllung der gemeinsamen Ziele zu sichern" heißt es dazu an repräsentativer Stelle − s. v. Führung im Handwörterbuch der Organisation, 2. Aufl. Stuttgart 1980, Sp. 734. Im übrigen fällt auf, daß dies Lexikon das Problem des Risikoverhaltens von/in Organisationen nicht kennt.

sein – könnte darauf mit der Differenzierung von Führung und
Ausführung reagieren. Die Aufgabe der Führung läge dann, auch von
innen gesehen, darin, Chancen gegen Risiken abzuwägen und das
Resultat in Entscheidungsprämissen umzusetzen, die dann im Apparat
zu beachten sind. Dort, wo es keine nennenswerten Chancen gibt, und
hier ist vor allem an viele Bereiche der staatlichen Verwaltung zu
denken, läge das Problem der Führung mehr im Ausfindigmachen von
Risiken, im Bestehen auf einem Ausleuchten des Entscheidungsfeldes
im Hinblick auf, wenn auch entfernte, politisch skandalträchtige Schadensfolgen, denen man sich zu stellen haben wird. Darin liegt nicht
die Empfehlung einer Sicherheitspräferenz. Vielmehr geht es darum,
Risiken zu sehen und Sicherheit zu geben, um „Unsicherheitsabsorption" in einem über den Begriff von March und Simon[18] herausgehen-
den Sinne. Und die Führungsleistung läge dann nicht im Ausmaß der
Risikovermeidung, sondern im Verhältnis der gesehenen und akzeptier-
ten zu den ungesehenen Risiken.

Dieser besonderen Exposition der Führungsebene entsprechen besondere Möglichkeiten, mit riskanten Entscheidungen umzugehen.

Es ist zunächst einmal eine empirische Frage, ob man bei der
Führung von Organisationen dazu tendiert, riskante Entscheidungen
selbst zu treffen oder sie zu delegieren (vielleicht in der Annahme, daß
man die Organisation und damit auch das Verhalten der Untergebenen
unter Kontrolle hat).[19] Jedenfalls verfügt die Führung neben ihrer
Kompetenz für Sachentscheidungen auch über die Kompetenz zu Perso-
nalentscheidungen, und auf diese Kompetenz zentriert sich die Risikowahrnehmung ihrer Untergebenen. Die Untergebenen wollen nicht
entlassen und wollen möglichst befördert werden. Sie legen auf eine
Arbeitsumgebung wert, die ihren Vorstellungen entspricht. In all diesen
Hinsichten können ihre Erwartungen erfüllt oder enttäuscht werden.
In diesem Sinne stellen Ortmann et al. in Unternehmen, die sich ohne
zureichende Folgeneinschätzung für oder gegen die Einführung neuer

---

[18] Siehe James G. March/Herbert A. Simon, Organizations, New York 1958,
S. 165 f.
[19] Nach einer Untersuchung von Kenneth R. MacCrimmon/Donald A. Weh-
rung, Taking Risks: The Management of Uncertainty, New York 1986,
S. 91 tendieren, abhängig vom Problemgebiet, 23 – 38% der Manager zur
Delegation.

computergestützter Informations- und Planungssysteme entscheiden müssen, eine „Stufenordnung zweier Unsicherheitszonen" fest. Dies erlaubt es, „das Risiko zu transformieren und in eine andere Zone der Unsicherheit zu transportieren, die unter Kontrolle ist".[20] Im sicheren Besitz der Sanktionsgewalt des Personalmanagement kann die Führung der Organisationen Bedingungen setzen, unter denen die Untergebenen risikoavers arbeiten werden. Sie läßt sich damit auf das eigene Risiko der Personalauswahl ein; aber in dieser Hinsicht wird es nachträglich kaum möglich sein, sie im Hinblick'auf übergangene Alternativen zu kritisieren. Was dieses Risiko betrifft, kann sie sich also relativ sicher fühlen. Die Untergebenen können zurückspielen, indem sie das Risiko nach oben verlagern. Im Ergebnis wird dies dazu führen, daß die Führung ihr Risiko in Erfolgen oder Mißerfolgen sehen muß, die Untergebenen ihr Risiko dagegen in der Akzeptanz durch die Führung.

In der Organisationswirklichkeit wird es vermutlich mehr Abweichungen von diesem Standardmodell geben als genaue Realisationen. Das liegt daran, daß die Beteiligten sich im Verhältnis zueinander „strategisch" verhalten und die Risikoeinstellung der jeweils anderen Seite reflektieren, vielleicht auch ausnutzen. Gerade strategisches Verhalten setzt aber erkennbare strukturelle Differenzen voraus. Erst in einem sekundären Sinne mögen dann bei guter wechselseitiger Personkenntnis auch psychisch gegebene Unterschiede der Risikowahrnehmung und der Risikobereitschaft eine Rolle spielen.[21]

[20] So Günter Ortmann/Arnold Windeler/Albrecht Becker/Hans-Joachim Schulz, Computer und Macht in Organisationen: Mikropolitische Analysen, Opladen 1990, S. 446 ff. (Zitate S. 447).
[21] Skeptisch in bezug auf den Erklärungswert von „a priori gegebenen Risikoeinstellungen" in Organisationszusammenhängen auch Ortmann et al. a. a. O. S. 446. Die Unzulässigkeit solcher Generalisierungen über ganz unterschiedliche Situationen hinweg ist inzwischen wohl allgemein bewußt. Siehe auch MacCrimmon/Wehrung a. a. O. (1986), S. 99 f.

Kapitel 11
Und Wissenschaft?

I.

Daß auch wissenschaftliche Forschung Risiken läuft und Gefahren erzeugt, wird niemand bestreiten. Über Forschungsvorhaben muß entschieden werden unter der Bedingung, daß man vorab nicht weiß, was dabei herauskommt (denn sonst brauchte man gar nicht erst anzufangen). Auch die Gefährdungen liegen auf der Hand. Sie werden vor allem dadurch vermittelt, daß man in der modernen Gesellschaft Wissen, wenn es einmal vorhanden ist, nicht geheimhalten und es in anderen Funktionssystemen nicht ignorieren kann, sobald es dort relevant wird. Das gilt vor allem in der Wirtschaft aufgrund des Konkurrenzdrucks. Es gilt auch für das politische System für den Bereich des Militärs und auch für die gesamte Interventions- und Protektionspolitik. Es gilt, um weitere Beispiele nur noch anzudeuten, für das Medizinsystem, für das Rechtssystem, für das Erziehungssystem. Schließlich und nicht zuletzt: Auch in der wissenschaftlichen Forschung selbst stecken Risiken, wenn sie zum Beispiel Nuklearenergie benutzt oder gentechnologische Experimente durchführt.[1]

Bekannte Sachverhalte dieser Art formieren sich deutlicher, wenn man auf die binäre Codierung des Systems abstellt. Die Risikosteigerung durch binäre Codierung wirkt sich auch hier aus. Der Code erzeugt eine systeminterne Dynamik. Alle Operationen sind auf Anschluß weiterer Operationen angelegt, und ob die Forschung ihre konkreten Ergebnisse nun als gewonnene Wahrheit oder als festgestellte Unwahrheit darstellt: für alle weiteren Operationen stehen wieder beide Werte zur Verfügung.

---

[1] Das muß nicht heißen, daß die Wissenschaft die Gesellschaft selbst als Labor ansieht. So aber Wolfgang Krohn/Johannes Weyer, Gesellschaft als Labor: Die Erzeugung sozialer Risiken durch experimentelle Forschung, Soziale Welt 40 (1989), S. 349–373.

Auf komplizierte Weise verzahnt sich außerdem diese Unterscheidung mit der von Risiko und Gefahr. Das Risiko eines Forschungsprojektes liegt vor allem darin, daß die zugrundeliegenden Hypothesen sich als verfehlt erweisen oder nicht einmal diese Feststellung mit Sicherheit getroffen werden kann. Dieses Risiko spitzt sich dramatisch zu, weil von der Wissenschaft Erzeugung *neuen* Wissens erwartet wird und aus genau diesem Grunde die Einschätzung des Wahrheitswertes von Neuerungen stark divergiert.[2] Dagegen schützt man sich im typischen Falle (aber eben nicht mit Sicherheit) durch ein Forschungsdesign, das mit hoher Wahrscheinlichkeit auf alle Fälle berichtenswerte (publizierbare, karrierewirksame) Daten erzeugt. Auch kann die Widerlegung (oder belegbare Anzweifelung) bisher unbestrittenen Wissens als Forschungserfolg gelten, vor allem wenn es sich um theoretisch folgenreiches Wissen handelt. Diese Überlegungen zum wissenschaftsinternen Risikomanagement modifizieren die These, daß das Risiko wissenschaftlicher Forschung im Verfehlen der Wahrheit liegt. Wenn man aber nicht das einzelne Projekt, sondern größere Forschungszusammenhänge vor Augen hat, kann Wissenschaft nicht gut von Selbstkritik oder Falsifikation allein leben, denn das würde die dafür geeigneten Wissensvorräte zu rasch aufzehren. Im Dauerbetrieb muß immer wieder bewährbare Wahrheit erzeugt werden, und das Risiko bestimmter Forschungskomplexe oder ganzer Fachgebiete liegt darin, daß dies nicht gelingt.

Die Gefahr, die von Wissenschaft ausgeht, liegt genau umgekehrt darin, daß es gelingt. Die Gefahr geht von Wahrheiten aus, denn mit Unwahrheiten kann niemand (mit Ausnahme der Wissenschaft selbst im Falle von theorieproduktiven Unwahrheiten) etwas anfangen. Nur die Wahrheit kann gefährlich werden, und dies aufgrund des ihr inhärenten Zwangs zur Anerkennung und ihres technischen Funktionierens. Sobald Wissen verwendet wird, kann dies zu Schäden führen, die es rückblickend als verfehlt erscheinen lassen, das Wissen zu

---

2 Siehe hierzu Richard Whitley, The Intellectual and Social Organization of the Sciences, Oxford 1984, S. 11 f. Zur Überbrückung dieses Problems bildet die Wissenschaft einen Mechanismus der Zuweisung von Reputation aus, der es ihr ermöglicht, den Forschungen stimulierenden Wert von Neuerungen zu beobachten und zu belohnen, und es ihr erspart, dabei auf endgültig festgestellte Wahrheiten abzuheben.

verwenden. Im Verwendungszusammenhang ist dies ein Risiko. Aber für die Wissensproduktion selbst, die im Gewinn von Wissen ja ihr Ziel erreicht und im übrigen auch die Einsicht in mögliche Schadensfolgen wieder als wahres Wissen aufnehmen kann, gelten andere Perspektiven. In der Wissenschaft kann Wahrheit nur positiv konnotiert werden. Jede andere Anordnung würde die Operation so deformieren, daß die Wissenschaft sie nicht mehr als Wissenschaft erkennen kann. Selbst möglicherweise gefährliche Experimente oder die Herstellung groß-technologischer Anlagen, deren Betrieb notwendig ist, wenn man erkennen will, ob und was daran schädlich sein und durch welche Vorkehrungen man sich eventuell dagegen schützen kann, – all dies kann die Wissenschaft sich nicht selbst untersagen. Aber sie ist, zum Glück werden manche sagen, nicht die einzige Instanz.

Diese ganz normale, im selbstgesteuerten Forschungsbetrieb anfallende Unsicherheit und Riskanz verstärkt sich im Bereich von Ökologie und Technikfolgen. Hier wird die Wissenschaft auf ein Terrain gejagt, das sie aus ihrer eigenen, theoriegesteuerten Forschungsentwicklung gar nicht (oder nur in seltenen Zufallsfällen) betreten würde. Hier stellen sich Probleme, die sich nicht aus dem Forschungsstand selbst ergeben, so daß zumeist sogar unklar bleibt, wie das Problem formuliert werden soll, welche Disziplin zuständig ist, welcher Aufwand, welche Zeiträume für die Forschung zu veranschlagen sind und ob sich überhaupt Wissen gewinnen läßt, das im Sinne des Auftrags verwendbar ist. Die Forschung arbeitet nicht im Scheinwerferlicht ihres eigenen Fahrzeugs, sie wird seitab ins Dunkel geführt.

Dies hängt auch damit zusammen, daß der entsprechende Wissensbedarf nicht einmal auf der Linie technisch zu realisierender Ziele liegt, also auch nicht als Verlängerung schon vorhandenen Wissens auftritt. Es geht nicht darum, Maschinen zu konstruieren, die bekannte Leistungen besser oder wirtschaftlich günstiger erbringen. Vielmehr stellen sich die neuartigen Probleme im Hinblick auf ungewünschte Nebenfolgen technischer Realisationen; oder auch im Hinblick auf Sachverhalte, die nur der statistische Blick sieht und bei denen sogar die Herkunft und Faktorenzusammensetzung unklar ist. Die Forschung wird, anders gesagt, mit Problemen befaßt, die einer organisierten Aufmerksamkeit entstammen, die nicht ihre eigene ist. Ihr werden aus guten Gründen Fragen gestellt, die sie aus ebenso guten Gründen nicht beantworten kann; sie wird, wie man seit einem viel zitierten Aufsatz von Weinberg

sagt, mit transscientifischen Aufgaben befaßt.[3] Und ihr wird, wenn sie
damit nicht zurechtkommt, Versagen vorgeworfen.[4] Indirekt bestätigt
sich hier aber nur, daß auch die Wissenschaft ein autopoietisches
System ist, das nur vom jeweils eigenen Zustand ausgehen und nur
diejenigen Strukturen (Theorien, Methoden) verwenden kann, die es
selbst mit eigenen Operationen produziert hat.[5] Fragen, die von außen
an die Wissenschaft herangetragen werden, müssen deshalb, wenn
überhaupt, gesellschaftlich diszipliniert oder entmutigt werden.

   Regeln für den Umgang mit sei es normalen, sei es auferlegten
Unsicherheiten und Risiken werden heute unter der Bezeichnung
„Ethik" gesucht. Wir hatten aber schon gesehen, daß dies eher ein
Pseudonym ist oder jedenfalls mit den Erfahrungen, die in der Philosophie mit Versuchen der Begründung moralischer Urteile unter dieser
Bezeichnung gesammelt worden sind, wenig zu tun hat. Wir mischen
uns in diese Diskussion daher nicht ein. Der für eine empirische
Risikoforschung interessantere Befund liegt in der Beziehung von Risiko und Gefahr. Unter ihrem eigenen Code, den sie nicht aufgeben
kann, ohne ihre Identität zu verlieren, und den sie auch nicht im Sinne
eines „true or false, my life" rejizieren kann, operiert die Wissenschaft
riskant und gefährlich zugleich. Sie kann dem Problem eines ungewissen Schadens, der dazu führt, daß man das Verhalten bedauern muß
(sofern man ihn überhaupt überlebt) mit keinem ihrer beiden Werte
ausweichen. Nur die Zurechnungsform divergiert: *Ob* Wahrheit gewonnen werden kann, ist eine Frage des Risikos. *Wenn* Wahrheit
gewonnen wird, handelt es sich in der Perspektive der Betroffenen
(und das können die Wissenschaftler selber sein) um eine Gefahr.

   Die Einheit des Wissenschaftscodes wahr/unwahr garantiert auf
diese Weise eine nahezu zwangsläufige Co-produktion von Risiken

---

[3] „Questions which can be asked of science and yet which cannot be answered
    by science", wie es bei Alvin M. Weinberg, Science and Trans-Science,
    Minerva 10 (1972), S. 209 – 222.
[4] Vgl. zu diesem Konflikt Arie Rip, Experts in Public Arenas, in Harry Otway/
    Malcolm Peltu (Hrsg.), Regulating Industrial Risks: Science, Hazards and
    Public Protection, London 1985, S. 94 – 110. Rip empfiehlt, diese Spannung
    mit einer Einstellung des „pragmatic rationalism" zu überbrücken.
[5] Ausführlicher Niklas Luhmann, Die Wissenschaft der Gesellschaft, Frankfurt
    1990.

und Gefahren, und dies gerade auf Grund der Gegensätzlichkeit der Wertpositionen wahr und unwahr. Wenn dies zutrifft, ist nicht zu erwarten, daß wissenschaftseigene Risikokalkulationen, die sich um Steigerung der Ertragswahrscheinlichkeit von Forschungen und um Vermeidung vergeblicher Mühen bemühen, aufs Konto gesamtgesellschaftlicher Rationalität umgebucht werden können. Sie werden eher dazu beitragen, mit der Wahrscheinlichkeit validierter Forschungserträge auch die Gefahren zu steigern, die mit ihrer Verwendung verbunden sein können. Dieser Hintergrund läßt verständlich erscheinen, daß der unbehinderte Fortgang der Wissenschaft heute nicht ohne Befürchtungen wahrgenommen wird. Wissen mag nach wie vor sicheres Wissen sein im Sinne eines verläßlichen Funktionierens der Konstruktion. Aber es dient auf der Ebene eine Beschreibung der Gesamtgesellschaft schon lange nicht mehr als Indikator für Fortschritt[6], ja kaum mehr als Sicherheitsreservoir für die unangenehmen Überraschungen, die die Zukunft unseres Gesellschaftssystems bereithalten mag.

II.

Man könnte angesichts dieses Sachverhaltes an eine gefahrorientierte Wissenschaftskritik denken, die sich nicht mit der Auskunft beruhigen läßt, daß die Wissenschaft ihre eigenen Entscheidungsrisiken so gut wie irgend möglich selbst kontrolliert. Was Zukunft betrifft, so produziert die Forschung einen echten Schein des Wissens[7], und genau dies mag einem Beobachter zweiter Ordnung auffallen. Denn bei einer Beobachtung zweiter Ordnung, die das codierte Beobachten der Wissenschaft beobachtet im Hinblick auf das, was man damit *nicht* beob-

---

[6] Vgl. für viele seiner Zeitgenossen noch Walter Bagehot, Physics and Politics (1869), zit. nach Works Bd. IV, Hartfort (The Travelers Insurance Company) 1891, S. 427 – 592.

[7] Von einem „*echten ... Schein* der Tugend" spricht Jean Paul im Hesperus, zit. nach der Ausgabe von Norbert Miller, Werke Bd. 1, München 1960, S. 803. Auch dies, wenngleich so nicht bezeichnet, eine Beobachtung zweiter Ordnung.

achten kann, kommt genau das Problem des ungewissen künftigen
Schadens als Folge positiv zu beurteilender Engagements in den Blick.
Ihre eigene Gefahr ist der blinde Fleck der Wissenschaft. Aber was
hülfe es, sie darauf aufmerksam zu machen?

Die gesellschaftliche Ausdifferenzierung von Wissensbemühungen
hat seit alters, man denke nur an Aristophanes, an die theologischen
Superioritätsgesten oder an die adelige Ablehnung von Pedanterie, eine
Wissenschaftskritik ermöglicht – zwar in der Gesellschaft, aber für
das Wissenschaftssystem von außen. Was die Wissenschaft tut, kann
beobachtet und beschrieben werden, und dies auch unter Anlegung
von Unterscheidungen und Kriterien, die nicht die der Wissenschaft
sind. Mit der Erfolgsstory der modernen Wissenschaften hat eine
solche Kritik jedoch an Gewicht verloren. Die Wissenschaft kann
sie achselzuckend ignorieren, sie ist auf die Lebensformen und die
Unterscheidungen, die damit vorgetragen werden, nicht angewiesen.
Statt dessen sucht und findet Wissenschaftskritik Formen, die ebenfalls
eine Beobachtung von außen suggerieren, aber zugleich den Anspruch
erheben, die Wissenschaft selbst zu reformieren oder sogar bessere,
„eigentliche" Wissenschaft zu sein. Die Kritik greift zugleich von außen
und von innen an. Sie macht sich selber Hoffnung, Wissenschaft zu
sein oder doch zu werden.

Das gilt in spektakulärer, prototypischer Weise für die Kritik der
politischen Ökonomie, die in ihrer Durchführung selber zur politischen
Ökonomie oder sogar zur Gesellschaftstheorie des „historischen Mate-
rialismus" wird. Ein anderes Beispiel von gleicher Radikalität, wenn
auch geringerer Auswirkung, bietet die phänomenologische Kritik der
Abstraktionen und Idealisierungen des europäischen Wissenschaftsbe-
triebs bei Husserl und in anderer Version bei Heidegger. Sie ist, bei
Husserl zumindest, motiviert durch die Intention, die Position der
transzendentalen Phänomenologie, von der aus kritisiert wird, selbst
als strenge Wissenschaft zu erweisen. Jürgen Habermas hält sich in
dieser Hinsicht stärker bedeckt, aber auch seine Ausführungen über
„Technik und Wissenschaft als Ideologie" lesen sich so, als ob besseres
Wissen möglich und erreichbar sein. Die neuere soziologische Wissen-
schaftsforschung bearbeitet eine ähnliche Konstellation, allerdings mit
abgeschwächten kritischen Tönen (die Kritik wird eher an irreführende
Wissenschaftstheorien adressiert) und mit deutlicher hervortretendem

Bewußtsein der reflexiven Selbstimplikation und folglich mit der Tendenz, die Wissenschaft und ihre Kritik in einem Zuge aufzulösen.[8]

Soweit Risikoforschung sich bisher wissenschaftlich als Spezialgebiet etablieren konnte, hat sie sich an die methodologischen Standards der Wissenschaft gehalten und kaum wissenschaftskritische Ambitionen erkennen lassen, die darüber hinaus gehen. Das ist verwunderlich, wenn man bedenkt, daß viele der aufgegriffenen Themen Wissenschaft direkt betreffen, – etwa im Kontext von Technologiefolgenabschätzung oder bei Untersuchungen über das öffentliche Ansehen und die Kompetenz von Experten, Wissenschaftlern oder auch der Wissenschaft selbst.[9] Offensichtlich bezieht sich in solchen Zusammenhängen wissenschaftliche Forschung auch auf Wissenschaft; aber dies geschieht noch unter dem Schirm klassischer erkenntnistheoretischer und methodologischer Prämissen, die selbstreferentielle Schlüsse strikt verbieten. Die Wissenschaft spricht über sich selbst wie über etwas Drittes. Sie stellt fest, daß sie als riskant und als gefährlich wahrgenommen wird – so als ob das sie nichts anginge. Sie sieht deshalb auch keinen Anlaß, zu fragen, ob nicht letztlich auch die Risikoforschung selbst, sei es riskant, sei es gefährlich ist, indem sie zum Beispiel Begründungen dafür liefert, daß Forschungen künftig besser unterbleiben oder jedenfalls auf Kosten der Autonomie des Wissenschaftssystems politisch-rechtlich reguliert und damit eingeschränkt werden sollten. Und das kann die Folge haben, daß wahres Wissen (mit Einschluß von Wissen über die Gefährlichkeit wahren Wissens) im Bedarfsfalle nicht zur Verfügung steht und man dann zum Improvisieren oder auch zu „impressionistischem" Entscheiden genötigt sein wird.

Inzwischen gilt dieses Selbstreferenzverbot jedoch gar nicht mehr in der alten Strenge und Ausnahmslosigkeit, so sehr es die normale Wissenschaftsdarstellung noch beherrscht oder für die weitaus meiste Forschung von der Thematik her gar keine Bedeutung hat. Eine Reihe von Entwicklungen haben zur Durchlöcherung beigetragen. Dazu zählt vor allem der Übergang von der Ideenlehre zum transzendentalen

---

[8] Vgl. etwa Michael Mulkay, The Word and the World: Explorations in the Form of Sociological Analysis, London 1985.

[9] Vgl. nur, mit all den Übertreibungen eine Aufarbeitung von Enttäuschungen, David Collingridge/Colin Reeve, Science Speaks to Power: The Role of Experts in Policy Making, New York 1986.

Subjekt und von dort zur Theorie der Sprache als Basiskonzept der
Erkenntnistheorie.[10] Sprache ist für wissenschaftliche Forschung jedenfalls ein „autologischer" Gegenstand, das heißt: ein Gegenstand, der
die Forschung, die ja Sprache verwenden muß, zu Rückschlüssen auf
sich selber zwingt.[11] Ein Paralleltrend liegt in den Entwicklungen
einer allgemeinen cognitive science, die erforscht, wie Systeme (Zellen,
Gehirne, Maschinen, Bewußtseinssysteme, Kommunikationssysteme)
die unter der Bedingung operativer Schließung (also ohne operativen
Zugriff auf Umwelt) Informationen prozessieren und dabei eigene
Konstruktionen bzw. „Eigenwerte" erzeugen, die ihnen ausreichende
Führung geben für ihre eigene Reproduktion. An die Stelle des alten
Kriteriums der „adaequatio" oder der „Korrespondenz" von internen
und externen Sachverhalten tritt damit das rein zeitliche Kriterium der
„Anschlußfähigkeit" im Kontext interner, hochkomplexer, heterarchi-
scher, modularer Ordnung der Informationsverarbeitung. Und auch
das zwingt zum autologischen Schluß; denn wenn das für Kognition
schlechthin gilt, gilt es auch für diese Theorie selbst.

Dem entsprechen Entwicklungen in den Naturwissenschaften, angeführt durch die Quantenphysik, die den Beobachter selbst in alle
Aussagen über die Natur einbauen. Weltwissen kann also, nach Meinung der Physik, nur durch ein Beobachten von Beobachtern gewonnen
werden.[12] Das, was über Realität entscheidet, ist dann die Art des
Schnittes, den ein Beobachter in die Welt legt, um über eine Grenze
hinweg etwas als etwas bezeichnen und damit Fremdreferenz und

---

[10] Hierzu einführend Ian Hacking, Why Does Language Matter to Philosophy,
Cambridge England 1975.
[11] Der Begriff der „Autologie" scheint zuerst für Worte, die auf sich selber
zutreffen (zum Beispiel „kurz") geprägt worden zu sein. Für eine Verallge-
meinerung auf Linguistik schlechthin siehe Lars Löfgren, Life as an Autolin-
guistic Phenomenon, in: Milan Zeleny (Hrsg.), S. 236–249; ders., Towards
System: From Computation to the Phenomenon of Language, in: Marc E.
Carvello (Hrsg.), Nature, Cognition and System I: Current Systems-Scientific
Research on Natural and Cognitive Systems, Dordrecht 1988, S. 129–155
(129: „autological predicament").
[12] Siehe für eine eher populäre Darstellung John P. Briggs/F. David Peat,
Looking Glass Universe: The Emerging Science of Wholeness, o. O. (Fontana
Paperbacks) 1985.

Selbstreferenz trennen zu können.[13] Die Evolution von Komplexität, die Morphogenese von Unterschieden wird damit selbst zu einem Effekt von Kognition – oder jedenfalls zu einem Effekt grenzbestimmten Diskriminierens, von dem sich sinnhafte, bewußte, sprachlich vermittelte Kognition nicht prinzipiell unterscheidet. Die Erzeugung von Welt wird so als ein epistemisches Risiko beschrieben, das heute dazu tendiert, in reflexiver Einstellung vor sich selbst zu erschrecken. Organisation wird als Desorganisation, Ordnungsaufbau als Vermehrung der Angriffspunkte für Zerfall begriffen. Und für die Stimmungslage dieser Episteme ist kennzeichnend, daß Worte wie Katastrophe oder Chaos zu mathematischen und physikalischen Ordnungsbegriffen werden, so als ob die vertrauteren, Ordnung bezeichnenden Worte zu viel unglaubwürdig gewordene Voraussetzung mitführten.

Indem die Thermodynamik nicht mehr nur den Zeitpfeil in Richtung Entropie festlegt, sondern auch den gegenläufigen Aufbau von Un-

---

[13] Es lohnt sich, hier eine Art Resumé zu zitieren, mit dem Spencer Brown am Ende rechtfertigt, daß er am Anfang seines Formenkalküls nichts weiter zu bieten hatte als die Weisung: draw a distinction! Auf S. 105 der Laws of Form heißt es:

„Now the physicist himself, who describes all this, is, in his own account, himself constructed of it. He is, in short, made of a conglomeration of the very particulars he describes, no more, no less, bound together by and obeying such general laws as he himself has managed to find and to record.

Thus we cannot escape the fact that the world we know is constructed in order (and in such a way as to be able) to see itself.

This is indeed amazing.

Not so much in view of what it sees, although this may appear fantastic enough, but in respect of the fact that it *can* see *at all*.

But *in order* to do so, evidently it must first cut itself up into at least one state which sees, and at least one other state which is seen. In this severed and mutilated condition, whatever it sees is *only partially* itself. We may take it that the world is itself (i. e. is indistinct from itself), but, in any attempt to see itself as an object, it must equally undoubtedly act so as to make itself distinct from, and therefore false to, itself. In this condition it will always partially elude itself".

Und müssen wir hinzufügen: das epistemische Risiko allen Wissens liegt eben darin, daß es etwas unsichtbar machen muß. Und unter anderem: sich selbst!

gleichgewichten, dissipativen Strukuren, Unterschieden, Information, macht sie die Zwangsläufigkeit begreifbar, mit der aus physikalischen Gründen ein Unterschied von Vergangenheit und Zukunft entsteht. Damit wird es geradezu voraussagbar, daß kognitive Systeme sich in Situationen finden, in denen Unvorhersehbarkeit selbst erkannt und Kognition zum Risiko wird.

Wenn man sich fragt, welche Gesellschaft sich dieses Denken leistet und darin ihre eigenen Möglichkeiten der Selbstvergewisserung wiederfindet, reicht man das Problem des Risikos von Wissenschaft an die Soziologie weiter.

Auch die Soziologie kommt auf manche Weise entgegen. Sie hat begrenzte Erfahrungen mit reflexiven Verhältnissen, etwa in der Methodologie teilnehmender Beobachtung oder bei selffulfilling prophecies. Anthony Giddens schließt aus dem „reflexive monitoring of action", das heißt aus dem ständigen Wiedereinspeisen von Wissen über Bedingungen, Kontexte und Folgen des Handelns in die Handlungsbestimmung selbst, daß sozialwissenschaftliches Wissen den Gegenstand verändert, mit dem es zu tun hat, und sich daher ständig selbst vor neue Situationen stellt *und das reflektiert*. Man kann daher von mehr Forschung nicht mehr Sicherheit erwarten, sondern nur mehr Unsicherheit.[14] Das wird entsprechend für Forschung über ökologische Auswirkungen des Gesellschaftssystems gelten, wenn die Ergebnisse der Forschungen im Gesellschaftssystem bekannt und benutzt werden. Solche Einsichten kann man zusammenfassen, wenn man das Phänomen moderne Wissenschaft insgesamt von der Theorie funktionaler Differenzierung her beschreibt und funktionale Differenzierung als operative Schließung von Teilsystemen auf der Basis spezifischer Funktionen und eigener Codes auffaßt.[15] Dann folgt daraus wie von selber der autologische Rückschluß. Die wissenschaftliche Beschreibung der Gesellschaft wird als Beschreibung in der Gesellschaft unter den Sonderbedingungen des Funktionssystems Wissenschaft erkennbar, und das potenziert den aller Wissenschaft ohnehin immanenten Revisionsvorbehalt zu einer allgemeinen gesellschaftlichen Unsicherheit über die Zuverlässigkeit wissenschaftlichen Wissens.

---

14 Vgl. Anthony Giddens, The Consequences of Modernity, Stanford 1990, insb. S. 36 ff.
15 Siehe Niklas Luhmann, Die Wissenschaft der Gesellschaft, a. a. O.

Damit verschiebt sich auch der Kontext der Risikoforschung, soweit diese sich soziologischer Theoriemittel bedient.[16] Das Theorem der Systemdifferenzierung, seinerseits ein wissenschaftliches Thema, ermöglicht es dem Wissenschaftssystem, zu beobachten, wie es von Seiten seiner gesellschaftlichen Umwelt beobachtet (oder genauer: wie sein Beobachten von Seiten der gesellschaftlichen Umwelt beobachtet) wird. Das Problem von Risiko und Gefahr wird auf die Ebene der Beobachtung zweiter (oder dritter usw.) Ordnung verlagert. Dort geht es dann nicht mehr um „praktische Fragen", nicht mehr um eine Verbesserung der rationalen Kalkulation von Risiken oder um eine Verhinderung von Gefährdungen, sondern, soweit es Soziologie angeht, um Einsicht in die Strukturen der modernen Gesellschaft und um deren Konsequenzen. Das schließt es keineswegs aus, sich weiterhin um Risikokalkulation zu bemühen, und solche Bemühungen werden auch nicht entmutigt dadurch, daß man erfährt, daß sie die Strukturen der modernen Gesellschaft und deren Folgeprobleme nicht ändern können. Die gesellschaftstheoretische Kontextierung gibt dem Problem des Risikos aber *zusätzlich* eine *radikalere* Fassung. Sie schaltet wissenschaftstheoretische und sogar erkenntnistheoretische Vorgaben mit dem Status einer dogmatischen Anweisung bzw. eines Apriori aus, indem sie sie einbezieht. Daß man nach methodologischen Richtlinien forscht, die ihrerseits logischen und erkenntnistheoretischen Bedingungen folgen, *kann weder von Risiken noch von Gefahren freistellen.*

Dies Problem transzendiert als gesellschaftsstrukturell ausgelöstes und reproduziertes Problem die sogenannten transzendentalen Erkenntnisbedingungen, die man früher als Abschlußformeln, als Letztstellen einer Erkenntnistheorie angesetzt hatte.[17] Auch deren heimliches

---

[16] Und zwar weit über das hinaus, was man im Anschluß an Mary Douglas und Aaron Wildavsky unter dem Gesichtspunkt von sozialen und kulturellen Abhängigkeiten von Risikowahrnehmung und Risikoakzeptanz diskutiert. Vgl. die Literaturhinweise Kap. 1 Anm. 8.

[17] Daß dies Problem sich nur wiederholt, aber nicht anders auflöst, wenn man es von der reinen in die praktische Vernunft, von der Erkenntnistheorie in die Ethik hinübercopiert, sei nur vorsorglich noch einmal angemerkt. Selbst wenn man zustimmt, daß das Handeln, weil schneller, den Vorrang vor dem Erkennen hat, ändert sich nichts an der Struktur des gesellschaftstheoretischen Arguments.

Modell, die Logik, weigert sich ja, entsprechende Erwartungen zu
hegen und zu erfüllen, wenn sie unter Axiomen nicht mehr etwas
evident Einsichtiges versteht, sondern nur diejenigen Komponenten
eines – irgendeines! – Kalküls, die im Kalkül selbst nicht (nicht!) zu
beweisen sind. Man muß sich folglich auf rekursiv gesicherte System-
autonomien einstellen. Die zeitlichen und die sozialen Formen des
Umgangs mit Zukunft hängen von den Formen ab, mit denen das
Gesellschaftssystem seine eigene Differenzierung realisiert. Das gilt
dann erst recht für die Formen, mit denen die sozialen Folgen von
Zeitbindungen beobachtet und beschrieben werden.

III.

Zu den Risiken, die die Wissenschaft in den Blick bekommt, wenn sie
sich selbst beobachtet, gehört auch der Mißbrauch wissenschaftlicher
Reputation – sei es von Personen, sei es von als wissenschaftlich
ausgewiesen behaupteten Feststellungen. Dies Problem unterscheidet
sich drastisch vom Problem der technologischen Risiken. Eine Technologie, die auf Grund von irreführendem Gebrauch wissenschaftlicher
Informationen konstruiert werden würde – und ein Verdacht dieser
Art ist immer wieder zum SDI-Komplex geäußert worden – würde
nicht funktionieren. Und das wär's dann. Das öffentliche Ansehen der
Wissenschaft führt aber außerdem dazu, daß die Wissenschaft auf
Lieferung von Argumenten hin abgesucht wird – gewissermaßen als
Munitionsfabrik für die Belieferung beider Seiten von ideologischen
oder politischen Auseinandersetzungen. Ein entsprechender Autoritäts-
verlust wird seit langem beobachtet und beklagt.[18] Er hängt unmittel-

---

[18] Vgl. nur Peter Weingart, Verwissenschaftlichung der Gesellschaft – Politisierung der Wissenschaft, Zeitschrift für Soziologie 12 (1983), S. 225 – 241, und
für allgemeine politische Konsensprobleme Hans-Joachim Braczyk, Konsens-
verlust und neue Technologien, Soziale Welt 37 (1986), S. 173 – 190. Eine
genauere Analyse müßte allerdings sorgfältig zwischen dem ideologisch-
politischen Gebrauch von Wissenschaft und ihrer Inanspruchnahme in admi-
nistrativen oder rechtlichen Verfahren unterscheiden. Im letztgenannten Fall
ist es ganz üblich, daß den Experten mehr Sicherheit und mehr Präzision
abverlangt wird, als sie von sich aus zu liefern vermögen. „Wissenschaftlich

bar zusammen mit dem Umstand, daß über Risiken im Medium des nur Wahrscheinlichen bzw. Unwahrscheinlichen verhandelt werden muß, so daß niemand sicher sein kann, sondern allenfalls sicher sein kann, daß auch die andere Seite einer Kontroverse nicht sicher sein kann.

Wir hatten bereits mehrfach betont, daß der Zukunftshorizont der modernen Gesellschaft im Medium des Wahrscheinlichen/Unwahrscheinlichen erscheinen muß. Das hat zur Konsequenz, daß in der Gegenwart darüber nur Meinungen gebildet werden können. Dem Meinungswissen entspricht, traditionell gesprochen, die Rhetorik als Form des Aufeinandereinwirkens. Die Wissenschaft entgeht diesem Sachverhalt nur scheinbar dadurch, daß sie statistische Verfahren anwendet. Das erfordert erhebliche Aufwendungen in Datenbeschaffung und Rechnung, und die müssen sich schließlich auch gelohnt haben. Also kommt man zu Aussagen, die als wissenschaftlich fundiert angeboten werden. Das mag durchaus sinnvoll sein, wenn auf diese Weise Zusammenhänge („latent structures") sichtbar gemacht werden können, die anderenfalls der Aufmerksamkeit entgingen. Es ändert aber nichts daran, daß in der Gegenwart über Künftiges nur Meinungen möglich sind, und entsprechend reduzieren alle sozialen Kontroversen, die Zukunftseinschätzungen erfordern, die Beteiligten auf die Wissensform der Meinung und ihre Bemühung um Überzeugung anderer auf Rhetorik.

Die Risikolage der modernen Gesellschaft wirkt sich demnach in doppelter Weise aus. Wissenschaftlich garantierte Sicherheit wird im Horizont des Wahrscheinlichen/Unwahrscheinlichen verstärkt nachgefragt, um Risiken zu mindern – und wird damit auf Rhetorik reduziert. Die Wissenschaft selbst mag sich spröde verhalten, setzt sich dabei aber der Kritik aus, nichts für ihre Verständlichkeit und ihre

---

fundierte" Feststellungen werden damit zu einem Konstrukt des Verwendungssystems, das ihnen durch eigene Feststellungsverfahren eine Autorität verleiht, die sie im wissenschaftlichen Zusammenhang von Forschung weder hat noch braucht. Siehe dazu Roger Smith/Brian Wynne, Expert Evidence: Interpreting Science in the Law, London 1989. Das allein muß noch nicht zu einem öffentlichen Ansehensverlust der Wissenschaft führen. Man darf deshalb vermuten, daß dieser Effekt nur in dem Maße eintritt, als die Öffentlichkeit sich für Risikofragen zu interessieren beginnt.

gesellschaftliche Verantwortung zu tun. Läßt die Wissenschaft sich
dagegen auf diese Nachfrage ein, läuft sie selbst das Risiko, unsolide
auftreten zu müssen bzw. in dritter und vierter Hand mit gegensätz-
lichen Ansichten zum selben Thema zu erscheinen, auch wenn eine
genaue Prüfung gar keine wissenschaftsinternen Meinungsunterschiede
ergeben würde. Das Risiko der Wissenschaft steigt mit der Risikoaversion der Gesellschaft.

Schon in den üblichen wissenschaftlichen Kontroversen gibt es, wie
Wissenschaftssoziologen festgestellt haben, unterschiedliche Einstellungen zur Sicherheit/Unsicherheit der Resultate wissenschaftlicher Forschungen. Die Darstellung der Ergebnisse stellt deren Zuverlässigkeit
heraus, die Kritik betont das Gegenteil. Das ist normales Geschehen
und wird quasi automatisch diskontiert, wenn es um Anschlußfor-
schungen geht. Wo es dagegen um ideologische oder politische Plädoy-
ers geht, gewinnt diese Gewohnheit des Farbauftrags ein anderes
Gewicht. Hier wird, wenn nicht gefälscht, so doch alle Information
unterschlagen, die zu einer wissenschaftlichen Überprüfung notwendig
wäre. So schreibt zum Beispiel jemand, der sich als Projektleiter einer
wissenschaftlichen Institution ausweist, daß bei einer Einführung des
Tempo 100 auf Autobahnen der Ausstoß an Stickoxyd um 32 170
Tonnen jährlich (10,4 %) und um 135 420 Tonnen Kohlenmonoxyd
(11,9 %) sinken würde. Man erfährt nicht, wie diese eindrucksvoll-
genauen Zahlen ermittelt worden sind (außer: in einem Großexperi-
ment), ob unabhängig von der Befolgungsrate der Norm, ob unabhängig von Motorenstärke und Bauart, unabhängig von Windschlüpfigkeit
der Karosserien usw. Man erfährt nur, daß die Autoindustrie eine
solche Norm wegen ihrer Exportinteressen verhindere (obwohl ja nun
gerade in den meisten anderen Ländern Geschwindigkeitsbegrenzungen
dieser Art bestehen).[19] Daß solche Aussagen als Wissenschaft auftreten,
ohne sich wissenschaftlicher Überprüfung zu stellen, wird mit der
Absicht gerechtfertigt, sich an ein breites Publikum zu wenden. Aber
dieses Publikum sieht sich dann von anderer Seite mit anderen An-
gaben bedient und kann nur auf Unsolidität der Expertenangaben
schließen.

Natürlich kann es nicht darum gehen, Mißbrauch wissenschaftlicher
Reputation anzuprangern und zu verhindern. Der Sogeffekt einer „Risi-

---

[19] Ich verzichte auf Angabe der Fundstelle.

kogesellschaft" wäre auf alle Fälle zu stark. Dem Risiko eines Autori-
tätsverlustes kann die Wissenschaft, wenn wir das Gewicht der Fakten
richtig einschätzen, nur dadurch entgehen, daß sie ihn selber herbeiführt. Autorität im Sinne einer Repräsentanz der Welt, wie sie ist,
sollte gar nicht erst in Anspruch genommen werden. Als wissenschaftlich kann, wenn man den Anweisungen der Wissenschaftstheorie, also
der Selbstbeschreibung des Systems folgt, ohnehin nur das gelten, was
einer Beobachtung zweiter Ordnung stand hält. Im oben genannten
Beispiel müßte das heißen: Wenn man eine Untersuchung in bestimmter
(näher anzugebender) Weise anlegt, bekommt man diese Daten; wenn
anders, dann andere.

Mit Henri Atlan könnte man formulieren: „Le désintéressement:
prix d'entrée en scientificité."[20] Aber das ergäbe ein zu einfaches Bild,
ähnlich wie die gute alte „Wertfreiheit". Abgrenzungsregeln dieser Art,
Abgrenzungsregeln jeder Art können heute mit der Frage aufgelöst
werden: wer beobachtet wen? Das befreit nicht vom Risiko. Ebenso
wie das Beobachten erster Ordnung bleibt das Beobachten zweiter
Ordnung riskant in der Wahl, wen man beobachtet und mit welchen
Unterscheidungen.[21] Die Problemangemessenheit der Beobachtung
zweiter Ordnung liegt also nicht in der Sicherheit, die sie in Aussicht
stellen könnte. Eher müßte man sagen: in der größeren Unsicherheit,
die sie erzeugt und normalisiert.

Offenbar geht es heute nicht mehr nur um die Seeschlacht von de
interpretatione 9, nicht mehr nur um künftig kontingente Ereignisse,
die Aristoteles zu der Meinung brachten, Urteile darüber seien zwar
ebenfalls wahr oder unwahr, aber man könne zwischen den beiden
Wahrheitswerten gegenwärtig noch nicht entscheiden. Es geht also
nicht mehr nur um Situationen, in denen man der Wissenschaft Urteils-
enthaltung zu empfehlen hatte, statt Übernahme eines Risikos. Vielmehr ist die Zukunft insgesamt in den Horizont des sachlich Ungewis-

---

[20] So in: A tort et à raison: Intercritique de la science et du mythe, Paris 1986,
S. 201.
[21] Mit einer gewissen Verblüffung wäre zum Beispiel zu registrieren, daß selbst
im Untergang des Sozialismus die Weltverhältnisse immer noch im Schema
Sozialismus/Liberalismus beobachtet werden, so als ob es darum gehe, im
Blick auf die Zukunft von der Blindheit gerade dieses Schemas zu profitieren.

sen eingerückt.[22] Als Medium ihrer Darstellung empfiehlt sich die
Form wahrscheinlich/unwahrscheinlich. Diese Form ist sensibel für
Entscheidungen. Das Gewicht ihrer beiden Seiten ändert sich je nach
dem, wie entschieden wird. Entscheidungen bemühen sich geradezu
(auch wenn sie vorgeben, „Ziele" zu verfolgen), Wahrscheinliches in
Unwahrscheinliches zu transformieren oder umgekehrt. Die Vergangenheit kann dann gesehen werden als Evolution, als Erreichen eines
sehr hohen Niveaus der Wahrscheinlichkeit des Unwahrscheinlichen
als Ausgangspunkt für weitere Dispositionen.[23] In weitem Bogen über
die Gegenwart hinweg hängt die Zukunft von der Vergangenheit ab –
und dies nicht in der Form von Kontinuität, sondern in der Form von
Diskontinuität. Deshalb wird die Differenz von Vergangenheit und
Zukunft die primäre Form der Strukturierung von Zeit.

Auf diese Situation reagiert die Gesellschaft durch Rückzug auf die
Ebene der Beobachtung zweiter Ordnung, durch Beobachtung von
Beobachtern. Wir hatten bereits notiert, daß dies für wohl alle Funktionssysteme typisch ist, und man wird nicht fehlgehen mit der Beobachtung, daß auch in Alltagskonversationen eine Art wissendes Durch-
schauen, eine Art von nicht an Konsens gebundener Mitwisserschaft
zunimmt. Aber das müssen wir besonderen Untersuchungen überlassen. Speziell für die Wissenschaft ist bezeichnend (und längst geläufig),
daß die Einsicht in die Theorie- und Methodenabhängigkeit aller
Wahrheitsfeststellungen durchgesetzt ist. Man könnte auch von „Konstruktivismus" sprechen[24] oder davon, daß die Referenz auf Außenwelt
durch die Referenz auf Konditionierungen von Aussagen über die
Außenwelt ersetzt oder doch mediatisiert wird. Dieser Stil wird auf
Akzeptanzschwierigkeiten stoßen, er wird als Entwertung wissenschaftlicher Feststellungen empfunden werden, wenn er die Außendar-

---

[22] Man kann dies vielleicht dadurch erklären, daß in einer komplexeren Gesell-
      schaft die Sachdimension und die Zeitdimension des kommunizierbaren
      Sinnes stärker auseinandertreten, so daß Sacherkenntnisse immer weniger
      festlegen können, was gegenwärtig als Zukunft feststellbar ist (obwohl die
      Welt nach wie vor nur einen Lauf nimmt!). Vgl. Niklas Luhmann, Soziale
      Systeme: Grundriß einer allgemeinen Theorie, Frankfurt 1984, S. 111 ff.
[23] Vgl. Niklas Luhmann, Die Unwahrscheinlichkeit der Kommunikation, in
      ders., Soziologische Aufklärung Bd. 3, Opladen 1981, S. 25 – 34.
[24] Vgl. Luhmann, Die Wissenschaft der Gesellschaft a. a. O. S. 510 ff., 698 ff.

stellung zu formen beginnt. Aber dasselbe gilt auch für andere Funktionssysteme, für die Präsentation von Gewinnorientierung der Wirtschaft, für die Formenkünsteleien der Kunst oder für das selbstbezogene Konfliktinteresse des politischen Systems. Bisher ist denn auch die Beobachtung zweiter Ordnung mehr in der Form von psychischen oder sozialen Tiefenbohrungen, in der Form von Entlarvung von Latenzinteressen praktiziert worden. Man hatte dabei eher Ausnahmelagen im Auge oder auch Therapieaufgaben in der Form von Ideologiekritik oder Psychoanalyse. Man kann heute aber sehen, daß dies nur ein an seinen eigenen Unzulänglichkeiten scheiternder Anfang war.[25] Manches spricht dafür, daß die Autopoiesis der Kommunikation des Gesellschaftssystems mehr und mehr auf diese Ebene der Beobachtung zweiter Ordnung verlagert und von ihr abhängig wird. Und dies scheint zusammenzuhängen mit der Tatsache, daß eine Gesellschaft entstanden ist, die gar nicht anders kann als sich Risiken zu leisten.

---

[25] Ein guter Überblick, was „Ideologie" betrifft, ist: Peter Dahlgren, Ideology and Information in the Public Sphere, in: Jennifer Daryl Slack/Fred Fejes (Hrsg.), The Ideology of the Information Age, Norwood N. J. 1987, S. 24–46.

Kapitel 12
Beobachtung zweiter Ordnung

I.

Für eine abschließende Reflexion greifen wir ein Thema auf, das in fast allen Kapiteln sporadisch aufgetaucht ist, sich besonders aber bei den Überlegungen zum Verhältnis von Wissenschaft und Risiko aufgedrängt hat. Unsere eigenen Analysen bewegen sich auf einer Ebene der Beobachtung zweiter Ordnung und stellen dabei zugleich fest, daß die Gesellschaft selbst ein solches Beobachten von Beobachtern bereits praktiziert. Was heißt das? Und was sind die Konsequenzen für eine Theorie der modernen Gesellschaft?

Um in das Thema wiedereinzuführen, sei zunächst an einige der bereits vorgelegten Analysen erinnert. Von Risiko kann man, wie immer man den Begriff faßt, nur sprechen, wenn man voraussetzt, daß derjenige, der ein Risiko wahrnimmt und sich eventuell darauf einläßt, bestimmte Unterscheidungen macht, nämlich die Unterscheidung von guten und schlechten Ergebnissen, Vorteilen und Nachteilen, Gewinnen und Verlusten sowie die Unterscheidung von Wahrscheinlichkeit oder Unwahrscheinlichkeit ihres Eintreffens. Jemand, der sich riskant verhält, etwa im Straßenverkehr riskant überholt oder mit einem Schießwerkzeug spielt, mag dies zwar als Beobachter erster Ordnung tun. Aber sobald er überlegt, ob er sich auf ein Risiko einlassen soll, beobachtet er sich selbst aus der Position eines Beobachters zweiter Ordnung; und erst dann kann man eigentlich von Risikobewußtsein oder Risikokommunikation sprechen; denn nur dann werden die für Risiko typischen Unterscheidungen der Operation so zu Grunde gelegt, daß mitberücksichtigt wird, daß sie auch eine andere Seite haben und nicht einfach nur Objekte referieren.[1]

---

[1] Siehe im Blick auf die schon hier einsetzenden Probleme einer mehrwertigen Logik Elena Esposito, Rischio e osservazione, Ms. 1990.

Davon abgesehen muß man Risiken, um sie überhaupt beobachten
zu können, von anderem unterscheiden können; und der Risikobegriff
gewinnt Präzision und Definierbarkeit nur in dem Maße, als man
festlegt, wovon ein Risiko sich unterscheidet. In Kapitel 1 wurde der
Begriff des Risikos über die Unterscheidung von Risiko und Gefahr
definiert und damit auf ein Problem der Zurechnung zurückgeführt.
Das führt aber nur auf die Frage, wer über die Zurechnung entscheidet
mit der Möglichkeit, die Entscheidung über die Zurechnung ihrerseits
zuzurechnen. Außerdem liegt in der Präferenz für die Unterscheidung
Risiko/Gefahr die Ablehnung der Unterscheidung Risiko/Sicherheit,
obwohl wir feststellen mußten, daß auch diese Unterscheidung benutzt
wird. Man mag dafür oder dagegen argumentieren, wie gut man es
vermag – aber immer im Hinblick darauf, daß es Beobachter gibt,
die diese oder jene Wahl einer Unterscheidung praktizieren.

Auch die Unterscheidung von Entscheidern und Betroffenen führt
uns auf eine Ebene der Beobachtung zweiter Ordnung. Die Betroffenen
beobachten die Entscheider im Hinblick auf ihre Risikoneigung. Die
Entscheider beobachten, daß sie so beobachtet werden. Jeder erklärt
sich das zwar mit vermeintlichen Eigenschaften derjenigen, die er
jeweils beobachtet. Das dient der Formierung von Gegnerschaft auf
der Ebene einer Beobachtung erster Ordnung – die „Kapitalisten",
die „Grünen" usw. Aber der Anlaß zur Gegnerschaft ergibt sich nicht
aus den Tatsachen, sondern aus den Beobachtungsweisen der anderen
Seite; er setzt eine Beobachtung zweiter Ordnung voraus.

Sobald man die Funktionssysteme der modernen Gesellschaft als
binär codierte Systeme begreift, kommt man auf dasselbe Problem.
Codes sind Leitunterscheidungen, mit denen diese Systeme sich selbst
und ihre Umwelt auf relevante Informationen hin absuchen. Somit
kann ein System sich selbst nur beobachten, wenn es feststellt, welche
Operationen den eigenen Code und keinen anderen benutzen. Dazu
muß das System sich selbst als Beobachter beobachten. Außerdem
setzen Codierungen Programme voraus, nach denen bestimmt werden
kann, ob der eine oder der andere Codewert, ob zum Beispiel „wahr"
oder „unwahr" in Betracht kommen. Aber Programme – in diesem
Falle Theorien und Methoden – können divergieren. Ein solches
System muß deshalb in der Lage sein, zu beobachten, mit welchen
Methoden Forschungsresultate erarbeitet sind oder zu welchen Preisen
gekauft oder nicht gekauft wird. Das gesamte System operiert mithin

auf der Ebene der Beobachtung zweiter Ordnung, und erst sekundär, erst zur Erklärung, Ausmalung, Handlungsvorbereitung werden dann wieder Beobachtungen erster Ordnung mit direktem Objektbezug aktiviert.

Auf konkreteren Ebenen wiederholt sich dieses Problem. Es ist also nicht nur ein Erfordernis der logischen und theoretischen Rekonstruktion empirischer Sachverhalte, sondern durchaus auch ein Problem der praktischen Orientierung. Bei den so viel diskutierten, politisch kontroversen Expertenbefragungen geht es wie selbstverständlich um die Frage, ob sich der Experte als Kenner (Beobachter) der Wissenschaft für oder gegen ein Projekt aussprechen oder wie er diese oder jene Sachfrage beantworten wird. Und schon bei der Expertenauswahl wird man Vermutungen darüber anstellen, mit welchen Gutachten man zu rechnen hat. Man braucht zwar nicht selber Experte zu sein; aber man muß den Experten als Beobachter seines Faches einschätzen können, und das geht nicht ganz ohne Verständnis für die Sachprobleme.

Auch wenn es darum geht, aus technologischen Risiken ein politisches Thema zu machen, wird ein Entscheidungsbedarf erzeugt, der im politischen System selbst verschieden beobachtet werden kann. Die Befürworter des Vorhabens werden es anders sehen als die Gegner. Jeder wird das Sachproblem selbst, etwa die Sicherheitstechnologie risikoreicher Produktionsverfahren, beobachten oder beobachten lassen und sich zugleich über die ganz andere Frage ein Urteil bilden, wie die politischen Chancen stehen und wie Politiker der einen oder der anderen Variante die Angelegenheit beurteilen werden – Politiker, die sich selbst in ihrer Urteilsbildung nicht frei sondern beobachtet wissen und eben deshalb nicht willkürlich handeln und folglich beobachtet werden können. Wer auf diesem Parkett der Beobachtung zweiter Ordnung nicht agieren kann, wird sich bald als jemanden beobachten können, der zum Spiel nicht mehr zugelassen wird.

Diese Auszüge aus den bisherigen Analysen verdeutlichen die Reichweite des Problems der Beobachtung zweiter Ordnung. Auch fällt die Formulierung nicht schwer, daß es sich um eine Beobachtung von Beobachtungen handelt. Damit ist aber noch nicht viel gewonnen. Alles weitere hängt offensichtlich davon ab, daß geklärt wird, was es heißt zu beobachten und wie diese Operation Beobachtung reflexiv, also auf sich selbst anwendbar sein kann.

II.

Von Beobachtung, zweiter Ordnung, second order cybernetics, second semiotics usw. spricht man seit geraumer Zeit, aber offensichtlich im Hinblick auf eine sehr verschieden verstandene basale Operation, etwa im Hinblick auf einen Rechenvorgang (Heinz von Foerster), im Hinblick auf einen sehr allgemeinen, biologisch fundierten Begriff von Kognition (Humberto Maturana) oder im Hinblick auf Zeichenverwendung (Dean und Juliet MacCannell).[2] Gotthard Günther fragt nach den logischen Strukturen, die geeignet sind, zu erfassen und zu beschreiben, was vor sich geht, wenn ein Subjekt ein anderes Subjekt nicht nur als Objekt, sondern eben als Subjekt, das heißt als Beobachter beobachtet.[3] Andere sehen das Problem als ein Problem der Zurechnung von Beobachtungen auf Beobachter.[4] In den Sozialwissenschaften werden ähnliche Fragen mit Hilfe eines nicht weiter explizierten (wohl psychologisch zu verstehenden) Begriffs der Beobachtung behandelt und primär als Methodenproblem gesehen.[5] Die Kybernetik zweiter

---

[2] Siehe Heinz von Foerster, Observing Systems, Seaside Cal. 1981; Humberto R. Maturana, Erkennen: Die Organisation und Verkörperung von Wirklichkeit: Ausgewählte Arbeiten zur biologischen Epistemologie, Braunschweig 1982, z. B. S. 36 f.; ders., The Biological Foundations of Self Consciousness and the Physical Domain of Existence, in: Niklas Luhmann et al., Beobachter: Konvergenz der Erkenntnistheorien?, München 1990, S. 47 – 117, insb. S. 56 f. zu „objectivity in parentheses" und die Skizze S. 177; Dean MacCannell/ Juliet F. MacCannell, The Time of the Sign: A Semiotic Interpretation of Modern Culture, Bloomington Ind. 1982, insb. S. 152 ff.

[3] Siehe zum Beispiel die Studie Formal Logic, Totality and the Super-additive Principle, in: Gotthard Günther, Beiträge zur Grundlegung einer operationsfähigen Dialektik Bd. I, Hamburg 1976, S. 329 – 351. Zu einer Weiterentwicklung dieser Fragerichtung vgl. auch Elena Esposito, L'operazione di osservazione: Teoria della distinzione e teoria dei sistemi sociali, Diss. Bielefeld 1990.

[4] Siehe Rino Genovese/Carla Benedetti/Paolo Garbolino, Modi die Attribuzione: Filosofia e teoria dei sistemi, Napoli 1989, insb. den Beitrag von Garbolino, der die Entstehung der Problemstellung aus dem Theorem der Unmöglichkeit vollständiger Selbstbeschreibung nachzeichnet.

[5] Siehe z. B. George W. Stocking, Jr. (Hrsg.), Observers Observed: Essays on Ethnographic Field Work, Madison Wisc. 1983.

Ordnung denkt selbstverständlich an Operationen der Regelung und Kontrolle.[6] Angesichts so unterschiedlicher Ausgangspunkte mag man kaum von einem einheitlichen Thema sprechen, geschweige denn von einer neuen Epistemologie. Und dennoch zeichnen sich Perspektiven ab, die in deutlichem Kontrast stehen zu dem, was die sogenannte „Postmoderne" als Beliebigkeit des Zugriffs auf Formen und Sachverhalte verkündet.

Eine solche Konfusion legt es zunächst nahe, den Begriff der Beobachtung relativ formal zu fassen, ihn sozusagen oberhalb des Schlachtfelds der Meinungen anzusiedeln. Unter Beobachtung soll daher verstanden werden die Benutzung einer Unterscheidung zur Bezeichnung der einen (und nicht der anderen) Seite, gleich welche empirische Realität diese Operation durchführt, sofern sie nur unterscheiden (also zwei Seiten zugleich sehen) und bezeichnen kann. Mit George Spencer Brown ist dabei vorauszusetzen, daß Unterscheidung und Bezeichnung eine untrennbare Einheit bilden, da nur Unterscheidbares bezeichnet werden kann und Unterscheidungen nur zu Bezeichnungen verwendet werden können (was die Möglichkeit einschließt, die uns auf die Spur der Beobachtung zweiter Ordnung setzen wird: die Unterscheidung selbst mit Hilfe einer anderen Unterscheidung zu bezeichnen).[7]

Beobachten ist demnach operativer Unterscheidungsgebrauch. Will man Beobachtungen beobachten, muß man deshalb Unterscheidungen unterscheiden können. Allerdings genügt es nicht, dies nur listenförmig zu tun im Sinne einer Aufzählung von: es gibt Großes und Kleines, Schwarzes und Weißes, mein Haus und andere Häuser usw. ad libitum. Mit solchen „Es Gibts" bliebe man noch ein Beobachter erster Ordnung. Man behandelte Unterscheidungen wie Objekte, und man hätte immer schon ausgewählt, wofür man sich interessiert.[8] Zu einer Beob-

---

[6] Siehe, davon ausgehend, Ranulph Glanville, Objekte, Dt. Übers. Berlin 1988.

[7] „We take as given the idea of distinction and the idea of indication, and that we cannot make an indication without drawing a distinction. We take, therefore, the form of distinction for the form", so leitet George Spencer Brown, Laws of Form, zit. nach dem Neudruck New York 1979, S. 1, seine Untersuchungen ein. Man wird bemerken, daß der Begriff der Form die Paradoxie verdeckt, die darin besteht, daß der Begriff der Unterscheidung auf sich selbst angewandt wird als Unterscheidung von Unterscheidung und Bezeichnung.

[8] In welcher „Nische" man beobachtet, würde Maturana sagen.

achtung zweiter Ordnung kommt es erst, wenn man einen Beobachter
als Beobachter beobachtet. „Als Beobachter" heißt: im Hinblick auf
die Art und Weise, wie er beobachtet. Und das wiederum heißt: im
Hinblick auf die Unterscheidung, die er zur Bezeichnung der einen
(und nicht der anderen) Seite verwendet. Oder in der Terminologie von
Spencer Brown: im Hinblick auf die Form, die er seinem Beobachten
zugrundelegt.

Diese Theoriedisposition enthält bereits mehr Festlegungen, aber
auch mehr Schwierigkeiten, als sie auf den ersten Blick freigibt. Zunächst: die basale Operation des Beobachtens garantiert *sich selbst*
(und wir werden noch sehen: in rekursiver Vernetzung mit anderen
Beobachtungen) ihre eigene Realität. Sie bezieht ihre eigene Realität
nicht aus dem, *was* sie beobachtet; und auch im Falle der Beobachtung
zweiter Ordnung nicht durch den Beobachter, den sie beobachtet. Sie
ist also nicht auf Konsens angewiesen, sondern hat an sich selbst den
gleichen Realitätswert, wenn sie Dissens feststellt. Es genügt ihr, daß
sie faktisch durchgeführt wird.[9] Sie muß, anders gesagt, als Operation
gelingen. Aber wie ist das möglich?

In der Terminologie von Heinz von Foerster[10] müßte man jetzt
antworten: die Operation ist nicht als Einzelergebnis möglich. Sie
kommt durch ein rekursives Errechnen von Errechnungen zustande.
Das Errechnen von Errechnungen führt zu Eigenwerten, die so stabil
sind, daß man sie nicht mehr aufgeben, nicht mehr verlassen kann. Es
kann natürlich mißlingen, aber dann gleitet das Beobachten ins Halt-
lose ab. Aber wie läßt sich diese zunächst der Mathematik entnommene
Formel interpretieren?

---

[9] Zu dieser „konstruktivistischen" Wende vgl. ausführlicher Niklas Luhmann,
   Erkenntnis als Konstruktion, Bern 1988; ders., Das Erkenntnisprogramm des
   Konstruktivismus und die unbekannt bleibende Realität, in ders., Soziologi-
   sche Aufklärung Bd. 5, Opladen 1990, S. 31–58; ders., Die Wissenschaft der
   Gesellschaft, Frankfurt 1990, insb. Kapitel 2.

[10] A. a. O. (1981), insb. den Beitrag „On Constructing a Reality" S. 288 ff.; auch
   in ders., Sicht und Einsicht: Versuche zu einer operativen Erkenntnistheorie,
   Braunschweig 1985, S. 25 ff. Siehe auch ders., Erkenntnistheorien und Selbst-
   organisation, in: Siegfried J. Schmidt (Hrsg.), Der Diskurs des Radikalen
   Konstruktivismus, Frankfurt 1987, S. 133–158.

Es liegt nahe, Eigenwerte des Beobachtens mit der Invarianz seiner Objekte zu identifizieren.[11] Im Kalkül von Spencer Brown führt die Wiederholung einer Bezeichnung zur „Kondensierung" von Identität.[12] Will man aber die Stabilität von Objekten oder Identitäten garantieren, muß man vermeiden, die je verschiedenen, historisch nie identischen Zustände des operierenden Systems mit seinen Objekten (und seien dies: eigene Zustände, die wiederkehren können) zu verwechseln. Anders gesagt: eine rekursiv organisierte, vor- und zurückgreifende Sequenz von Operationen muß sich als System beobachten, sich also von einer operativ unzugänglichen Umwelt unterscheiden können. Es muß die Sequenz der Operationen als Grenzziehung, als Eingrenzung des Dazugehörigen und als Ausgrenzung des Nichtdazugehörigen beobachten können. Es muß sich selbst als operierendes System (was nicht schon gleich heißen muß: als beobachtendes System) beobachten können. Es muß Selbstreferenz und Fremdreferenz unterscheiden können. Der Eigenwert der Eigenwerte – das ist das System. Das System als Grenze, als Form mit zwei Seiten, als Unterscheidung von System und Umwelt.

Damit klärt sich zugleich, was es heißen kann: einen Beobachter zu beobachten. Es heißt: ein System zu beobachten, das seinerseits beobachtende Operationen durchführt. Dabei kann es sich um ein anderes System handeln, aber im Falle einer Selbstbeobachtung zweiter Ordnung auch um das beobachtende System selbst. Immer noch halten wir uns offen, welche Art von Operationen das System realisiert. Es mag sich um ein lebendes System (zum Beispiel ein Gehirn), ein psychisches System (ein Bewußtsein) oder um ein soziales System handeln, das nur kommunikative Operationen durchführt. Eine Beobachtung zweiter Ordnung kann also auf sehr verschiedenen Operationsgrundlagen durchgeführt werden. Auf genauere Untersuchungen, wie das möglich ist, können wir uns hier nicht einlassen. Es muß uns genügen, daß es sich immer um ein beobachtendes System handeln wird und daß die Eigenwerte der rekursiven Vernetzung von Beobachtungen zweiter Ordnung daher immer die Systemform der Beobachter voraussetzen. Beobachtung zweiter Ordnung erfordert mithin zwingend, daß man einem anderen Beobachter unterstellt, er könne sich selbst und

---

[11] So von Foerster im Beitrag: „Objects: Tokens for (Eigen-) Behaviors" a. a. O. (1981), S. 273 ff. bzw. 1985, S. 207 ff.

[12] A. a. O. S. 9 und 10.

seine Umwelt unterscheiden; gleichgültig ob er in dem Einzelfall, in
dem er beobachtet wird, sich selbst oder seine Umwelt beobachtet.

Damit ist auch einzusehen, daß eine Beobachtung zweiter Ordnung
immer zugleich auch eine Beobachtung erster Ordnung ist. Sie muß
sich von ihrem System aus für eine Systemreferenz entscheiden, also
Systeme wie Objekte unterscheiden können. Man entscheidet sich für
die Beobachtung einer Person oder einer politischen Partei, für die
Beobachtung der Weltwirtschaft oder für die Beobachtung des französischen Rechtssystems. Man muß sich in der Welt orientieren, wenn man
die Blicke irgendwohin richten will; und dafür genügt eine Beobachtung
erster Ordnung. Dabei wird es in vielen Fällen bleiben. Zu einer
Beobachtung zweiter Ordnung kommt es nur, wenn man das System,
auf das man die eigenen Beobachtungen richtet, als ein beobachtendes
System auffaßt; das heißt: als ein System, das sich selbst von seiner
Umwelt unterscheidet, das damit Eigenwerte produziert und das eigene
Unterscheidungen verwendet, um etwas in sich selbst oder etwas in
seiner Umwelt zu beobachten.

III.

Was helfen uns diese komplizierten und abstrakten, in ihren logischen
Grundlagen weitgehend ungeklärten Überlegungen, wenn es um das
Thema der Risiken geht, die in der modernen Gesellschaft wahrgenom-
men und eingegangen und vor allem: kontrovers beurteilt werden?

Sie werfen vor allem zusätzliches Licht auf die Probleme der Risikokommunikation. Man kann, wenn die Möglichkeit besteht, verlangen,
daß zwischen der Beobachtung erster Ordnung und der Beobachtung
zweiter Ordnung unterschieden wird. Auf der Ebene erster Ordnung
beobachten die Beteiligten einander als Objekte, ziehen Rückschlüsse
aus Vorurteilen und aus Wahrnehmungen bzw. aus der Kommunikation von Vorurteilen und Wahrnehmungen auf Eigenschaften der Partner oder Gegner. Das führt, um es mit Habermas zu formulieren, zu
einer strategischen Orientierung, eventuell zu einem moralischen Urteil, das Entscheidungen über Achtung und Mißachtung auslöst. Man
sieht, *was* die anderen sehen, und bildet sich über denselben Gegenstand
eine eigene Meinung. Man lebt mit anderen Beobachtern in derselben

Welt und streitet sich oder verträgt sich. Aber ist dies auch dann angebracht, wenn es nicht um Objekte geht, sondern um Risiken?

Bei einer Beobachtung zweiter Ordnung ist die primäre Frage, mit welchen Unterscheidungen der beobachtete Beobachter und wie er mit Hilfe dieser Unterscheidungen bezeichnet. Was ist für ihn wahrscheinlich oder unwahrscheinlich? Wo liegt für ihn die Katastrophenschwelle, die ihn risikoavers macht und ihn jede quantitative Kalkulation ablehnen läßt. Schon in bloßen Liquiditätsschwierigkeiten? Oder in der Möglichkeit eines Bankrotts? In der Gefährdung des eigenen Lebens oder auch schon darin, daß irgendwelche (unbestimmt welche) anderen gefährdet sein könnten? Spielt es eine Rolle, ob die gesuchten Vorteile, die ein Risiko lohnen, für den Entscheider selbst oder für andere anfallen? Spielt die Unterscheidung von internalen/externalen Kosten eine Rolle? Und wird diese Unterscheidung reflexiv verwendet, so daß auch der, der andere veranlassen möchte, Kosten zu internalisieren, sieht, daß genau diese Strategie ihrerseits eigene Kosten externalisiert, so daß es gar nicht möglich ist, aus der Externalisierung von Kosten einen Vorwurf zu machen?

Bei einer Kommunikation in Organisationen könnte man darauf achten, ob die Beteiligten beobachten können, wie sie beobachtet werden, und ob dies für Untergebene und für Vorgesetzte gleichermaßen gilt. Man könnte fragen, ob die Einstellung zum Risiko Rollenbestandteil ist oder ob sie mit Erfolgen und Mißerfolgen variiert. Man könnte im Sinne älterer sozialpsychologischer Forschungen nach Referenzgruppen fragen, das heißt danach, von wem man vorzugsweise beobachtet sein möchte oder dies befürchtet und welche Leitunterscheidungen man diesen bevorzugten/befürchteten Beobachtern unterstellt.

Die Beispiele ließen sich vermehren. Wichtiger ist jedoch, sich die Kommunikationsprobleme klar zu machen, mit denen man zu rechnen hat, wenn eine Beobachtung zweiter Ordnung etabliert ist und erwartet werden kann. Vor allem ist zu bedenken, daß auf der Ebene der Beobachtung zweiter Ordnung *keine Hierarchiebildung mehr möglich ist* und daß Hierarchien, wenn sie zu einer Beobachtung zweiter Ordnung, etwa im Verhältnis von Vorgesetzten und Untergebenen, übergehen, dadurch relativiert werden. (Die berühmte Herr/Knecht-Logik Hegels hatte dies dadurch aufzufangen versucht, daß nur auf der einen Seite, nur in der Position des Knechtes, ein Interesse an einer Beobachtung zweiter Ordnung unterstellt und die Hierarchie durch diese Asymmetrie gerettet wurde.[13]) Damit fällt die Möglichkeit aus, durch Beobachtung der Beobachtungsweise der Spitze ein Urteil über das System zu gewinnen. Statt dessen muß es andere, auf Heterarchie abgestimmte Komplexitätsreduktionen geben.

Offensichtlich arbeiten die großen Funktionssysteme, die eine Beobachtung zweiter Ordnung eingerichtet haben, mit genau darauf zielenden Kommunikationsunterbrechungen. Die Wissenschaft zum Beispiel mit Publikationen und einem hochselektiven Rezensionswesen. Man beobachtet Kollegen nicht beim Beobachten, sondern an Hand ihrer Publikationen.[14] Für die Wirtschaft hat die Konkurrenz die Funktion einer Kommunikationssperre, die gleichwohl das über den Markt laufende Beobachten von Beobachtungen nicht verhindert.[15] Für das politische System gilt ähnliches für den Spiegel der öffentlichen Meinung.[16] Lediglich die Familie (oder im weiteren: der Komplex von Intimbeziehungen) macht eine Ausnahme, und hier weiß wohl jeder, der in diesem Bereich Erfahrungen hat, davon zu berichten, welche Ansprüche an Aufmerksamkeit, Umsicht und Raffinement daraus resultieren, daß man ständig beobachten muß, wie man beobachtet wird, und wie schwierig es ist, die Kommunikation von der Objektebene auf die Ebene des Beobachtens von Beobachtungen umzulenken und trotzdem friedlich zu bleiben. Es ist nur mit Liebe zu schaffen, und auch das nicht lange.[17]

---

13 Siehe Georg W. F. Hegel, Phänomenologie des Geistes, zit. nach der Ausgabe von Johannes Hoffmeister, 4. Aufl. Leipzig 1937, S. 141 ff. Im Anschluß daran könnte man bemerken, daß es in der modernen Welt keine Herren mehr gibt. Denn Herr ist jemand, der mit Dingen umgehen kann, aber es nicht nötig hat, sich auf eine Beobachtung zweiter Ordnung einzulassen.

14 Siehe Charles Bazerman, Shaping Written Knowledge: The Genre and Activity of the Experimental Article in Science, Madison Wisc. 1988.

15 Siehe Niklas Luhmann, Die Wirtschaft der Gesellschaft, Frankfurt 1988, S. 101 ff.

16 Siehe Niklas Luhmann, Gesellschaftliche Komplexität und öffentliche Meinung, in ders., Soziologische Aufklärung Bd. 5, Opladen 1990, S. 170 – 182.

17 Vgl. hierzu die Aufsätze „Sozialsystem Familie" und „Glück und Unglück der Kommunikation in Familien: Zur Genese von Pathologien", in: Niklas Luhmann, Soziologische Aufklärung Bd. 5, Opladen 1990, S. 183 ff., 218 ff. sowie zu Weisheit und Wahn, Liebe betreffend, ders., Liebe als Passion: Zur Codierung von Intimität, Frankfurt 1982.

Zweifellos legt die moderne Gesellschaft es nahe, bei allen Kommunikationen eine Beobachtung zweiter Ordnung vorauszusetzen. Das gilt für die Zurechnung von Kommunikation auf Individuen, deren Individualität nach moderner Auffassung gerade darin besteht, daß sie sich als Beobachter beobachten und nicht einfach nur ihr Leben ableben. Es gilt aber auch für Großgruppen oder für Systeme – wenn man etwa sieht, daß Pädagogen dazu neigen, selbst Politik für eine pädagogische Aufgabe zu halten; oder wenn man „dem Kapital" auch ohne Berufung auf Marx bestimmte Beobachtungsweisen unterstellt. Für soziologische Theorie ist eine solche Beobachtung zweiter Ordnung in der Tat ein unentbehrliches Medium. Die Gesellschaft selbst hat jedoch bereits Formen der Immunisierung gegen die damit verbundene Kommunikationsüberlast entwickelt.

Man könnte solche Formen „Verständigung" nennen.[18] Näher an unserem Themenkreis spricht Sheila Jasanoff von „regulatory negotiation".[19] Soweit Therapeuten engagiert sind, sprechen sie von „Verschreibungen".[20] In jedem Falle handelt es sich um eine Rückführung von Beobachtungen zweiter Ordnung auf eine Ebene der Beobachtung erster Ordnung. Es geht dabei keineswegs um die alte Naivität des direkt-gemeinsamen Weltglaubens, sondern um einen Ausweg aus unlösbaren Kommunikationsverstrickungen. Die Welt der Beobachtung zweiter Ordnung ist intransparent. Man gerät in immer neue Unterscheidungen von Unterscheidungen, die bei allem, was gedacht und gesagt wird, immer auch die andere Seite mitführen. So aufgeblasen

---

[18] Hierzu einsichtig Alois Hahn, Konsensfiktionen in Kleingruppen: Dargestellt am Beispiel von jungen Ehen, in: Friedhelm Neidhardt (Hrsg.), Gruppensoziologie: Perspektiven und Materialien, Sonderheft 25 der Kölner Zeitschrift für Soziologie und Sozialpsychologie, Opladen 1983, S. 210–233; ders., Verständigung als Strategie, in: Max Haller et al. (Hrsg.), Kultur und Gesellschaft: Verhandlungen des 24. Deutschen Soziologentages, des 11. Österreichischen Soziologentages und des 8. Kongresses der Schweizerischen Gesellschaft für Soziologie in Zürich 1988, Frankfurt 1989, S. 346–359.

[19] „Often leading", so geht es weiter, „to a narrowing of the issues in dispute and a softening of positions an areas that still remain controversial" – in: Risk Management and Political Culture: A Comparative Study of Science in the Political Context, New York 1986, S. 62.

[20] Vgl. Paul Watzlawick, Verschreiben statt Verstehen als Technik von Problemlösungen, in: Hans Ulrich Gumbrecht/K. Ludwig Pfeiffer (Hrsg.), Materialität der Kommunikation, Frankfurt 1988, S. 878–883.

ist die Welt ein riesiges black box. Und gerade deshalb, gerade wenn
man dies erfahren hat und es auch dem anderen als Erfahrung unterstellen kann, mag es sich empfehlen, wenigstens einige Interaktionsstruktu-
ren transparent zu machen und sich wieder mit einer Beobachtung
erster Ordnung zu begnügen, „whitening the black box".[21]
So wie in einer politisch korrumpierbaren Bürokratie, in der man
jemanden kennen muß, der jemanden kennt, um etwas zu erreichen,
die Dokumente, Akten, Nachweise an Bedeutung gewinnen, so in einer
Welt, die auf der Ebene der Beobachtung zweiter Ordnung konstituiert
wird, die Verständigungen. In der Form des laufenden Fortschreibens
und Variierens von Verständigungen, deren Resultate direkt zu beobachten sind, macht das System sich selbst beobachtbar. Es kommt auf
die jeweils vorliegenden Vereinbarungen an – gerade weil man weiß,
daß sie nicht „die Sache selbst" sind. Man lernt ein zweites Mal
Sprache. Man lernt erneut zu unterscheiden zwischen Zeichen und
Bezeichnetem – zwischen dem, was für alle Beobachter erster Ordnung
vorliegt und dem, was man als ihr Beobachten beobachten kann.
Diese Unterscheidung spaltet den sogenannten Konsens mitsamt allen
überlieferten Anforderungen an Aufrichtigkeit, Wahrhaftigkeit, Ver-
tragstreue. Es gibt Operationsweisen des Systems, die funktionieren,
weil sie nicht ernst genommen werden. Das hat uns im übrigen bereits
die Romantik gelehrt mit ihrer „Besonnenheit" und ihrer „Ironie", mit
ihren Feen, Zauberern, Spiegelungen, Doppelgängern und Kulissen,
die für ein Funktionieren der Texte als „Poesie" unerläßlich sind, aber
nicht mit dem, worauf es ankommt, verwechselt werden dürfen –
historisch die erste, sich auf Schrift einstellende Beobachtungsweise.
Und ebenso geht es uns mit dem gesellschaftsweit praktizierten Erfordernis der Verständigung, mit dem Erfordernis, Lineaturen der Transparenz zu sichern in einer Welt, die durch die Praxis der Beobachtung
zweiter Ordnung intransparent, ja in einem genauen Sinne unbeobacht-
bar geworden ist.[22]

---

[21] Mit einer Formulierung von Ranulph Glanville, The Form of Cybernetics:
Whitening the Black Box, in: General Systems Research: A Science, a
Methodology, a Technology, Louisville Ke 1979, S. 35–47, dt. Übers. in
ders. a. a. O. (1988).
[22] Siehe dazu für den Realisationsbereich der Kunst meinen Beitrag Weltkunst,
in: Niklas Luhmann/Frederick D. Bunsen/Dirk Baecker, Unbeobachtbare
Welt: Über Kunst und Architektur, Bielefeld 1990, S. 7–45.

In einer Welt, deren Zukunft nur noch im Medium des Wahrscheinlichen/Unwahrscheinlichen beschrieben werden kann, sind in der Gegenwart Texte (für wer weiß welche Leser), Verständigungen (für wer weiß welche Beobachter), Kunstwerke (für wer weiß welche Betrachter) und Verschreibungen (für wer weiß welche Patienten) derjenige Modus, mit dem die Kommunikation die Beobachtung zweiter Ordnung für eine Beobachtung erster Ordnung verfügbar macht.[23] Dieser Umweg über „Schrift" (im weitesten Sinne) bietet eine Alternative zu einer Direktbeobachtung des anderen Beobachters. Eine solche Direktbeobachtung verführt dazu, sich zu erklären, wieso der andere Beobachter so beobachtet, wie er beobachtet. So entwerfen die Betroffenen eigene Theorien über das Risikoverhalten der Entscheider und die Entscheider eigene Theorien über das Protestverhalten der Betroffenen. Damit hat man Erfahrungen, und es bestehen durchaus Möglichkeiten, solche Erklärungen zu verfeinern, zu verbessern, mit mehr Komplexität und genaueren Verständnismöglichkeiten auszustatten. Aber das reichert dann auch die gemeinsame Welt mit Komplexität und Intransparenz an und führt sicher nicht zu Konsens im Sinne einer Übereinstimmung von Systemzuständen.

Deshalb mag es ratsam sein, daneben und davon deutlich unterschieden auch den Weg der Verständigungen zu pflegen, der unabhängig davon funktionieren kann, ob und wie weit die Beteiligten wechselseitig die Welten ihrer Beobachtung rekonstruieren können.

---

[23] Nichts anderes kann gemeint sein, wenn von der unvermeidbaren Naivität des Referierens auf Texte die Rede ist. Siehe etwa Bruno Latour, The Politics of Explanation: an Alternative, in: Steve Woolgar (Hrsg.), Knowledge and Reflexivity: New Frontiers in the Sociology of Knowledge, London 1988, S. 155 – 176, freilich mit der zu weitgehenden Forderung eines „abolishing the language of observers observing observers" (175).

Register